Fábio Barbosa Dias

Jingle é a alma do negócio

A HISTÓRIA E AS HISTÓRIAS DAS MÚSICAS DE PROPAGANDA E DE SEUS CRIADORES

Use o leitor de QR Code do seu smartphone ou tablet e acesse os jingles do livro.

PANDA BOOKS

© Fábio Barbosa Dias

Diretor editorial
Marcelo Duarte

Diretora comercial
Patth Pachas

Diretora de projetos especiais
Tatiana Fulas

Coordenadora editorial
Vanessa Sayuri Sawada

Assistente editorial
Olívia Tavares

Diagramação
Carla Almeida Freire

Capa
Laboratório Secreto

Preparação
Fernando Nuno Rodrigues

Revisão
Daniele Débora de Souza

Impressão
Cromosete

Todos os esforços foram envidados no sentido de garantir o devido crédito aos detentores dos direitos autorais. Para os materiais que não puderam ser identificados e creditados com segurança o direito está reservado. No caso de um detentor se identificar, faremos constar o crédito nas impressões e edições seguintes.

CIP-BRASIL. CATALOGAÇÃO NA FONTE
SINDICATO NACIONAL DOS EDITORES DE LIVROS, RJ

Dias, Fábio Barbosa
Jingle é a alma do negócio: A história e as histórias das músicas de propaganda e de seus criadores / Fábio Barbosa Dias. – 1. ed. – São Paulo: Panda Books, 2017. 372 pp.

Acompanhado de CD
ISBN 978-85-7888-612-7

1. Jingles (Canções na publicidade). I. Título.

16-34428

CDD: 659.142
CDU: 659.142

2017
Todos os direitos reservados à Panda Books.
Um selo da Editora Original Ltda.
Rua Henrique Schaumann, 286, cj. 41
05413-010 – São Paulo – SP
Tel./Fax: (11) 3088-8444
edoriginal@pandabooks.com.br
www.pandabooks.com.br
Visite nosso Facebook, Instagram e Twitter.

Nenhuma parte desta publicação poderá ser reproduzida por qualquer meio ou forma sem a prévia autorização da Editora Original Ltda. A violação dos direitos autorais é crime estabelecido na Lei nº 9.610/98 e punido pelo artigo 184 do Código Penal.

Para minha esposa, Adriana, que desde quando este livro era só um sonho já me incentivava a realizá-lo.

Para meus filhos, Pedro e Heloísa, pelo silêncio durante as entrevistas e pela paciência durante os meses de trabalho.

SUMÁRIO

Introdução 9

I – A alma do negócio 12
II – As origens 17
III – Os jinglistas 44
IV – Os jingles 178

Referências bibliográficas 363
Índice 367

AGRADECIMENTOS

À minha mãe, Creusa, e ao meu pai, Manoel, por nunca terem medido esforços para me proporcionar a melhor educação e pelo permanente incentivo em cada novo desafio que me proponho a cumprir.

À Adriana Souza, Álvaro Assumpção, Archimedes Messina, Berto Filho, Carlos "Pança" Guerra, Crispin Del Cistia, Edgard Gianullo, Edgard Poças, Emílio Carrera, Flávia Coradini, Francis Monteiro, Hélio Ziskind, Jair Oliveira, João Derado, João Mauro Abrantes, Julia Rodrix, Lino Simão, Luiz Carlos Sá, Luiz Orquestra, Luiz Roberto Oliveira, Marco Carillo, Maria Lúcia de Abrantes, Mário Lúcio de Freitas, Maurício Novaes, Murilo Alvarenga, Nicola Lauletta, Olavo Budney, Renato Teixeira, Salvador Zammataro, Serginho Rezende, Sérgio Augusto Sarapo, Sérgio Campanelli, Tavito, Theo de Barros, Thomas Roth, Tula Minnassian, Wagner Maugeri e Zelão, pelas entrevistas e pela confiança em compartilhar uma parte importante de suas vidas.

Ao Washington Olivetto, pela gentileza e generosidade. Um livro sobre jingles não poderia ficar sem uma boa orelha.

Ao Denilson Monteiro, pelas dicas e conselhos antes e durante a produção deste livro.

À Patrícia Machado, pela avaliação e incentivo no início da caminhada.

A Antônio Viviani, Alexandre Leão, Adriana Coimbra, Beto Ruschel, Daniela Romano, Gi Belli, Meg Ribeiro, Monyca Motta, Paulo Cezar Alves Goulart, e a todos os que direta ou indiretamente colaboraram para a realização deste livro.

INTRODUÇÃO

Se você já se pegou cantando "Pipoca na panela, começa a arrebentar..." ou "O tempo passa, o tempo voa...", ou ainda "Quando acaba a gente quer de novo...", certamente vai se interessar por este livro.

Nesta obra, não só esses, como mais de 190 dos mais importantes jingles dos últimos setenta anos são esmiuçados e têm suas histórias, curiosidades e os contextos em que foram criados analisados e comentados, resultando em um trabalho inédito no país.

Este livro nasceu de uma ideia que levou 12 anos para se concretizar – uma ideia audaciosa que queria em uma só obra explicar o que é um jingle, como ele é criado, produzido, gravado e qual é o seu papel em uma campanha publicitária. E não parava por aí, queria contar também a história dos jingles desde os registros mais longínquos, mostrar onde são produzidos, apresentar cada um de seus principais compositores contando suas trajetórias profissionais, seus processos de criação, seus principais trabalhos e por fim, selecionar os mais importantes jingles da história da publicidade para mostrar como e quando foram feitos, o que eles pretendiam e por que ficaram para sempre na cabeça das pessoas.

Era tanta coisa que eu não sabia por onde começar – e justamente por isso não começava. Quanto mais a quantidade de material pesquisado aumentava, mais difícil ficava o início. Seria possível que, mesmo tendo tantos livros, recortes de jornal e revistas, gravações e milhares, sim, milhares de jingles no acervo, eu não conseguisse dar o *start*? Resolvi que era hora de ir em frente e, depois de vários inícios e reinícios, em algumas semanas os capítulos sobre a história dos jingles ficaram prontos.

Quando finalizava esta etapa, surgiu o interesse da Panda Books em publicar a obra e então percebi que era esse o impulso que faltava para terminá-la; afinal, agora eu tinha um prazo. O curioso é que percebi também que o que estava emperrando todo o processo de escrita não era o excesso de informação, e sim a falta do contato direto com cada profissional que eu buscava retratar, para que pudessem confirmar e enriquecer cada fato a ser narrado.

Decidi então entrevistar cada um deles e perguntar tudo o que fosse necessário. Com os amigos com que já havia trabalhado sabia que não teria dificuldades, mas e os outros? Muitos eu não conhecia pessoalmente, e sempre foram verdadeiras referências para mim e para quem trabalha com música e publicidade. Como será que reagiriam? E os que já faleceram, será que a família se disporia a falar?

As dúvidas eram tantas que preferi deixá-las de lado e me coloquei a campo para conseguir os contatos e os depoimentos de todos eles, num trabalho que levou seis meses e foi extremamente gratificante, pois a receptividade não poderia ter sido melhor. Foram 37 entrevistas e mais de cinquenta horas de histórias, muitas bem engraçadas, outras cheias de emoção, nas quais, de certa forma, foi possível registrar não só a trajetória de quem produziu o que de melhor foi feito em termos de jingles no Brasil nas últimas sete décadas, como também a evolução da própria música brasileira no período.

A grandeza e a generosidade desses profissionais – e também dos familiares daqueles que não estão mais fazendo músicas no plano terrestre – são tão extraordinárias que a maioria autorizou a inclusão de suas obras no CD que acompanha este livro e que tem o intuito de ilustrar sonoramente os jingles apresentados e, principalmente, preservar a memória fonográfica da propaganda brasileira.

Infelizmente, nem todas as peças citadas no livro puderam ser incluídas no CD, por diversas razões que não nos cabe aqui questionar, mas isso de maneira alguma desvaloriza ou diminui a importância da iniciativa.

Finalmente, aquela jornada que parecia impossível no início foi completada. Penso ter conseguido manter a proposta original ao realizar um panorama abrangente e aprofundado sobre a história e as histórias dos jingles e de seus criadores, resultando em um livro não só para ser lido, mas também para ser "ouvido" – afinal, o jingle é a alma do negócio.

Fábio Barbosa Dias

I

A ALMA DO NEGÓCIO

Seis da manhã, o despertador toca. Você procura onde apertar para conseguir mais dez minutos de sono. Como se não houvesse passado nem dez segundos, o despertador dispara novamente. Não há mais jeito. É preciso acordar. Você abre os olhos e antes mesmo de fazer qualquer movimento surge em sua cabeça o refrão daquela música que tocou no comercial ontem. Você se levanta, escova os dentes, penteia os cabelos e nem assim a música abandona sua lembrança; pelo contrário, aquela melodia e aquele ritmo continuam tilintando na sua mente por todo o dia. Sem perceber, você foi atingido pelo poder do jingle.

Mas, afinal, o que é jingle? A palavra "jingle" tem origem na língua inglesa e, naquele idioma, tem justamente o mesmo significado de tilintar, o choque entre dois objetos de metal que fica ressoando por algum tempo. Talvez seja por isso que a expressão foi escolhida para ser utilizada como sinônimo de música para propaganda. O jingle tem como essência ser uma música de melodia cativante, curta, com letra simples de cantar e fácil de memorizar, que tem como objetivo principal promover uma marca, um produto, um serviço ou até mesmo uma pessoa, como no caso dos políticos.

Um refrão forte com rimas fáceis, embora não seja obrigatório, é muito bem-vindo e, na maioria das ocasiões, é a parte que "gruda no ouvido", transformando os jingles muitas vezes em sucessos que suplantam seu papel na publicidade e passam a fazer parte da trilha sonora afetiva das pessoas, tocando em festas, eventos e comemorações. Aliás, essa é uma hipótese bastante provável para explicar o motivo que leva as pessoas a gostar de jingles. Assim como ocorre quando se ouve uma música que marcou parte da nossa vida por algum motivo, um jingle que já não é mais veiculado há anos também cumpre essa função nostálgica – ou saudosista, como alguns preferem – de nos remeter à época em que estavam na mídia, nos lembrando com saudade daqueles momentos. Isso pode ser explicado cientificamente pelo fato de que é no interior do cérebro que a música entra em contato com as partes mais primitivas, fazendo com que lembranças e reações venham à tona sem passar pela região mais analítica e racional do órgão. É no lado direito do cérebro que a música é processada de maneira mais profunda. Este lado é conhecido como o não verbal. Ao tomar contato com frases e palavras, o lado esquerdo do cérebro interpreta a voz de forma crítica, diferentemente de quando se trata de uma mensagem cantada, à qual o lado direito reage de maneira emocional. Talvez aí resida a explicação de como os jingles marcam muito mais indelevelmente a memória das pessoas, em relação às outras peças de propaganda.

Como nasce um jingle?

Quem não conhece o funcionamento do mercado publicitário não faz ideia, na maioria das vezes, de como é o processo de criação e produção de jingles. O trabalho, de forma geral, se inicia com a decisão por parte de uma agência de propaganda de incluir o jingle como peça publicitária na campanha de um anunciante. Esse jingle pode ser utilizado isoladamente no rádio ou fazer parte da trilha sonora de comerciais a serem exibidos na televisão, na internet e/ou no cinema.

No entanto, as agências normalmente não contam com músicos em sua equipe e, por esse motivo, contratam produtoras de áudio, estúdios de alta qualidade que contam com músicos profissionais especializados na criação de fonogramas publicitários. No primeiro contato, a agência passa um *briefing*, expressão utilizada pelo mercado publicitário para designar um documento que resume informações sobre o que será anunciado, como características e diferenciais da marca, do produto ou do serviço anunciados. A agência pode também apresentar uma música ou um estilo musical como referência para o ritmo e/ou para a melodia.

O jingle geralmente é criado por um músico, chamado também nos meios publicitários de "jinglista", o que não impede que, muitas vezes, a letra tenha sido escrita pelo redator da agência de propaganda, um poeta ou alguém da própria produtora de áudio que não seja músico. Durante a produção, outros músicos podem ser envolvidos no processo. Os arranjos, a arregimentação, a regência dos músicos e do coro e a direção dos intérpretes, por exemplo, é um trabalho feito na maioria das vezes por maestros.

A produtora de áudio conta também com engenheiros de som, técnicos e auxiliares de estúdio que possibilitam a entrega do trabalho finalizado com a qualidade requerida, pronto para a veiculação.

Muita gente já tentou teorizar sobre o processo de criação de jingles, estabelecendo regras e protocolos como se fosse uma receita de bolo aplicável em todas as circunstâncias que demandassem a composição de uma música para a publicidade. Já tentaram estabelecer protocolos absurdos que afirmavam que nos primeiros três segundos o nome do produto tem que ser apresentado e depois repetido pelo menos mais quatro vezes no decorrer da peça.

Houve até quem esquematizasse que em um jingle de trinta segundos a introdução deve ter entre cinco e dez segundos e ser construída com alguns acordes fortes para despertar a atenção do ouvinte. Os 15 segundos seguintes devem ter uma melodia marcante com o nome do produto sendo repetido. Os segundos finais precisam ter algo que funcione como uma assinatura musical que faça a peça ser lembrada por muito tempo. Além de simplista, essa fórmula não leva em conta uma série de fatores fundamentais, como as características do produto, serviço ou marca anunciados, onde será veiculado, perfil do público-alvo a ser atingido, tempo de veiculação; enfim, as variáveis são inúmeras, assim como o possível resultado final.

Fazer jingle não é para qualquer um. Jingle é uma especialidade, ou seja, tem que ser especialista para conseguir fazê-lo com qualidade; no entanto, paradoxalmente, quem trabalha criando jingle tem que ser um generalista. Possivelmente, um músico espetacular que componha e toque rock, por exemplo, pode vir a ter dificuldade de compor um samba ou um frevo; já o jinglista, não. Da mesma forma que às dez da manhã ele está criando uma bossa nova para um cartão de crédito, às duas da tarde pode fazer uma música sertaneja para óleo para motor de caminhões e, no fim do dia, um jazz para uma companhia aérea. Acredite, algo assim não é um mero exemplo. Acontece constantemente.

Para entendermos como o talento desses profissionais consegue transformar a música em uma poderosa ferramenta de comunicação publicitária, é necessário conhecer a história e a evolução dos jingles, e isso é o que faremos nos próximos capítulos.

II

AS ORIGENS

Trombetas soam por três vezes. A multidão faz um silêncio ensurdecedor, o qual amplifica ainda mais o vibrato provocado pela embocadura dos lábios firmes junto aos metais, que tocam por mais três vezes. Um arauto caminha em direção à multidão e sua voz se sobrepõe ao final do último sopro, iniciando, finalmente, o comunicado do rei aos seus súditos.

Essa cena, imortalizada em diversos filmes, se repetia diariamente nas cortes europeias durante a Idade Média. Os arautos eram muito mais do que simples emissários, eram comunicadores incumbidos de informar aos cidadãos sobre as notícias, decretos, leis, ataques e invasões iminentes, tornando-se, invariavelmente, propagadores de ideias, posicionamentos e ideais. Não seria, portanto, exagero, perceber certa semelhança e comparar a função exercida por essas figuras com a dos publicitários de hoje. Afinal, como afirma Washington Olivetto, quem trabalha com publicidade é, em última análise, um adequador de linguagens.

No entanto, essa possibilidade sequer poderia ser aventada naquele tempo, simplesmente porque não existia tal atividade profissional. Isso não diminui em nada a importância dos arautos nesse contexto histórico; pelo contrário, a impostação e a entonação que utilizavam na voz, muitas vezes determinadas pela afinação das trombetas, conjugadas com a ênfase que procuravam empregar em determinadas palavras ou frases visando à persuasão do público, podem nos dar importantes indícios de que tínhamos ali o embrião do que viria a ser conhecido um dia como jingle.

Na mesma época, já se encontravam pelas aldeias, burgos e vilarejos, vendedores de rua que possivelmente, inspirados pelos arautos, já divulgavam seus produtos pelas ruas gritando trovas ou entoando pequenos cânticos aos gritos, procurando chamar a atenção dos transeuntes.

Desde o período colonial, há registro no Brasil desses pregões de mascates servindo aos mais diferentes propósitos. Já nos anúncios de frutas, legumes e verduras, ou ainda para vender de peixes, remédios e doces, eram usados os mais diferentes tipos de melodias e ritmos para divulgá--los. Muitas vezes, adaptações de trechos de temas musicais conhecidos e quadrinhas simples cantadas faziam com que os produtos não saíssem da cabeça das pessoas, sendo cantarolados espontaneamente.

Os vendedores ambulantes que andavam por cidades, vilas e fazendas oferecendo seus produtos tiveram papel muito importante na integração entre os povoados, pois, além de alimentos, tecidos e bebidas, levavam também as últimas novidades sobre a colônia e a Corte.

Frases musicais como as utilizadas para vender gengibirra, um refresco produzido à base de gengibre, limão e água:

Gengibirra
Quando abre
Logo espirra

Associadas a rimas simples de fácil memorização como:

Soberano, Gargalhada
Biscoito fino, bananada
Ninguém me chama

Vou-mimbora
Daqui a pouco
Não tem mais nada

Era muito comum serem ouvidas pelas ruas cariocas e paulistanas durante o século XIX.

Em 1808, com a chegada da família real ao Rio de Janeiro, a cidade ganhou o status de capital e, poucos meses depois, seu primeiro jornal: a *Gazeta do Rio de Janeiro*. Apesar de ser impresso na Inglaterra, o periódico pioneiro começou a assumir, de certa forma, as funções dos mascates, informando e, principalmente, trazendo os primeiros anúncios. Agora, informação e publicidade vinham impressas.

Após a Independência, o Brasil, agora Império, viu suas vilas se transformarem em cidades e as cidades já existentes ganharem ares mais civilizados com diversos tipos de comércio se instalando. Esse crescimento se refletiu diretamente na publicidade que os jornais traziam, com uma profusão de anúncios dos mais diferentes segmentos brigando pela atenção e pelo dinheiro dos leitores.

Na tentativa de se diferenciar e atrair mais clientes, muitos estabelecimentos começaram a oferecer brindes, como calendários, almanaques, mapas, leques e mais uma infinidade de artigos, dos quais os preferidos eram as partituras. Essa preferência se explica pelo hábito corrente na época de promover saraus nas residências, onde se liam livros, recitavam poesias e as "moças de família" podiam mostrar seus dotes artísticos ao piano.

O sucesso dos brindes era tão grande que os empresários passaram a divulgá-los em anúncios de jornal, buscando um apelo a mais na tentativa de seduzir o público e atraí-lo para os estabelecimentos.

Nas últimas décadas do século XIX, essas partituras, distribuídas como brindes, além de começarem a ganhar letra, cujo teor, invariavelmente, enaltecia os produtos que as patrocinavam e muitas vezes o próprio estabelecimento, ganharam também o nome de "partitura-*réclame*". Agora, além de tocar as partituras, os clientes cantavam polcas que atestavam a qualidade do fumo dos cigarros Suerdieck ou a eficácia de medicamentos como Lugolina, que garantia curar "moléstias de pele, feridas, frieiras, assaduras, suor fétido dos pés e do sovaco, queimaduras, manchas de pele, espinhas e moléstias secretas", fosse lá o que isso quisesse dizer. Autores importantes na história da música brasileira como Ernesto Nazareth, Chiquinha Gonzaga e, posteriormente, até Heitor Villa-Lobos, também compuseram peças para os mais variados produtos e estabelecimentos, tendo esse tipo de atividade contribuído não só para a popularização das marcas como também para a maior divulgação de suas obras.

No início do século XX, o fonógrafo, aparelho capaz de gravar e reproduzir sons a partir de um cilindro, e logo em seguida o gramofone, equipamento que reproduzia discos, inventados respectivamente por Thomas Alva Edison e Emil Berliner, se difundem no Brasil e surgem as primeiras músicas gravadas. A Casa Edison, cujo nome era uma homenagem direta ao inventor citado, fundada em 1900 por Frederico Figner no Rio de Janeiro, foi a grande responsável por essa difusão, tendo lançado, em 1902, "Isto é bom", um lundu, ritmo afro-brasileiro de raízes angolanas, composto por Xisto Bahia e cantado por Baiano, nome artístico de Manuel Pedro dos Santos. Baiano teve papel duplamente importante na história da Casa Edison. É dele a voz em "Pelo telefone!", de Donga e Mauro de Almeida, o primeiro samba gravado no país, em 1917.

A gravação obteve expressivo sucesso popular, ganhando inúmeras variações espontâneas em sua letra. A publicidade, atenta a isso e buscando se aproveitar da grande aceitação, lança sua versão da música para a Cerveja Fidalga, rótulo que na época fazia parte do portfólio de produtos da Cervejaria Brahma:

O chefe da folia
Pelo telefone
Manda dizer
Que há em toda a parte
Cerveja Fidalga
Pra gente beber

Quem beber Fidalga
Tem alma sadia
Coração jovial
Fidalga é a cerveja
Que a gente deseja
Pelo Carnaval

Infelizmente não há registro de quem teria sido o autor da paródia, uma das primeiras músicas com caráter publicitário adaptadas a partir de temas já gravados.

O Brasil nas ondas do rádio

Oficialmente, o rádio chegou ao Brasil por ocasião das comemorações do centenário da Independência, em 1922. Alguns empresários norte-americanos, com a intenção de demonstrar o processo de montagem e funcionamento de uma emissora de rádio, vieram ao Rio de Janeiro trazendo todo o equipamento para a exposição que comemorava a data.

A Westinghouse International Company e a Western Eletric Company, através de um sistema instalado na Praia Vermelha e de um transmissor colocado no alto do Corcovado – que ainda não tinha Cristo Redentor –, irradiaram o discurso do então presidente da República, Epitácio Pessoa, diretamente para o recinto de exposições e também para Niterói, Petrópolis e São Paulo. As transmissões puderam ser ouvidas em oitenta aparelhos instalados nas vias públicas dessas cidades. Como parte da programação, houve ainda a irradiação da ópera "O guarani", de Carlos Gomes, diretamente do palco do Teatro Municipal do Rio de Janeiro.

Após as comemorações houve um relativo desinteresse por parte do governo, que passou os transmissores do Corcovado para que os Correios e Telégrafos os administrassem. Com a convicção do valor informativo e cultural que o sistema oferecia, o médico, cientista, antropólogo, escritor e professor Edgard Roquette-Pinto, homem de vasta cultura e influência empresarial, movido não só por seu latente interesse científico mas, sobretudo, pela postura visionária que lhe era atribuída por muitos, conseguiu mobilizar o dr. Henrique Morize, presidente da Academia Brasileira de Ciências, assim como a seus colegas, fundando, em 20 de abril de 1923, a Sociedade Rádio do Rio de Janeiro, que passou a operar regularmente a partir de 1º de maio do mesmo ano.

Na verdade, "transmissões regulares" é uma expressão bastante ampla para ilustrar a real constância das irradiações, principalmente porque elas aconteciam apenas duas vezes por dia e com intervalos de pelo menos duas horas para o resfriamento das válvulas dos aparelhos transmissores. Com a "regularidade", os poucos proprietários de receptores radiofônicos foram se familiarizando com o sistema de funcionamento. Certamente essa recepção motivou, poucos meses depois, o surgimento da Rádio Clube do Brasil e, por causa disso, um acordo teve que ser celebrado: às segundas, quartas e sextas a Sociedade irradiava; às terças, quintas e sábados era a vez da Rádio Clube do Brasil. Aos domingos todos descansavam, inclusive os ouvintes.

Em depoimento, o próprio Roquette-Pinto contou: "Durante a Exposição do Centenário da Independência, em 1922, muito pouca gente se interessou pelas demonstrações experimentais de radiotelefonia. Creio que a causa principal desse desinteresse foram os alto-falantes instalados na exposição. Ouvindo discursos e músicas reproduzidos no meio de um barulho infernal, tudo roufenho, distorcido, arranhando os ouvidos; era uma curiosidade sem maiores consequências. No começo de 1923, desmontava-se a Estação do Corcovado e a da Praia Vermelha ia seguir o mesmo destino se o governo não a comprasse... O Brasil ia ficar sem rádio".

Em São Paulo, a pioneira foi a Sociedade Rádio Educadora Paulista, inaugurada em 30 de novembro de 1923. Nos anos seguintes, dezenas de emissoras, motivadas pelas experiências cariocas, surgiram em diversas cidades brasileiras. Todas elas eram iniciativas sem fins lucrativos, formadas por indivíduos das classes mais altas que bancavam com dinheiro próprio as emissoras no ar.

E, agora, o caro leitor deve estar se perguntando: onde entra o jingle nisso tudo? É justamente esse o ponto, não entra. Durante quase uma década as emissoras foram proibidas de aceitar inserções comerciais. No máximo, antes de iniciar a irradiação, lia-se a lista de nomes de estabelecimentos que contribuíam financeiramente para o fundo de *broadcasting* da emissora. É por esse motivo que as rádios obrigatoriamente tinham que ser sociedades ou clubes e também por isso que, em diversas cidades do país, muitas emissoras tinham o prefixo de Rádio Clube, sendo que algumas o conservam até hoje.

No começo da década de 1930, com mais de três dezenas de emissoras transmitindo, o Poder Executivo passou a dar atenção ao rádio, o que não deixa de levantar suspeitas a respeito das intenções políticas que poderiam estar por trás de tal atitude, afinal, estávamos no início da Era Vargas. Em 1º de março de 1932, Getúlio assinou o decreto-lei nº 21.111, que autorizava a veiculação de propaganda através do rádio. Esse era o estímulo que faltava para que o meio de comunicação se popularizasse de maneira definitiva.

Os primeiros jingles

Uma das emissoras que mais rapidamente conquistou um público ouvinte cativo foi a Rádio Philips do Rio de Janeiro, que, posteriormente, transformou-se na grandiosa Rádio Nacional. A Rádio Philips, em 1932, levava ao ar aos domingos o *Programa Casé*, que tinha o nome de seu apresentador, Ademar Casé, e divertia as famílias durante horas com música e humor. O programa foi inovador não apenas em termos de programação, mas também na comercialização; Casé comprava o horário na emissora e revendia pequenos espaços publicitários para os anunciantes. Faltava pouco para o jingle aparecer.

Antônio Nássara, um dos *speakers*, maneira como os locutores eram chamados na época, também escrevia quadros para o programa e certa vez surpreendeu Casé com um texto para um produto considerado difícil:

"Um casal de noivos brigou. Ele, arrependido, resolveu fazer as pazes, mas a moça estava irredutível. Conversou com a futura sogra, que lhe aconselhou que presenteasse a filha com algo de valor. Comprou-lhe então uma joia caríssima. E não fez efeito. Deu-lhe um casaco de pele, mas não fez efeito. Então lembrou de dar a ela um vidro de Manon Purgativo... Ahhhh! Fez efeito. Manon Purgativo, à venda em todas as farmácias e drogarias".

Como o anunciante ficou satisfeito com o resultado, Ademar Casé convocou Nássara para mais uma missão complicada: criar algo semelhante para uma padaria.

Ao passar certo dia pela Rua Voluntários da Pátria, no bairro de Botafogo, Casé se surpreendeu com a portentosa Padaria Bragança. Vislumbrando a possibilidade de conseguir mais um anunciante, resolveu conversar com Albino Luís da Silva, o português dono do estabelecimento. Falou do seu programa, da audiência, das vantagens em anunciar, mas tudo em vão. O proprietário se negava a patrociná-lo. Quando os argumentos já escasseavam, o padeiro resolveu ceder com a condição de fazer apenas uma experiência.

Ao saber da situação, Nássara pensou em agradar ao máximo o cliente e resolveu que não iria escrever um texto, mas sim compor um fado; afinal, se o homem era português devia gostar da música típica da Terrinha. Chamou Luiz Peixoto, também redator do programa, e juntos criaram a seguinte letra:

Ó padeiro desta rua
Tenha sempre na lembrança
Não me traga outro pão
Que não seja o pão Bragança

Pão, inimigo da fome
Fome, inimiga do pão
Enquanto os dois não se matam
A gente fica na mão

Ó padeiro desta rua
Tenha sempre na lembrança
Não me traga outro pão
Que não seja o pão Bragança

De noite quando me deito
E faço minha oração
Peço com todo o respeito
Que não me falte o pão

Acertaram em cheio! Albino não só adorou como resolveu patrocinar 15 minutos do programa. Para deixar o português ainda mais feliz e a Padaria Bragança conhecida em toda a cidade, a música era interpretada a cada semana por um cantor diferente, tendo sido cantada por nomes como Carmen Miranda, Francisco Alves, Noel Rosa, Silvio Caldas e Mário Reis. Nascia assim o primeiro jingle do rádio brasileiro, ainda que fosse tratado simplesmente como anúncio, pois a nomenclatura só iria passar a ser utilizada alguns anos depois.

Nássara, que fez diversas incursões pelas músicas carnavalescas, também ficou empolgado com o resultado e resolveu adaptar uma de suas marchinhas para a Camisaria Grande, situada no centro do Rio de Janeiro:

Oh, meu amigo
Por favor me mande
Umas camisinhas
Da Camisaria Grande

Evidentemente, na época camisinha era apenas o diminutivo de camisa e não sinônimo de preservativo.

Consta ainda que Nássara, em parceira com Orestes Barbosa, compôs o samba Caixa Econômica sem nenhuma solicitação da instituição financeira, o que não o impediu de, posteriormente, acreditando no potencial divulgador da música, procurar o chefe da publicidade do banco e negociar o recebimento de algum dinheiro após a gravação da composição. O mais curioso é que a letra, ao citar a Caixa Econômica, não apresenta um caráter positivo, pelo contrário lembra que a empresa cobra juros.

Você quer comprar o seu sossego
Me vendo morrer num emprego
Pra depois então gozar
Esta vida é muito cômica
Eu não sou Caixa Econômica
Que tem juros a ganhar
E você quer comprar o quê, hein?
*
Você diz que eu sou moleque
Porque não vou trabalhar
Eu não sou livro de cheque
Pra você ir descontar
Se você vive tranquila
Sempre fazendo chiquê
Sempre na primeira fila
Me fazendo de guichê
E você quer comprar o quê, hein?
*
Meu avô morreu na luta
E meu pai, pobre coitado
Fatigou-se na labuta
Por isso eu nasci cansado
E pra falar com justiça
Eu declaro aos empregados
Ter em mim esta preguiça
Herança de antepassados

Quem também se aventurou no terreno dos jingles foi Noel Rosa. O compositor de clássicos da música brasileira como "Com que roupa", "Conversa de botequim", "Três apitos" e "Palpite infeliz", entre tantos outros, resolveu participar de um concurso de jingles promovido pela loja O Dragão, também patrocinadora do *Programa Casé*, e com seu parceiro constante Vadico, apelido e nome artístico do pianista Oswaldo Gogliano, inscreveu a "Marcha do Dragão", que acabou vencendo a competição.

Você é mais conhecido
Do que níquel de tostão
Mas não pode ficar
Mais popular do que O Dragão

Noel Rosa aproveitou ainda outras composições suas para criar adaptações que pudessem se converter em jingles, como fez com "De babado", para os cigarros Yolanda.

É você a que comanda
E o meu coração conduz
Salve a Dona Yolanda
A Rainha Souza Cruz

O cigarro, aliás, estava presente em outra obra sua: João Ninguém, que trazia na letra Liberty Ovaes, a marca preferida do compositor. Conta-se que antes de gravar, Noel procurou a Souza Cruz, fabricante do referido estoura-peito, atrás de um dinheirinho. Não conseguindo nada, alterou a letra quando gravou a música, que, em sua nova versão, passou a afirmar que o personagem andava a fumar charuto. No entanto, em outras gravações de diversos intérpretes a citação da marca permaneceu.

Aos poucos os compositores foram descobrindo na música publicitária uma possibilidade de ganhar um extra, fazendo adaptações em melodias de sucesso como a marchinha de Lamartine Babo "Ride, palhaço", que, por sua vez, era inspirada na ópera "I pagliacci", de Ruggero Leoncavallo, para a pomada Untisal:

Ride, palhaço
Passa Untisal
No braço

Outra adaptação de sucesso foi a da marchinha "Carolina", feita por Hervê Cordovil e Bonfiglio Oliveira, para o fortificante Carogeno:

É caro, caro, caro
Carogeno, Carogeno

Carogeno não ilude
Carogeno, Carogeno
Carogeno dá saúde

Durante os três primeiros anos do rádio sob a égide do decreto que permitia a veiculação de publicidade, surgiram inúmeras paródias e adaptações de músicas de sucesso, até que, em 1935, um fato novo iria transformar de maneira definitiva a propaganda no Brasil.

A cerveja, introduzida no país a partir do século XIX, logo tornou-se uma das bebidas preferidas dos brasileiros. Em pouco tempo, duas grandes cervejarias, a Companhia Antarctica Paulista e a Companhia Cervejaria Brahma, passaram a brigar pela preferência do mercado. Esta última resolveu produzir uma versão em garrafa do seu já afamado chope, criando a cerveja Brahma Chopp. Para o lançamento do produto foi escolhida a agência de Manuel Bastos Tigre, pioneiro da publicidade brasileira, criador, em 1922, da frase "Se é Bayer, é bom", um dos mais longevos *slogans* de todos os tempos. Bastos Tigre convidou Ary Barroso e juntos escreveram a marchinha "Chopp em garrafa", lançada estrategicamente no Carnaval de 1935. Em junho do mesmo ano, a agência de Bastos Tigre, possivelmente buscando maior e melhor distribuição nas emissoras de rádio e uniformidade nas interpretações da peça, teve a inovadora iniciativa de gravar a música, o que transformou "Chopp em garrafa" na primeira gravação de fonograma publicitário em disco prensado especificamente para a veiculação comercial em rádio no Brasil. A interpretação ficou a cargo de Orlando Silva, que então iniciava sua carreira, acompanhado pelo Grupo do Canhoto.

O Brahma Chopp em garrafa
Querido em todo o Brasil
Corre longe, a banca abafa

É igualzinho o de barril
Quando o tempo está abafado
O que o tempo desabafa

É o Brahma Chopp gelado
De barril ou de garrafa
*
Chopp em garrafa
Tem justa fama
É o mesmo Chopp
Chopp da Brahma
*

Desde maio até janeiro
E de fevereiro até abril
Chopp da Brahma é o primeiro
De garrafa ou de barril
Quem o contrário proclama
Diz uma coisa imbecil
Inveja do Chopp da Brahma
De garrafa ou de barril

O golpe foi sentido pela Antarctica, que resolveu contra-atacar promovendo um concurso para escolher a música que melhor divulgasse seu chope em barril. Duas concorrentes foram selecionadas: "Madame du Barril", marcha hilária de Lamartine Babo e Hervê Cordovil livremente inspirada na madame du Barry, a condessa que foi guilhotinada na Revolução Francesa, e "Chopp só em barril", de Custódio Mesquita.

Essa guerra das cervejas estabelecida entre a Brahma e a Antarctica por meio da propaganda radiofônica serviu de estímulo para que uma quantidade cada vez maior de anunciantes resolvesse apostar nas melodias para divulgar seus produtos através do rádio. Havia, enfim, surgido o meio ideal para a veiculação das músicas de propaganda.

Nessa época, a Colgate-Palmolive já era um anunciante importante no país e a matriz norte-americana enviou Richard Penn para dirigir a propaganda da filial brasileira. Com uma vasta experiência em rádio, Penn logo começou a se destacar no meio criando programas e formatos publicitários inovadores.

Sua contribuição, no entanto, foi muito além disso. Certo dia, ao aprovar uma peça criada por Gilberto Martins para sua empresa, Richard Penn utilizou pela primeira vez no Brasil a palavra "jingle" para definir música para a publicidade. A partir de então, aos poucos, o vocábulo passou a ser empregado pelos profissionais do meio.

A serviço da Colgate-Palmolive, Richard Penn continuou inovando e explorando as novas formas de se fazer publicidade no rádio do Brasil. Para que pudesse colocar em prática todas as suas ideias, utilizava o departamento de rádio que a Standard, agência responsável pela conta publicitária da empresa, implantou em 1937. Não era um departamento como os que já existiam em algumas agências onde se criavam textos para *spots*, jingles e radionovelas; era um verdadeiro estúdio capaz de produzir e irradiar para as emissoras o material pronto. *Em busca da felicidade*, de Leandro Blanco, um folhetim cubano de sucesso, adaptado para o Brasil para dar maior verossimilhança à trama, foi a primeira radionovela produzida pelo estúdio da Standard, transmitida pela Rádio Nacional do Rio de Janeiro a partir de 1941, alcançando enorme sucesso com o público.

Cícero Leuenroth, dono da agência, percebendo o êxito do departamento e de suas produções, que em pouco tempo representariam cerca de 65% do faturamento, contratou, também em 1941, José Scatena para comandá-lo. Era o início da Era do Rádio e, por consequência, do período de grande crescimento e popularização do jingle. Durante a década de 1940, o estúdio da Standard reuniu os melhores compositores de jingles do mercado. A equipe era encabeçada por Gilberto Martins, um dos mais importantes jinglistas do período. Um de seus trabalhos de maior destaque, entre muitos que produziu na Standard, foi o jingle de lançamento de Detefon, em 1945 – obra que para muitos marcou a consagração definitiva da popularidade do jingle como peça publicitária no país.

Na sua casa tem mosquito?
Não vou lá
Na sua casa tem barata?
Não vou lá

Na sua casa tem pulga?
Não vou lá
Peço licença pra mandar
Detefon no meu lugar

Outros jingles também tiveram grande destaque nesse período, como o das Pílulas de Vida do dr. Ross e o do Melhoral, ambos criados por Waldemar Galvão, locutor da Rádio Nacional do Rio de Janeiro.

Pílulas de Vida do Dr. Ross
Fazem bem ao fígado de todos nós
*
Melhoral, Melhoral
É melhor e não faz mal

Gilberto Martins emplacou ainda rimas improváveis para Magnésia Leitosa:

Magnésia Leitosa, gostosa, fiel
Magnésia Leitosa de Orlando Rangel

Havia ainda jingles com pequenas introduções que acabaram por se tornar identidade sonora do produto, como no caso do Óleo Maria.

(toc, toc, toc) Ó Maria, sai da lata

Através das ondas curtas, a Rádio Nacional do Rio de Janeiro levava sua programação a todo o país. Fundada em 1936, inicialmente como empresa particular pertencente ao grupo do jornal *A Noite*, foi incorporada ao Estado por Getúlio Vargas em 1940. Seu elenco era formado pelos mais importantes talentos da época. Apesar de notoriamente não remunerar seus artistas à altura do que mereciam, todos queriam trabalhar na maior de todas as emissoras. O motivo era muito simples: apesar de pagar pouco, dava um cartaz enorme trabalhar na Nacional. Isso evidentemente alavancava shows e eventos em todo o país.

Além de radionovelas como a já citada *Em busca da felicidade* e *O direito de nascer*, a rádio era pródiga em produzir programas de auditório como o de César de Alencar e o de Luís Vassalo, musicais como *Quando os maestros se encontram* e *Um milhão de melodias* e séries de radioteatro como *Jerônimo, o herói do sertão* e *As aventuras do Sombra*. A programação de humor marcou gerações e serviu como referência para o que foi produzido pela TV no gênero nas décadas seguintes: sucessos como *PRK-30*, de Lauro Borges e Castro Barbosa, que simulava a intervenção de uma outra emissora na frequência da rádio, *Balança mas não cai*, de Max Nunes e Haroldo Barbosa, em que diversos personagens desfilavam em um genuíno edifício treme-treme, e *Alvarenga e Ranchinho*, da dupla de mesmo nome, que tinha como assunto principal realizar sátiras, sobretudo políticas, quase sempre por meio de paródias.

Ranchinho, ou melhor, Diésis dos Anjos Gaia, conheceu Murilo Alvarenga em 1928, em Santos (SP). A partir de então começaram a se apresentar em circos e teatros, chegando até a excursionar pela América Latina, sempre como dupla sertaneja. Ao se fixarem no Rio de Janeiro, passaram a conduzir um programa próprio na Rádio Nacional, constantemente utilizando o humor para criticar os fatos do cotidiano e a sociedade. Nem os jingles escaparam da irreverência da dupla, que os utilizou para ironizar os políticos e seus posicionamentos. Começavam com o seguinte prefixo:

Neste mundo tem muito puxa-puxa
Que com "nóis" vai ficar aborrecido
Pois "nóis" vai mexer com os maiorais
E quem não gostar é melhor "tapa os ouvido"

E seguiam enfileirando paródias dos jingles de sucesso. A primeira vítima era "Pílulas de Vida do Dr. Ross", devidamente adaptado para detonar Plínio Salgado, fundador, na década de 1930, da Aliança Integralista Brasileira, partido de extrema direita inspirado no movimento fascista italiano.

Plínio Salgado quando abre a voz
Faz mal ao fígado de todos nós

Benedito Valadares, o "eterno" governador de Minas Gerais, era homenageado com o jingle do óleo Maria.

(toc, toc, toc) Benedito, sai da lata

O popular jingle de Detefon serviu de base de uma versão para o nada popular Filinto Müller, chefe da polícia política na ditadura de Getúlio Vargas, incansável perseguidor de integralistas e comunistas e inúmeras vezes acusado de promover torturas e prisões arbitrárias.

Na sua casa tem integralista, não vou lá
Na sua casa tem comunista, não vou lá
Peço licença pra mandar Filinto Müller em meu lugar

A polêmica fotografia do deputado federal baiano Otávio Mangabeira supostamente beijando a mão do general norte-americano Dwight Eisenhower durante sua visita ao Brasil, em 1946, que por muitos anos representou a subserviência brasileira em relação aos Estados Unidos, não passou incólume pela dupla de humoristas motivando uma versão para o jingle da Magnésia Leitosa.

Mangabeira, baiano, paisano, fiel
Beija a mão do Eisenhower, que lindo papel!

A insistência em participar de todos os pleitos eleitorais, mesmo quando não havia chances reais de vencer, fez de Adhemar de Barros duas vezes governador do estado de São Paulo e uma vez prefeito da capital paulista. Além disso, garantiu também a paródia com o jingle de Melhoral.

Adhemar, Adhemar é melhor e não faz "mar"

Foi um período muito profícuo para o surgimento de talentos e novidades no rádio e a serviço dele. Profissionais como Haroldo Barbosa e seu irmão Evaldo Rui, Heitor Carillo, Victor Dagô, André Filho, Miguel Gustavo, Geraldo Mendonça, Lourival Marques, José Mauro, Ivo Piccinini e Sivan Castelo Neto, entre outros, se destacaram criando jingles que ficaram para a história da era de ouro do rádio no Brasil.

Sivan Castelo Neto, por exemplo, é considerado o fundador do primeiro estúdio brasileiro voltado exclusivamente para a gravação de jingles. O Estúdio Sivan era situado na Avenida Almirante Barroso, 2, sala 602, no Rio de Janeiro, e tinha apenas 26 metros quadrados, o que não o impossibilitou de produzir com qualidade jingles que marcaram época para clientes como Brahma, Bozzano, Gillette e Ponto Frio. Sivan, além de compositor, era um excelente pianista e tinha profundo conhecimento de música.

Existiam também naquela época muitos jinglistas com uma peculiaridade em comum: não sabiam nada de teoria musical, muito menos tocar instrumento algum, fato que não os impedia de criar peças geniais e de grande sucesso.

Esse era o caso do paulistano Victor D'Agostino, o Victor Dagô, um talento nato, pessoa muito simples, extremamente irreverente, mas de criatividade impressionante. Boêmio, como a maior parte dos profissionais de sua geração, não precisava de mais que o tampo de uma mesa para batucar na hora de criar letra e música para qualquer jingle que lhe fosse encomendado.

Foi coautor, ao lado de Maugeri Neto, Maugeri Sobrinho e Lauro Müller, de "A Taça do Mundo é nossa", marcha em homenagem à conquista da Copa do Mundo de 1958 pela Seleção Brasileira e que a cada Mundial volta a ser gravada e executada. Também compôs dezenas de músicas, como "Bola de meia", que fez para Pelé.

Além da rapidez em compor, tinha um poder de síntese muito grande em seus jingles, como se pode perceber nos que criou para Biscoitos São Luiz, Nugget e Forros Eucatex. Esse domínio da síntese ficou registrado em uma frase emblemática, que disse a Renato Teixeira quando este iniciava a carreira como jinglista e estava preocupado porque só tinha trinta segundos para contar tudo sobre um produto: "Em trinta segundos é possível fazer uma bela síntese da Bíblia". Certamente Victor Dagô conseguiria.

No Rio de Janeiro, Paulo Tapajós, diretor e produtor da Rádio Nacional, também se aventurava no terreno dos jingles, tendo criado um interessantíssimo, sobretudo para o período, escrito totalmente com frases que terminavam em palavras proparoxítonas.

Coisa fantástica
Há meio século
Bebe-se a ótima
Cerveja Antarctica

Siga essa prática
Não tenha dúvida
Exija rápido
Cerveja Antarctica

A partir da segunda metade dos anos 1940, o trabalho de criação e produção de jingles começou a se tornar cada vez mais profissionalizado. A popularização definitiva do rádio e o consequente aumento no número de anunciantes levaram, naturalmente, ao surgimento das produtoras, empresas especializadas que buscavam, com muita criatividade, suprir as limitações tecnológicas da época produzindo peças com cada vez mais qualidade e abrindo um novo mercado para compositores, músicos, cantores, produtores e técnicos.

As produtoras

A crescente demanda do mercado publicitário por jingles e produções para rádio, e o fim do contrato com a Colgate-Palmolive, fizeram com que o estúdio da Standard, em 1948, se tornasse independente. Surge a RGE – Rádio Gravações Especializadas, com José Scatena como diretor e sócio.

A RGE foi o primeiro grande estúdio especializado em produzir jingles e programas de rádio no país. Nasceu a partir de uma constatação óbvia de oportunidade de mercado, pois na época as agências de São Paulo tinham que ir ao Rio de Janeiro para produzir seu material publicitário para rádio. A tecnologia disponível não facilitava o processo, e as peças tinham que ser gravadas em discos de alumínio forrados com uma película de acetato. Qualquer erro inutilizava o disco e tudo tinha que começar novamente. Essa dificuldade, e os mais de quatrocentos quilômetros que separam as duas capitais, somados à qualidade do trabalho que Scatena imprimia em suas produções, garantiram o grande sucesso que a RGE fez no mercado paulistano, tornando-se, em pouquíssimo tempo, a mais respeitada produtora de áudio do país.

A RGE estava localizada na região do Mercado Municipal de São Paulo, no mesmo edifício da Rádio Bandeirantes. Se nos arredores era intenso o movimento de vendedores e compradores de frutas, legumes, verduras e cereais, o segundo e o terceiro andares do número 181 da Rua Paula Souza fervilhavam de grandes talentos. Excelentes jinglistas criaram para a RGE. Nomes já consagrados e muitos em início de carreira. Gilberto Martins, Maugeri Neto, Maugeri Sobrinho, Lauro Müller, Victor Dagô, Edison Borges, o Passarinho, Caetano Zamma e muitos outros, sem falar nos maestros como Erlon Chaves, Ruben Perez, o Pocho, e, posteriormente, Enrico Simonetti. Havia um *cast* de cantoras formado por Lourdinha Pereira, Clélia Simone, Rosa Pardini,

Elza Laranjeira e Hebe Camargo. O time masculino era simplesmente formado pelos Titulares do Ritmo, um grupo vocal afinadíssimo formado por Sóter Cordeiro, João Candido Brito, Joaquim Alves, Domingos Ângelo de Carvalho e os irmãos Geraldo e Francisco Nepomuceno de Oliveira, e tinha como peculiaridade o fato de todos os integrantes serem cegos. Francisco, ou melhor, Chico Oliveira, como era conhecido, era o arranjador e também compunha, fato que o levou a rapidamente ingressar na carreira de jinglista. O estúdio contava com um gravador Ampex de um canal, posteriormente modernizado para dois canais, emprestado pela Columbia, sob a condição de ser utilizado somente para a própria gravadora. É lógico que, em pouquíssimo tempo, tudo estava sendo gravado com o Ampex, conferindo aos fonogramas um alto padrão, que se destacava muito em relação ao que era ouvido na época.

Com a RGE trabalhando a todo o vapor e tendo à disposição todos os equipamentos necessários para gravar com qualidade, José Scatena resolveu ampliar a área de atuação do estúdio, ingressando, em 1954, no mercado fonográfico. Após alguns lançamentos infrutíferos, a Gravadora RGE finalmente conheceu o sucesso lançando discos de artistas como Maysa, Miltinho, Agostinho dos Santos, Orquestra Simonetti, Dick Farney e Zimbo Trio, entre outros, em um ciclo que durou até 1965, quando foi vendida para a Fermata, que, por sua vez, 15 anos depois foi adquirida pela Som Livre.

Mesmo após a venda, José Scatena continuou produzindo para a publicidade. Inicialmente no Scatena Estúdios de Som, que após alguns anos foi vendido para a RCA, e depois, durante mais tempo, na Prova, que ficava na Rua Joaquim Eugênio de Lima e que, além de produzir jingles, trilhas e *spots*, gravou também discos históricos dos anos 1970.

Outro profissional que percebeu que a demanda por jingles na década de 1950 só aumentava foi Gilberto Martins, que já havia trabalhado com Scatena nos tempos de Standard, e resolveu abrir sua produtora, a Magisom. O endereço não poderia ser mais *up to date* para a época, a Galeria Califórnia, projeto de Oscar Niemeyer na Rua Barão de Itapetininga, 255.

Com a inauguração, a Magisom acabou dividindo alguns clientes que estavam na RGE, mas em pouco tempo a produtora acabou formando sua própria carteira. Após alguns anos, a produtora foi assumida pelo jinglista Heitor Carillo e pelo pianista e compositor Ernani Turini. Na década de 1970, transformou-se em Só Som, permanecendo com Turini e ganhando o compositor Theo de Barros e o engenheiro de som Jorge Coutinho como sócios.

A experiência adquirida pelos Titulares do Ritmo na produção de jingles na RGE, em especial a de Chico Oliveira, que, como já citado, era cego como os demais, mas tinha uma visão musical fantástica compondo ao violão imediatamente após receber um *briefing*, os levou a se associar a Luiz Alberto de Abreu Sodré e a Luiz Augusto de Arruda Botelho para fundar a Pauta em 1958. A produtora foi uma das mais requisitadas na década seguinte, realizando trabalhos memoráveis e revelando grandes jinglistas.

Em 1960 surgiu a Publisol, criada pelos radialistas Salomão Ésper e José Velasco. A produtora, que inicialmente funcionava no porão da Rádio América, cresceu e durante mais de quarenta anos de atuação foi porta de entrada de grandes profissionais no mercado de jingles, tornando-se um estúdio importantíssimo, cuja qualidade da obra atesta a profusão de talentos que por lá passaram. No mesmo ano foi fundada a Gravodisc, que gradualmente passou a se dedicar quase exclusivamente à gravação de discos, sendo comprada pela gravadora Continental – posteriormente, com a absorção desta pela Warner, voltou a ser independente.

Nessa época, a maior parte dos comerciais para TV era produzida pela Lynx Film, de César Mêmolo, que logo percebeu que poderia oferecer também a produção de áudio e fundou a Sonotec, que ficava na Rua Riachuelo, 275, no mesmo prédio que a Rádio Panamericana, hoje Jovem Pan, ocupou. Dirigida pelo locutor Humberto Marçal, a produtora contou com um time de profissionais espetacular, com nomes como Chiquinho de Moraes, Theo de Barros, Hareton Salvanini, Archimedes Messina, Victor Dagô, Edgard Gianullo, Caetano Zamma, Sérgio Mineiro, Renato Teixeira e muitos outros, que marcaram para sempre a publicidade brasileira com suas obras.

No início dos anos 1970, Álvaro Assumpção deixou a Pauta e, em companhia de Carlos Eduardo de Campos Filho, convidou Sérgio Augusto Sarapo para ser sócio da Sonima, integrando uma sociedade que contou também com Luiz Gonzaga Sydow, o Lula. A Sonima ficava na Avenida Rio Branco, 1704, e além de produtora de áudio, também produzia filmes publicitários e gravava discos. O antológico álbum *Falso brilhante*, de Elis Regina, foi produzido lá. César Camargo Mariano, marido da cantora, também fazia jingles e arranjos, além de reger gravações para o estúdio, integrando uma equipe que, além do próprio Sérgio Augusto, contava ainda com os irmãos Olavo e Diógenes Budney, Cido Bianchi, Nelson Ayres, Manfredo Fest, Natan Marques, Crispin Del Cistia e Thomas Roth, entre muitos outros grandes talentos.

Em 1971, Walter Santos e Tereza Souza, que já haviam feito grandes trabalhos na Pauta e na Prova, foram convidados para montar o Estúdio Eldorado, o mais moderno estúdio do Brasil até então e o primeiro a gravar em 16 canais. Lá, Walter e Tereza, além de criar, comandavam todas as etapas de produção e coordenavam uma equipe de produtores formada por grandes profissionais como os irmãos Luca e Vicente Salvia, além de Hilton Acioly, Marconi Campos da Silva e Behring Leiros, que integravam o Trio Marayá.

Com a *expertise* adquirida, Walter e Tereza fundaram com Luca Salvia, em 1974, o Nossoestúdio, uma produtora de áudio que em pouco tempo tornou-se respeitadíssima pela qualidade do trabalho. Nasceu na Rua Dr. Seng, 102 e, em 1978, mudou-se para a Rua Bocaina, 72.

Também em 1971, Rogério Duprat comprou a parte que pertencia aos Titulares do Ritmo na Pauta, juntando-se a Luiz Augusto de Arruda Botelho. Posteriormente as outras cotas seriam divididas entre Luiz Carlos Sá, Guttemberg Guarabyra e Vanderlei Rodrigues. A produtora sofreu várias modificações, inclusive no nome, que passou a ser Vice-Versa, tornando-se maior tanto fisicamente como em participação de mercado. As novas instalações ficavam na Rua Alves Guimarães, 170, e também contavam com 16 canais, sendo o segundo estúdio a ter tal tecnologia.

A Norte Magnético surgiu em meados da década de 1970, fundada pelo compositor, maestro e arranjador Luiz Roberto Oliveira, que trouxe os primeiros sintetizadores para o país e foi pioneiro em utilizá-los em jingles e trilhas sonoras para a publicidade. O nome de sua produtora nasceu do título da peça musical que ele compôs para seu show de grande sucesso anos antes no MASP, o qual introduzia a música de sintetizador para o grande público.

Na segunda metade dos anos 1970, Sérgio Campanelli trabalhava no departamento de RTV da DPZ e, sempre que surgia oportunidade, encomendava jingles a Renato Teixeira e Sérgio Werneck Muniz, o Sérgio Mineiro. Por conta da amizade entre eles, os dois compositores convidaram Campanelli para sócio da produtora que estavam montando. Assim, em 1977, nascia a MCR (iniciais de Mineiro, Campanelli e Renato), que inicialmente funcionou em um estúdio pequeno e após alguns anos se transferiu para a Rua 13 de Maio, 695, onde foram produzidos alguns dos mais importantes jingles de todos os tempos, como "Pizza e pipoca com Guaraná", "Mamíferos Parmalat" e "Bala de leite Kid's", entre muitos outros.

Nessa época nasceu também a JV, comandada pelo maestro Vicente Salvia, o Vitché, e por Edgard Gianullo. Mais tarde a produtora daria origem à Cardan, que, como a Vice-Versa, também ficava na Rua Alves Guimarães, mas um pouco mais abaixo, no 1103. Lá foram gravados jingles de grande sucesso, principalmente nos anos 1980 e 1990.

Em 1978, surgiu o Echo's Studio, de Nicola Lauletta, que também trabalhava no departamento de RTV da DPZ e deixou a agência para construir sua produtora, a qual funciona até hoje na Rua Pelotas, 400.

No mesmo ano nasceu também a Áudio Patrulha, de Zé Rodrix e Tico Terpins, que poucos anos depois se transformaria em A Voz do Brasil e faria parte do *ranking* das mais importantes do país. Foi na Voz que Rodrix produziu, em 1987, seu antológico jingle para a Chevrolet, que marcou para sempre a publicidade brasileira.

Já as instalações que serviram de primeira sede para o Nossoestúdio, na Rua Dr. Seng, foram adquiridas por José Luiz "Zelão" Nammur, que lá montou o New Zelão Estúdio. Posteriormente, ele o transferiu para a Rua Coropé, 300, onde permaneceu mais de dez anos, até a desapropriação para a expansão da Avenida Brigadeiro Faria Lima.

No Rio de Janeiro, nos anos 1970, se destacou a Aquarius, de Nelson Motta e dos irmãos Marcos e Paulo Sérgio Valle, que deu origem à Zurana, cujos sócios eram Marcio Moura, Ribeiro José Francisco, Paulo Sérgio Valle e Tavito, a qual funcionou até 1979.

Ainda na capital fluminense funcionava a Tape Spot, de Jorginho Abicalil, que adquiriu a estrutura do último endereço do pioneiro Estúdio Sivan, na Avenida 13 de Maio, 23, ficando também com o histórico acervo da produtora.

São Paulo entrou na década de 1980 ganhando duas novas produtoras: a Matrix, de Carlos Guerra, o Pança, e de Luiz Guilherme Favati, que passou a ocupar as instalações que foram da Pauta, na Rua Major

Quedinho, mudando posteriormente para a Rua Estados Unidos; e a Lua Nova, fundada por Thomas Roth e Júlio Moschen, que trazia então a experiência de mais de uma década de Roth e que até hoje é uma das produtoras mais ativas do mercado.

Nos anos 1980, produtoras como a Avant Garde, de Armando Mihanovich, que já existia desde a década anterior, e a Orquestra & Cia, de Luiz Orquestra, se destacaram no mercado, assim como aconteceu com a Piano, de Emílio Carrera, nos anos 1990. Todas emplacando jingles que viraram grandes sucessos e tendo suas peças premiadas no Brasil e no exterior.

Em 1989, Arthur "Tula" Minnassian, que já tinha larga experiência, adquirida em anos de trabalho na Publisol e na Matrix, assumiu com o irmão Jorge e o colega Roberto Galera uma produtora, que ganhou o nome de Play It Again e que desde então vem realizando grandes trabalhos para o mercado publicitário.

Com a chegada dos anos 1990 chega também a liberação das importações de equipamentos, cresce a utilização de computadores e as gravações passam a ser digitalizadas, tornando mais fácil e relativamente mais barato montar ou equipar um estúdio. Por conta disso, e também por uma renovação natural de profissionais no mercado, a partir da metade da década produtoras tradicionais fecham e novas produtoras surgem, em um movimento que continua ocorrendo nos anos 2000 e 2010.

Mesmo correndo o risco de omitir por esquecimento algum nome, pelo que pedimos desculpas antecipadamente, nas últimas duas décadas se destacaram produzindo jingles as produtoras Banda Sonora, Comando S, eNOISE, Friends, Input, Mr. Music, S de Samba, Sam Estúdio, Voicez, WM, YB e Zeeg2.

III
OS JINGLISTAS

Tradicionalmente o mercado publicitário se acostumou a tratar os compositores que se dedicavam à criação de jingles como jinglistas. E para ser jinglista não basta ser só compositor, muito menos só publicitário. É preciso ter um talento único, capaz de conseguir sintetizar tudo o que precisa ser contado em apenas trinta segundos, criando uma melodia envolvente, uma letra que cole no ouvido e permaneça na cabeça das pessoas. Evidentemente isso não é para qualquer um. Poucos têm a capacidade de fazer algo assim com qualidade, e pouquíssimos conseguiram realizar trabalhos que, além de cumprir sua função primordial – que é divulgar uma marca, um produto ou um serviço –, entraram para a história da publicidade e passaram a fazer parte da cultura popular de nosso país.

Esta terceira parte apresenta a trajetória profissional de alguns dos mais importantes jinglistas do Brasil. Aqui, optou-se por expandir essa definição de modo a incluir também extraordinários produtores de jingles que, embora nem sempre sejam criadores, realizam um trabalho fundamental para o resultado final de cada peça, contribuindo invariavelmente com ideias e sugestões.

Para compor estes próximos capítulos foi realizado um total de mais de cinquenta horas de entrevistas, que incluíram cada um dos profissionais retratados e também os familiares daqueles que já faleceram. Ao todo, são apresentadas histórias de 38 personalidades que ao longo das últimas décadas contribuíram muito para transformar a propaganda brasileira em arte. Suas trajetórias são riquíssimas, e as entrevistas revelam, além de experiências profissionais – como seus processos de criação e métodos de trabalho –, depoimentos emocionantes e casos engraçadíssimos que atestam a velha máxima de que quando se trabalha com o que se ama o trabalho vira diversão.

A definição dos profissionais que deveriam integrar este segmento procurou se atrelar à seleção de jingles apresentada na parte final deste livro. Registramos que, caso a ausência de algum personagem eventualmente seja sentida, sua ocorrência se deve a motivos alheios à nossa vontade, embora tenhamos procurado nos empenhar ao máximo para evitar tal fato.

Álvaro Assumpção

Jinglista, no mais estrito conceito que o neologismo representa, é o nome dado ao compositor que se dedica à criação de jingles. No entanto, se ampliarmos a abrangência do termo, é possível incluir profissionais que a rigor nunca compuseram um jingle sequer, mas que sem seu trabalho milhares deles não teriam existido.

Essa complacência se aplica perfeitamente a Antônio Álvaro de Assumpção. Filho de radialista, aos 14 anos já acompanhava o pai na Rádio Cultura de São Paulo, que ficava na Avenida São João, para auxiliá-lo no que precisasse e também no que estivesse ao alcance de sua curiosidade. Álvaro conta que o primeiro programa a tocar música norte-americana no rádio paulistano foi o de seu pai.

Sua casa recebia constantemente a visita de Luiz Alberto de Abreu Sodré, contato publicitário dos Diários Associados e acima de tudo um entusiasta do rádio. Em geral as conversas com seu pai versavam a respeito do meio e de temas ligados à música. Algum tempo depois, Sodré conheceu os seis integrantes do conjunto Titulares do Ritmo, que gravavam jingles para várias produtoras, e, com eles, Luiz Augusto de Arruda Botelho, que trabalhava na recém-inaugurada Rádio Eldorado, fundou, em 1958, a produtora Pauta.

A amizade com Sodré rendeu a Álvaro o convite para ser inicialmente o profissional de atendimento do estúdio. Algum tempo depois, com a saída de Sodré da empresa, Assumpção conta que se tornou também sócio da Pauta, que viria a ser uma das principais produtoras de jingles na década de 1960. Por lá, além dos Titulares do Ritmo, que também eram os titulares da criação na casa, passaram criadores como Julio Nagib, Passarinho, Walter Santos e Victor Dagô, entre vários outros. Álvaro produziu peças com cada um deles, sendo que muitas delas marcaram época, como os jingles para Volkswagen, Eucatex, Pernambucanas, Vasp, Pão de Açúcar, para citar só alguns.

No início da década de 1970, o segmento de produção de fonogramas publicitários estava em crescimento, com diversas produtoras surgindo além das muitas que já existiam. Essa expansão estava causando uma desorganização muito grande no mercado. Problemas de todo tipo, relacionados a remuneração, direitos autorais, uso e reúso de peças, eram constantes. Muitas vezes um jingle de um autor era gravado em outro estúdio para outro anunciante e ele não recebia nada por isso. Cansados dessa desordem, Álvaro e Carlos Guerra, o Pança, tiveram a iniciativa de regulamentar o mercado e fundaram a associação paulista dos produtores de fonogramas publicitários, que mais tarde tornou-se nacional, sob a sigla Aprosom. As diretrizes estabelecidas foram tão importantes que até as produtoras de cinema publicitário resolveram segui-las. Foi bom para todo mundo: agências, anunciantes, compositores, produtoras e todos os profissionais envolvidos no processo de produção.

Sempre protagonista de grandes iniciativas no áudio publicitário, quando saiu da Pauta, Álvaro Assumpção, com Carlos Eduardo de

Campos Filho e Sérgio Augusto Sarapo, fundou a Sonima, que também tinha Luiz Gonzaga Sydow, o Lula, como sócio. Se a Pauta teve um papel importantíssimo nos anos 1960, a Sonima foi além nas décadas seguintes, pois, além de criar e produzir jingles, *spots* e trilhas de altíssimo nível, gravava discos e também produzia filmes publicitários para os mais importantes anunciantes da época.

Após o término das atividades da Sonima, Álvaro passou a compartilhar seu conhecimento na Escola Superior de Propaganda e Marketing (ESPM), coordenando o estúdio de som da faculdade e dando aulas de produção em RTV. Detentor de um acervo gigantesco de peças publicitárias, não só das produtoras em que atuou como também de várias outras, em 1993, Assumpção iniciou um trabalho para perpetuar a memória dos jingles no Brasil, lançando dois LPs em uma iniciativa patrocinada pela própria ESPM. Esse projeto, por sinal, foi um dos embriões que proporcionou ao autor destas linhas iniciar suas pesquisas na área dos jingles e estruturar a formação de sua coleção. Esses LPs foram editados em CD pelo jornal *Meio & Mensagem*, em 1995, para distribuição aos novos assinantes – fato que se repetiu em anos seguintes, quando lançou mais duas edições com jingles "inéditos", também selecionadas por Assumpção.

Sem essas iniciativas, provavelmente pouquíssimos jingles produzidos entre as décadas de 1950 e 1990 seriam conhecidos das novas gerações, e tampouco seria possível que pesquisas para projetos como o deste livro pudessem ser realizadas.

Archimedes Messina

A paixão pelo rádio sempre fez parte da vida de Archimedes Messina. Na infância, ele ouvia todos os tipos de programas musicais, radionovelas, de calouros ou jornalísticos. O entusiasmo era tanto que, quando era perguntado sobre o que queria fazer quando crescesse, a resposta estava pronta: trabalhar em rádio.

Com a chegada da juventude surgiu também a vontade de fazer o curso de Direito; no entanto, a necessidade de trabalhar era premente, e, em certa ocasião, ao encontrar o amigo Waldemar de Moraes, autor de radioteatro na Rádio São Paulo, perguntou se ele lhe conseguiria um teste na emissora. Waldemar apresentou Messina ao diretor Augusto Barone, ele fez o teste e foi aprovado para ser radioator. Era o sonho de trabalhar em rádio se realizando.

A Rádio São Paulo era líder de audiência e sua programação se resumia basicamente a novelas. Inicialmente, Messina interpretava apenas pequenos papéis nos folhetins da casa, mas cresceu na carreira e permaneceu na emissora por 12 anos. Posteriormente, foi convidado por Erasmo Alfredo do Amaral de Carvalho para fazer locuções na TV Record, que integrava o grupo Emissoras Unidas, do qual a Rádio São Paulo fazia parte.

Nessa época, Archimedes, que sempre gostou muito de Carnaval, começou a compor marchinhas carnavalescas em parceria com Belmiro Barrela. Sua primeira música foi "Faz um quatro aí", gravada pelo humorista Chocolate e que em pouco tempo se tornou um grande sucesso, principalmente nos bailes dos dias de folia, pois fazia alusão à cruzada de pernas que normalmente se pede a quem bebeu demais faça para tentar mostrar que não está bêbado. Messina compôs ainda outras marchinhas com êxito semelhante, como "Tá na hora de fazer pam pam", criada em cima da brincadeira Pam Pam Ram Ram Pam... Pam Pam!, e "Beijinho de boa-noite", inspirada no personagem Topo Gigio, que sempre pedia um beijinho de boa-noite antes de ir para a cama.

Com tantos sucessos, seus trabalhos começaram a chamar atenção. Certo dia, Archimedes recebeu um telefonema de Jorge Adib, então diretor da Multi Propaganda, convidando-o a visitá-lo. Ao chegar à agência foi surpreendido com uma proposta de emprego. Adib queria que ele se demitisse da Rádio São Paulo e fosse criar jingles para a Multi. Messina explicou que não tinha experiência, mas Jorge estava convencido do talento que tinha à sua frente e ofereceu o dobro do salário que ele ganhava na emissora. Diante de tão forte argumento, apesar de um tanto inseguro se conseguiria corresponder à altura as expectativas do amigo, resolveu aceitar – mas com a condição de que voltariam a conversar dentro de três meses para avaliar a qualidade do trabalho. Ao fim desse período, ao receber seu pagamento o jinglista se espantou: era o dobro do combinado! Um reconhecimento de Adib pelo excelente trabalho que Messina vinha realizando.

Algum tempo depois, um amigo que trabalhava na Rádio Nacional de São Paulo o procurou, solicitando-lhe que criasse o prefixo de um programa que um dos locutores da emissora iria estrear. Archimedes ficou curioso por saber quem era e quis ter mais informações a respeito do programa, a fim de reunir mais subsídios para compor. O amigo informou que o locutor trabalhava com o Manoel de Nóbrega e atendia pelo nome de Silvio Santos. Por ter trabalhado em rádio por tanto tempo, Messina já o conhecia e tudo ficou mais fácil. Encontrou-o no corredor da própria emissora e perguntou o que ele gostaria que a música contasse. Silvio pediu simplesmente uma música animada, bem alegre e simples, que pegasse rápido, afinal seria o tema de abertura para o programa que levaria o seu nome. "Acho que tem que começar com um 'lá, lá, lá', depois você põe o que quiser." Uma semana depois, o compositor apresentou uma prova da seguinte letra, gravada apenas com violão e voz:

Lá, lá, lá, lá...
Lá, lá, lá, lá...
Lá, lá, lá, lá, lá, lá, lá, lá, lá, lá
Agora é hora
De alegria
Vamos sorrir e cantar

Do mundo não se leva nada
Vamos sorrir e cantar
Lá, lá, lá, lá...
Lá, lá, lá, lá...
Lá, lá, lá, lá, lá, lá, lá, lá, lá, lá

A música foi aprovada na hora. Era exatamente isso que Silvio queria. Para a gravação definitiva o maestro Renato de Oliveira fez o arranjo para orquestra e coro. O resultado final fez o apresentador exultar. Fez tanto sucesso que depois de utilizada em seus programas de rádio foi levada para a TV – e desde que foi criada, em 1965, passou a ser a identidade musical de Silvio Santos.

A popularidade desse prefixo levou Carlos Ivan Siqueira, diretor de propaganda da Varig, então a maior companhia aérea brasileira, a convidar Archimedes para criar um jingle para as linhas aéreas que tinham como destino Portugal. Messina teve uma sacada ótima. Criou uma historinha que envolvia um tal de Seu Cabral que vinha ao Brasil de caravela e voltava a Portugal de avião, da Varig, é claro. Outro sucesso instantâneo. O público gostou tanto que a transformou espontaneamente em marchinha carnavalesca. Esse jingle possibilitou que se estabelecesse, a partir de 1967, uma parceria que durou mais de duas décadas, nas quais o compositor criou temas memoráveis que muito contribuíram para o crescimento da ligação que os brasileiros tinham com a companhia.

Logo em seguida, em 1968, a Varig inaugurou linhas regulares para o Japão, e Messina foi convocado para criar o jingle para o novo destino. Mais uma solução brilhante. Ele recorreu à lenda japonesa de Urashima Taro, que conta a história de uma tartaruga salva por um pescador e que o leva, como agradecimento, para um reino encantado. Na adaptação que fez, Urashima foi trazido para o Brasil e, como o Seu Cabral, quando sentiu saudade da terra natal um jato da Varig o levou de volta ao Japão. Assim como o destino que promovia, a trajetória de sucesso do jingle também foi longe. Virou marchinha de Carnaval, foi gravado por orquestras e músicos e ganhou novas versões em campanhas nos anos seguintes.

Nessa época, Archimedes Messina já estava na Sonotec, produtora onde trabalhou a maior parte de sua carreira como jinglista e onde criou seus jingles de maior sucesso. Por falar em criar, Messina tem um processo de criação muito particular e curioso: usa uma caixinha de fósforos para marcar o ritmo enquanto a melodia se desenvolve em sua cabeça, revelando um incrível talento para conceber os temas de maneira natural. Em geral, quando começa a trabalhar na criação de um jingle, procura pensar na peça como uma música que precisa contar uma história, sem esquecer o propósito de cativar e envolver o público, e só ao final revela o nome do anunciante. Essa característica é claramente notada em praticamente todos os jingles para a Varig que ele compôs.

Entre todas as campanhas de que participou, a que mais gostou de fazer foi Conheça o Brasil pela Varig, para a qual criou 12 jingles, cada um em referência a um estado brasileiro, descrevendo as atrações e incentivando o turismo em cada região do país. Para criar as peças, Messina viajou para todos os estados retratados e pôde conhecer *in loco* as belezas de cada localidade, a fim de poder contá-las com mais propriedade.

Em 1974, Manoel da Silva, o Maneco, proprietário do Café Seleto, quis conhecer o autor dos famosos jingles da Varig. Ao se encontrar com Archimedes encomendou um jingle para a empresa, mas não passou nenhuma informação específica sobre a marca ou as características importantes do produto. Quando o jinglista apresentou o resultado do trabalho, Maneco o aprovou na hora. Ao receber a gravação finalizada, seus olhos se encheram de lágrimas. Ele afirmava que tinha certeza de que todos também iriam adorar. E estava certo. Café Seleto é um jingle que se fixou para sempre na memória de crianças e adultos que o ouviram durante os vários anos em que permaneceu sendo veiculado.

A década de 1980 começou com um novo desafio para Messina: criar jingles para os principais destinos internacionais oferecidos pela Varig. Para isso, repetiu o mesmo "sacrifício" da campanha "Conheça o Brasil pela Varig" e viajou para diversos países a fim de colher informações sobre a cultura, o povo e os pontos turísticos de cada um deles. Essas viagens renderam jingles exclusivos para Londres e Paris e para países como Portugal, Itália, Alemanha, Estados Unidos e Japão.

Archimedes Messina sempre pautou a carreira pelo extremo profissionalismo e pela qualidade de seus trabalhos, sobretudo na adequação precisa das letras às melodias que criava, sem fazer concessões a improvisos e "acertos" mal-acabados para encaixar uma ou outra palavra.

Nos últimos anos, sua produção publicitária diminuiu e ele só produzia jingles quando um amigo ou colega ligava encomendando algo. Archimedes Messina faleceu, aos 85 anos, em julho de 2017 sem nunca ter se aposentado totalmente, pelo contrário, vinha se dedicando a colocar melodia em diversas letras que escreveu nas últimas cinco décadas; por conta da intensa produção de jingles, não sobrava tempo para finalizá-las, muito menos para apresentá-las a cantores que quisessem incluir em seus repertórios mais um sucesso do compositor que com uma caixinha de fósforos criou mais de duas mil músicas.

Arthur "Tula" Minnassian

É pouco provável que exista realização maior para um torcedor do que jogar pelo seu time do coração. Essa alegria Arthur Minnassian, o Tula, teve na juventude, ao atuar profissionalmente na Sociedade Esportiva Palmeiras. Nascido em São Paulo, Tula começou a trabalhar cedo, como office-boy em um escritório de advocacia, mas aos 17 anos mudou-se para São José do Rio Preto, a fim de jogar pelo América, e um ano depois estava de volta a capital paulista para jogar justamente no Palmeiras e depois na Portuguesa de Desportos.

Os jingles entraram em sua vida de forma inesperada. Seu primo, Luiz Guilherme Favati, trabalhava na Publisol e o convidou a fazer um estágio lá. Começou atuando como auxiliar de estúdio, passou depois pela produção e pelo atendimento. Seu irmão, Jorge Minnassian, também foi trabalhar na produtora, que na época contava com grandes profissionais como o maestro Rogério Duprat, o qual infelizmente já manifestava problemas de surdez. Lá trabalhava também Flávio Campos, que por sua vez era deficiente visual. Tula conta que certo dia os três protagonizaram um episódio engraçado. Luiz Guilherme pediu que Jorginho chamasse Duprat ao estúdio, e ele, sem saber quem tinha qual deficiência, chegou ao pé do ouvido de Flávio e gritou: "Duprat, vamos subir!". Na mesma hora Flávio berrou: "Eu sou o cego, não o surdo!".

Depois de algum tempo na Publisol, Tula foi trabalhar na Matrix, produtora de Luiz Guilherme e Carlos Guerra, o Pança, onde permaneceu por 12 anos. Minnassian considera que lá foi sua grande escola profissional e só saiu da Matrix porque foi montar a Play it Again. "Montar", aliás, não é a palavra mais adequada, pois a estrutura já existia. Inicialmente a produtora tinha sido montada como um serviço suplementar de uma agência; entretanto, um cliente solicitou que a agência se desfizesse dela por razões contratuais. Roberto Galera, que era profissional de RTV, convidou os irmãos Tula e Jorginho para assumirem com ele a empresa.

O trabalho de Tula na Play it Again sempre foi voltado para a produção, sem deixar de lado, porém, a percepção criativa no desenvolvimento de peças e na direção de músicos e artistas, algo que aprendeu durante os anos que passou na Publisol e na Matrix. Com isso, exerceu as funções de atendimento, produção e criação, sendo muito comum, quando trazia uma nova encomenda de jingle de um cliente, auxiliar o compositor no desenvolvimento da peça e depois produzi-la acompanhando a gravação no estúdio.

Nessa época ele fez muitos trabalhos com Sérvulo Augusto, que é compositor e abria espaço para Minnassian auxiliá-lo. Durante toda a sua carreira, Tula sempre gostou de trabalhar em dupla com um compositor ou maestro, sendo muito comum ele opinar nas letras e, apesar de não ser músico, até na melodia.

Criou ou produziu jingles como o da margarina Bonna, que foi premiado com o Leão de Ouro no Festival de Cannes, o Redondo, para cerveja Skol e o tema de sessenta anos da Sadia.

Na Play it Again, Tula sempre gostou de trabalhar com uma equipe de maestros e compositores de vários estilos diferentes, para poder direcionar os trabalhos de acordo com a natureza dos jingles e trilhas que precisavam ser criados. Hoje, mesmo com todas as mudanças pelas quais o mercado passou e vem passando, Minnassian continua imprimindo a cada peça que produz o mesmo padrão de excelência e qualidade que sempre pautou sua carreira.

Caetano Zamma

Nascido em 1935, no Bixiga, reduto da comunidade italiana na capital paulista, ainda criança Caetano Zammataro Neto começou a se interessar pelo violão, ao assistir a sua irmã Gilda tendo aulas do instrumento – apesar do incentivo da mãe para que ele tomasse gosto pelo piano.

Comprou seu primeiro violão aos 17 anos e, com um método do violonista Canhoto, começou a estudar por conta própria – mas o esforço autodidata durou pouco: logo estava tendo aulas com ninguém menos do que Paulinho Nogueira. A evolução foi rápida e Zamma passou a tocar em diversos lugares, fazendo grandes amizades com músicos e artistas. Sua casa, na Alameda Joaquim Eugênio de Lima, 133, virou um verdadeiro QG para o pessoal que vinha do Rio de Janeiro para se apresentar nos programas de TV e depois se juntava aos colegas paulistas para jantar, beber, tocar e cantar em encontros que reuniam de João Gilberto ao pianista Bené Nunes. Zamma foi um dos precursores do movimento da bossa nova em São Paulo e foi direto na fonte, o Beco das Garrafas, em Copacabana, que se enturmou com Ronaldo Bôscoli e Luiz Carlos Vinhas.

Com várias músicas já compostas, Caetano participou do show *A noite do amor, do sorriso e da flor*, realizado na Faculdade Nacional de Arquitetura, na capital fluminense, em agosto de 1960, onde dividiu o palco com Nara Leão, Sérgio Ricardo, João Gilberto, Johnny Alf, Os Cariocas, entre vários outros. A partir de então, Zamma passou a ser chamado constantemente para se apresentar no Rio de Janeiro.

Certa vez, tocando em uma festa conheceu José Bonifácio de Oliveira Sobrinho, o Boni, que na época trabalhava na Multi Propaganda e sempre teve um bom instinto para descobrir novos talentos. Depois de ouvi-lo tocar, Boni sugeriu que ele compusesse jingles. A ideia poderia ser muito interessante se Zamma ao menos soubesse o que era um jingle. Boni explicou não só o que era, mas como funcionava o esquema de produção de música para publicidade, e o levou à RGE para apresentá-lo a José Scatena, o proprietário. Como a grana andava curta e o que ganhava com as apresentações que fazia não estava sendo suficiente, resolveu se aventurar na carreira de jinglista. Para quem não sabia o que era jingle foi uma carreira e tanto, com mais de duas mil peças criadas, muitas das quais marcaram para sempre a propaganda brasileira.

Sem nenhuma dúvida, seu jingle mais importante foi o "Varig – Estrela brasileira", tema de Natal criado em 1960, que ficou no ar ininterruptamente por 46 anos e, até hoje, mesmo com o fim da companhia aérea, é lembrado por diversas gerações.

Mesmo com um trabalho intenso para atender a demanda por jingles, por conta de seu talento e dos laços que criou no Rio de Janeiro, Caetano foi convidado a participar do célebre concerto no Carnegie Hall, em Nova York, em novembro de 1962, que introduziu a bossa nova nos Estados Unidos. Aproveitou a ida e por lá permaneceu durante cerca de três anos se apresentando em casas noturnas de diversas cidades, muitas vezes com Nelson Sardelli. Com ele, Caetano se apresentou na Hapton House, uma boate em Kansas City que pertencia a mafiosos sicilianos – os quais, por sinal, lotavam a plateia para assistir aos seus shows. O período que passou em terras norte-americanas foi tão profícuo que Caetano, quando voltou, veio casado e deixou colegas de trabalho que atendiam pelo nome de Donald, Mickey e Pluto. Isso mesmo, ele também trabalhou para a Disney, na Feira Mundial de Nova York.

Ao chegar, já tinha um convite para trabalhar na TV Bandeirantes, que estava sendo montada e em breve entraria no ar. Permaneceu na emissora até 1969, quando se transferiu para TV Tupi, mas, em um acordo incomum, continuou atuando na Rádio Bandeirantes. Zamma já havia trabalhado também na TV Excelsior antes da viagem aos Estados Unidos.

Entre idas e vindas, Caetano permaneceu na Tupi até seu fechamento, em 1980, onde ocupou o cargo de diretor-geral de shows. Depois teve ainda uma passagem pela TV Cultura, onde pôde participar da criação de importantes programas da emissora, como *Bambalalão*, *É proibido colar*, *Som pop* e *Festa baile*. Em 1987, voltou à TV Bandeirantes para produzir o show em comemoração aos vinte anos da emissora, e em 1991 realizou na TV Record o Festival de MPB.

Paralelamente a todas essas atividades, Zamma nunca deixou de criar jingles. Seu processo de criação era movido por café e cigarro. Entre um gole e uma tragada ele ia dedilhando a melodia no violão e desenvolvendo a letra simultaneamente. Na década de 1970 foi proprietário da Zamma Produções, trabalhou na Prova e lá, ao lado de Carlos Guerra, o Pança, e Luiz Guilherme Favati, formou a ZPL, tendo criado peças memoráveis nesse período.

Até seu falecimento, em 2010, Caetano Zamma, nunca deixou de criar e produzir jingles, atividade que nos últimos tempos realizava na produtora Mr. Music, de Cacá Bloise. No ano de seu falecimento foi publicado *E de repente... Acordou publicitário!*, biografia escrita por Roberto Corrêa que conta com detalhes toda a sua trajetória profissional – e que, inclusive, serviu de objeto de pesquisa para este livro.

Carlos "Pança" Guerra

Desde garoto, Carlos Guerra lia *A Gazeta Esportiva* e tinha especial predileção por algumas colunas, como a assinada pelo compositor, radialista e jornalista Denis Brean, autor de sucessos como "Bahia com H" e "Franqueza". O que Guerra sequer imaginava é que sua carreira profissional começaria como foca, justamente no jornal que tanto gostava de ler. Mas a sorte não parou por aí. O editor Olímpio Sá o colocou para trabalhar ao lado da mesa de Brean, proporcionando, além de muito aprendizado, papos maravilhosos entre os dois, sobretudo quando o assunto era música.

Pouco mais de um ano depois, quando saiu da *Gazeta*, Guerra foi convidado por Álvaro Assumpção para trabalhar na Pauta. Além de autor do convite, Álvaro também foi o autor do apelido "Pança", que Guerra incorporou ao nome – e como passou a ser reconhecido por todo o mercado publicitário. Apesar de não saber muita coisa sobre o novo trabalho, tinha fascinação pelo estúdio de gravação. Lá conheceu os Titulares do Ritmo, que eram sócios, chegando a fazer duas músicas com eles. Uma delas, "Nego", Chico Oliveira musicou e gravou. Em "Azul da tarde", a melodia de Geraldo Oliveira já estava pronta e Pança escreveu a letra. A canção foi gravada em um LP cujo texto da contracapa, por uma dessas coincidências da vida, acabou sendo escrito por Denis Brean.

A função de Guerra na Pauta era de atendimento, ofício ensinado por Luiz Alberto de Abreu Sodré, que também era sócio da produtora. O trabalho como contato publicitário lhe possibilitou protagonizar momentos importantes na história do jingle. Certa vez, no final de 1964, voltando para a produtora depois de visitar uma agência de propaganda em um dia de calor intenso, Pança sentou-se em um banco da Praça da República para descansar. Ao olhar para a frente, percebeu que estava diante do prédio da BMS, agência que na época atendia as Casas Pernambucanas. Resolveu entrar e sugerir a um dos donos um jingle de Natal para a rede de lojas. Sugestão aceita, no dia seguinte Pança apanhou o *briefing*, que, nas mãos de Chico Oliveira e de Joaquim Alves, o Costa, transformou-se em um dos mais bonitos jingles de fim de ano. O arranjo da versão original ficou a cargo do maestro Chiquinho de Moraes e o tema que se inicia com a famosa frase: "Dezembro, vem o Natal..." fez tanto sucesso que, até a década de 2010, em praticamente todos os anos ganhou uma nova versão, sendo possivelmente um dos mais longevos jingles que ainda permanecem sendo veiculados.

Depois do período em que trabalhou na Pauta, Pança transferiu-se para a Gravodisc, onde ficou apenas um mês, sendo logo convidado para trabalhar como RTV na Norton Publicidade. Como a função demandava contato constante com as produtoras, após algum tempo foi convidado para gerenciar a Sonotec. Lá também trabalhou com grandes nomes da música para publicidade, como Archimedes Messina, Victor Dagô, Theo de Barros, Sérgio Mineiro e Edgard Gianullo, além de Hareton Salvanini, que era um dos arranjadores.

Em companhia de Álvaro Assumpção, Pança foi o responsável pela organização e regulamentação das produtoras de fonogramas publicitários no país, no início dos anos 1970, com a criação da Aprosom – Associação Brasileira das Produtoras de Fonogramas Publicitários. Até então não havia prazo para nada. Os clientes usavam os jingles por quanto tempo quisessem. Com a associação, começaram a ser estabelecidas regras para o licenciamento das peças por um período predeterminado, renovável quando necessário. Por conta disso, todos os envolvidos na produção do material passaram a ser remunerados – tudo com acompanhamento jurídico, o que dava segurança a criadores, produtores, agências e anunciantes. A prática se difundiu para outros segmentos correlatos, como produtoras de filmes publicitários, fotógrafos, atores e modelos.

No início dos anos 1970, quando saiu da Sonotec, Pança passou pela Só Som e, depois, pela Prova. Lá, formou um grupo de trabalho com Caetano Zamma e Luiz Guilherme Favati, que batizaram de ZPL. Certa vez, Zamma havia saído de férias e Luiz Guilherme trouxe uma encomenda de várias peças para o Diamante Negro. Com estavam sem músico, Pança, que já havia escrito centenas de letras e poemas, encarou o desafio e resolveu criar o jingle. A assinatura musical já estava pronta, com Hareton Salvanini ao piano e Clélia Simone cantando. No embalo, criaram vários *spots* ambientados em um show de calouros que com muito humor divulgavam a marca de chocolate.

A partir da saída de Zamma da sociedade, o nome da empresa foi reduzido para LP. Pança e Luiz Guilherme tinham seus próprios clientes e, através de um acordo com a Publisol, utilizavam seus estúdios para gravar as peças. Theo de Barros começou a trabalhar com eles nessa época, tendo criado jingles inesquecíveis como o premiadíssimo "Viaje bem, viaje Vasp". Outro jingle produzido por eles e que marcou época foi "Cornetto", cuja letra veio pronta da agência McCann Erickson; o arranjo sobre a música "O sole mio" foi feito pelo maestro Rogério Duprat e cantado pelo maestro Murilo Alvarenga. Nessa época, era comum o jingle determinar a campanha como um todo. A letra muitas vezes sugeria imagens para os comerciais e dava o tom a ser seguido pelo filme.

Em 1980, cansados de gravar em diversos estúdios, Pança e Luiz Guilherme resolveram abrir a produtora Matrix. Curiosamente, ocuparam as instalações que abrigavam a Pauta, na Rua Major Quedinho, onde Pança iniciou a carreira na produção de fonogramas publicitários. Posteriormente, a produtora mudou para a Rua Estados Unidos. Pança deixou a Matrix em 1996 e montou a Input, hoje comandada pelo seu filho, o maestro Alexandre Guerra.

Apesar de não ter a composição formalmente como ocupação principal, Pança criou não só temas peculiares como também o primeiro hino da Portuguesa de Desportos, em parceria com Archimedes Messina, tendo sido premiado pelo trabalho. Certa vez, ele tinha um pedido de trilha para o desodorante Impulse Paris, mas nenhum compositor a quem havia solicitado a peça estava conseguindo acertar o tema. Então, ele mesmo se sentou ao piano, criou uma melodia e pediu a Francis Monteiro que colocasse a harmonia e a gravasse. Depois de pronta, a música foi enviada para a agência que a havia encomendado, juntamente com as opções dos outros compositores. Sua trilha acabou sendo a escolhida. Nelson Ayres fez o arranjo e a melodia acabou ganhando o prêmio de melhor trilha no I Festival Brasileiro de Produção Publicitária.

Em geral, o processo de criação de Pança era curioso. Como ele fazia atendimento, muitas vezes no trajeto entre a agência e a produtora ele já ia criando a letra, pensando em caminhos para a melodia, pois tinha muita facilidade em encontrar o tipo de música que melhor se adequava ao produto. Assim, ao chegar ao estúdio e passar o *briefing* para o compositor, ele já entregava a letra pronta, ou praticamente pronta, e dava o caminho musical a ser seguido.

Atualmente, após mais de quarenta anos de atuação no mercado publicitário, Pança está afastado da criação e produção de jingles, dedicando-se a outros projetos.

César Brunetti

Muitos profissionais que trabalharam criando jingles foram chamados de gênios pelo que conseguiam produzir para preencher exíguos trinta segundos. Em alguns casos, o elogio até pode ser considerado um exagero, mas em outros se resume a uma mera expressão insuficiente para reconhecer o talento e a competência apresentados em suas obras. Certamente, esse é o caso de Augusto César Nastari Brunetti, com todo o merecimento um jinglista genial.

Paulistano, sempre ligado nos aspectos culturais e comportamentais da sociedade, que ele costumava abordar com muito humor em suas obras, muito antes de trabalhar com publicidade já se dedicava à música. Desde a juventude havia escolhido o violão como companheiro de trabalho, dando durante algum tempo aulas do instrumento para ganhar a vida.

Uma de suas alegrias era tocar chorinho: ao longo de vários anos participou do Clube do Choro, em Pinheiros. Outra paixão era o samba de breque, que o levou até a participar de festivais com composições do gênero.

Em 1986, Brunetti gravou o álbum *Trocando figuras*, ao lado de Celso Viáfora, Jean e Paulo Garfunkel, no qual, com suas letras inteligentes e irônicas, fazia crônicas do dia a dia. O grupo Língua de Trapo também gravou várias de suas músicas, obtendo destaque com a engraçadíssima "Tudo para o Paraguai", uma "legítima" guarânia.

Um videocassete de quatro cabeças
você encontra no Paraguai
Um Ballantines 12 anos é feito em
um mês só no Paraguai
Os carros que aqui são roubados são
encontrados lá no Paraguai
Nada existe de mais falso que um
brasileiro cantando em Paraguai
Esta noche me roubaram a Parati
Levaram pra fronteira para depenar
Lá tem una feira tupi-guarani
Pó... de cocaína e Pó... de guaraná
Tem tênis Reebok made in Hong Kong

Sanyo, Mitsubishi lá de Corumbá
Ponte da Amizade onde tudo pode
Pó... de cocaína, Pó... de guaraná
Ponte da Amizade onde tudo passa
Caminhão e Kombi, Brasília e Passat
*
Contrabando vem, contrabando vai
E a gente vai levando, carregando tudo
lá do Paraguai
Sacoleiro vem, sacoleiro vai
É o brasileiro gastando dinheiro lá
no Paraguai

Nessa época, começou também a criar jingles. Ingressou na MCR, possivelmente indicado por Emílio Carrera, segundo o jinglista Maurício Novaes, e lá construiu uma sólida carreira, permanecendo praticamente toda a sua vida profissional na produtora.

Reservado na hora de criar, Brunetti ouvia muito e depois ficava um pouco sozinho maturando as ideias... e de repente nascia um jingle incrível. Suas letras eram precisas, inteligentes, bem pensadas, atentas aos detalhes, sobretudo em relação às particularidades fônicas. Sacadas como "o ele*fan*te é *fã* de Parmalat" ou "o bú*falo falou* que é bom", nos históricos jingles dos "Mamíferos Parmalat", são exemplos da carpintaria fonética que era o seu trabalho.

Brunetti participou da criação de centenas, talvez milhares, de jingles. Clássicos da publicidade como "Pizza e pipoca com Guaraná" foram criados por ele e por seus colegas de MCR. O próprio Sérgio Campanelli, parceiro de César e um dos sócios da produtora, o classifica como gênio.

Também na MCR, Brunetti formou a Cadafalso, banda que contava com os amigos e colegas de trabalho Maurício Novaes, Lino Simão e Márcio Werneck Muniz, com a qual pôde apresentar sua verve musical fora do mundo dos jingles. O grupo, que durou cerca de cinco anos, fez várias participações em diversos programas de TV e chegou a lançar um CD que trazia entre suas 11 faixas pérolas como "Pacu do Ari".

Nos últimos anos, Brunetti fez parte do projeto Fogo no Rádio, que contava com a participação do também jinglista José Luiz Nammur, o Zelão, e do locutor e humorista Beto Hora, em que criava jingles e conteúdo para emissoras de rádio.

Infelizmente, em agosto de 2015, César Brunetti faleceu prematuramente, deixando a publicidade fonográfica brasileira órfã de um de seus maiores talentos.

Crispin Del Cistia

Nascido em Sorocaba, em 1953, Ardélio Carlos Del Cistia conviveu durante os seus primeiros cinco anos com um móvel diferente dos outros que faziam parte da mobília da sua casa, sem dar muita importância. Uma noite, sua mãe resolveu tocar um pouco de piano e, finalmente, ele descobriu o que era aquela peça e para que servia.

No dia seguinte, sentou-se à frente do instrumento e "compôs" uma melodia, causando surpresa em todos. A partir de então passou a ter aulas de piano clássico, chegando a participar de miniconcertos em que tocava estudos de Chopin e Villa-Lobos.

Aos oito anos pediu um violão de presente. Mesmo relutante, com receio de que o novo instrumento fosse atrapalhar os estudos de piano, a mãe o comprou. Como no início da década de 1960 o banquinho e o violão da bossa nova eram a grande moda – e logo depois a guitarra, impulsionada pelos Beatles, tomaria o seu lugar –, Del Cistia passou a se dedicar cada vez mais ao instrumento, porém sem deixar de estudar piano, o que fez até os 11 anos. Com essa idade montou seu primeiro conjunto *rockabilly*, inspirado nos grupos da Jovem Guarda.

Quando estava terminando as aulas de artes industriais, descobriu que em São Paulo havia um curso novo na Faculdade Anhembi-Morumbi, que ensinava Marketing – algo que ele não sabia exatamente o que era, mas que o interessou. Após ser aprovado no vestibular, mudou-se para a capital paulista e foi morar em uma república. Um parente o apresentou por acaso a um amigo chamado Clício Barroso, que trabalhava na agência MPM. Como Del Cistia sempre gostou de desenhar, foi convidado por ele a conhecer o departamento de arte da agência. Conversando, Barroso descobriu sua atividade musical e sugeriu que fosse até a Sonima.

Chegando à produtora, Sérgio Augusto Sarapo, um dos sócios, foi muito solícito e deu grande atenção a ele, por se tratar de indicação pessoal de uma agência que era cliente importante, sem imaginar que Del Cistia mal conhecia Clício. Assim, tornou-se estagiário de estúdio, logo depois assistente e finalmente técnico de som, com algumas participações eventuais como guitarrista, tudo isso com apenas 21 anos.

Trabalhando na Sonima, Crispin, que por sinal ganhou esse apelido por causa dos cabelos encaracolados, conheceu César Camargo Mariano, que além de fazer arranjos também criava jingles e trilhas na produtora. Ao conhecer seu talento na guitarra, César o convidou a ingressar na banda de Elis Regina, sua esposa, na qual permaneceu durante cinco anos, participando do antológico show *Falso brilhante* e também dos não menos importantes *Transversal do tempo* e *Essa mulher*, além dos projetos instrumentais São Paulo/Brasil e Prisma. Gravou também inúmeros álbuns com o casal, o que proporcionou um grande impulso em sua carreira como músico, produtor e criador de peças para publicidade.

 Crispin sempre foi apaixonado por estúdios. A publicidade, além de proporcionar a constância dentro deles, também lhe dava a chance de exercer seu lado criativo. Após a fase com Elis e César, ele voltou à Sonima, já como criador, produtor e músico, para trabalhar ao lado de Cido Bianchi, Olavo e Diógenes Budney e Thomas Roth. Em 1981, a convite de Sérgio Mineiro, Del Cistia conta que se transferiu para a MCR, onde atuou por 12 anos como diretor musical, maestro, produtor e criador, intercalando trabalhos independentes em seu estúdio. Nessa fase, trabalhou com talentos como Sérgio Campanelli e César Brunetti, entre outros que compunham a equipe MCR e ajudaram a torná-la a mais premiada produtora de áudio do país.

 Crispin também participou de produções para Play it Again, Piano e Abertura. Montou com Jorginho Minnassian, em 1998, o Sam Studio que acabou fechando as portas com o falecimento de Jorginho. Após deixar São Paulo por algum tempo, acabou retornando a convite da Publisol, atuando assim ao longo da carreira em algumas das principais produtoras do mercado.

 Seu portfólio conta com jingles famosos, como "Soda Limonada Antarctica", "Doriana", "McDonald's", "Ray-o-Vac" e "Carlton" que, além de vários prêmios, lhe permitiram assinar peças cantadas por Fernanda Abreu, Sandra de Sá, Dorival Caymmi, Araketu, Leandro e Leonardo, entre vários outros.

 Para Crispin, o processo de criação é um ato solitário, diferente da produção, pois acredita que ninguém tem o dom total de se autodirigir. Ele costuma ter dificuldade quando alguém impõe uma "criação coletiva". Seu método de trabalho consiste em acordar bem cedo, sentar ao computador e deixar a criação fluir como água. Em jingles, em geral faz a letra e a música simultaneamente. Acredita que uma criação só é bem-sucedida se tiver uma boa ideia central, pois para ele nenhuma produção, por mais elaborada e rica que seja, vai suprir a falta de uma boa ideia.

Atualmente, Del Cistia atua em seu *home studio*, onde produz música e peças para publicidade, além de prestar assessoria para algumas produtoras e clientes diretos, atuando também com convergência de mídias para portais de internet e *mobile*.

Edgard Gianullo

Os contos de suspense e mistério escritos por Edgar Allan Poe no século XIX conquistaram fãs em todo o mundo. Um deles era Romeu Gianullo, que resolveu homenagear o escritor colocando o mesmo nome em seu filho. No entanto, em 1937 não era fácil batizar uma criança sem nome de santo e, cedendo às pressões do padre, a mãe, dona Augusta, decidiu que Antônio Edgard Gianullo ficaria elegante e teria as bênçãos do santo conhecido como casamenteiro.

Morando em Santana, na zona norte de São Paulo, a família Gianullo era muito ligada à música. O pai de Edgard tocava muito bem violão e cavaquinho, tendo inclusive dado aulas na juventude, um tio tocava clarinete, outro tio bateria, a irmã cantava música lírica. Quando tinha por volta de cinco anos, Edgard foi levado por Romeu a um concurso de calouros em uma praça no bairro, onde o garoto se saiu muito bem cantando músicas de Carnaval.

Um ano depois ele já tocava pandeiro com uma desenvoltura de deixar muito músico profissional espantado. Seu talento era tanto que inventou uma técnica para tocar horas a fio sem cansar a mão. Muitas vezes deixava a mãe preocupadíssima quando ia a um cortiço, onde um grupo de músicos, que gostava muito dele e de seu jeito de tocar pandeiro, se reunia para tocar sambas.

Durante a infância, Edgard adorava ouvir todos os tipos de programas musicais no rádio para decorar as músicas de sucesso, e principalmente as de Carnaval. Seu pai construía e consertava aparelhos de rádio e de vez em quando sintonizava emissoras do Rio de Janeiro pelas ondas curtas. Sempre que ouviam *Travessuras do Garoto*, programa do famoso violonista de mesmo nome, Romeu dizia a Edgard que prestasse atenção em como o artista tocava, despertando seu interesse e sua curiosidade pelos detalhes – e isso não acontecia só com a música, quando iam ao cinema ou a shows era a mesma coisa.

Certo dia, dona Augusta resolveu fazer uma surpresa e deu um cavaquinho de presente para Romeu, que ficou felicíssimo. Edgard já tinha 11 anos e, aos poucos, foi se familiarizando com o instrumento e aprendendo com o pai algumas posições. Aos 13 passou a trabalhar como tarefeiro da Secretaria da Receita e, ao receber seu primeiro salário, comprou um violão para tocar com o pai. A partir de então passavam todas as noites tocando em dupla, principalmente as valsas que Edgard já compunha.

Cada vez mais prestando atenção aos conjuntos regionais que se apresentavam no rádio para tentar reproduzir aqueles violões tocando em terças, Gianullo se esmerava para decorar os arranjos. Montou com os colegas de trabalho o conjunto Águias de Prata, e logo começaram a frequentar programas de calouros.

Por conta da influência do pai, Edgard começou a gostar muito de chorinho, que ele considera ter sido a melhor escola de violão e de música que teve. Entre todos os mestres do estilo, Jacob Bittencourt, mais conhecido como Jacob do Bandolim, era o que mais se destacava para Gianullo. Gostava tanto dele que sabia tocar todos os seus choros, inclusive com os arranjos.

Quando a Rádio Record resolveu promover a *Noite dos choristas*, que seria coordenada por Jacob do Bandolim, Edgard se inscreveu imediatamente. Eram centenas de instrumentistas com violões, cavaquinhos, bandolins e flautas. Os ensaios aconteciam no auditório da emissora, com Jacob regendo os músicos e os ensinando a tocar seus choros.

Um dia, Miranda, o violonista que acompanhava Jacob, faltou e perguntaram quem sabia tocar as músicas do seu repertório. Todos olharam para Edgard, que, apesar de meio tímido diante de seu ídolo, não desperdiçou a oportunidade, se saiu bem, fez bonito e acabou tornando-se grande amigo dele, a ponto de Jacob ser o responsável por conseguir o primeiro trabalho na música para Gianullo, por meio do qual se tornou músico profissional.

Jacob indicou Edgard para o conjunto Os Uirapurus, que apesar do que o nome possa sugerir, não cantavam apenas uma vez por ano; pelo contrário, eram um grupo muito famoso de música brasileira que estava precisando de alguém que além de cantar também tocasse violão.

Por conta da enorme amizade que se estabeleceu, toda vez que Jacob estava em São Paulo chamava Gianullo para tocar com ele. Nessa época, Edgard conheceu também João Gilberto, que começava a despontar e estava morando na casa de um amigo em comum. Por causa da influência do mestre do choro no modo de Gianullo tocar, João, quando ligava para a casa de Edgard, mandava chamar o Jacó. Dona Augusta bronqueava: "Meu filho tem um nome tão bonito, não é para o senhor chamá-lo de Jacó". Quando Edgard atendia, ouvia as mensagens joão-gilbertianas: "Jacó, às 8:00 horas no Hotel Caravelas", e em seguida o telefone era desligado. Edgard e sua turma iam e ficavam a madrugada toda tocando e trocando harmonias com João.

Edgard também fez parte da Bolão e Seus Rockettes, a primeira banda de rock de São Paulo, criada para acompanhar Celly Campello. Tocou em todos os seus discos e shows, e também no programa que a cantora comandava na TV Record. Como até então ele só tinha violão, precisou comprar uma guitarra especialmente para entrar no conjunto. Na época, a Del Vecchio fabricava dois modelos, um de cerâmica (!) e outro de madeira. Para não correr o risco de ser degolado cada vez que pendurasse o instrumento no pescoço, Edgard escolheu o de madeira. Foi com essa Del Vecchio que ele fez os inovadores acompanhamentos de "Estúpido cúpido", que levaram muita gente a procurá-lo para aprender como se tocava aquilo, principalmente a técnica das estilingadas nas cordas.

A partir dessa experiência, Gianullo começou a ser chamado para participar de gravações de vários artistas tocando violão, cavaquinho, guitarra, o que fosse preciso. Nessa época, montou um quinteto que era um verdadeiro *dream team* de músicos: ele no violão, Milton Banana na bateria, Hector Costita no saxofone, Shu Viana no contrabaixo e Ratita no trompete. Eles costumavam se apresentar no Ravelry, um bar perto do Cambridge Hotel. Para se ter uma ideia de quão bom era o som que faziam, após às quatro da manhã os músicos que terminavam suas jornadas em outras casas noturnas iam direto para lá ouvir o grupo.

O maestro Enrico Simonetti ficou sabendo do quinteto, foi até lá conhecê-los e acabou convidando os cinco para integrar sua orquestra, que era considerada a melhor do país, e fazer parte do *cast* da RGE. Gianullo e Costita aceitaram. Uma nova fase de muito sucesso estava para começar.

Edgard passou a se apresentar semanalmente no *Simonetti show*, na TV Excelsior, onde, além de tocar, fazia esquetes de humor com outros músicos da orquestra e com a atriz Lolita Rodrigues. Os boletins do Ibope davam mais de noventa pontos de audiência para o programa, algo que dificilmente voltará a ser igualado. Para se ter ideia da qualidade dos textos, o programa, que ficou no ar entre 1960 e 1964, era escrito pelo próprio Simonetti em parceria com Jô Soares, que por sua vez entrou na equipe para substituir José Bonifácio de Oliveira Sobrinho, o Boni.

Com 32 músicos em sua orquestra, Simonetti foi o pioneiro a colocar violinos com microfone de contato para tocar nos bailes, que, por sinal, eram muitos – mais de 250 entre os meses de novembro e março, época em que ocorriam as formaturas. Edgard, além de, obviamente, participar das apresentações e dos discos da orquestra, também gravava acompanhando nomes como Maysa e Miltinho, também contratados da RGE.

Como já estava no estúdio todas as tardes, o jinglista Maugeri Neto o convidou para gravar jingles das nove da manhã ao meio-dia e assim ganhar mais um salário. Quando tinha baile à noite, Edgard chegava em casa quase na hora de sair para trabalhar novamente. Nesse esquema, participou de gravações históricas como a de "A taça do mundo é nossa", tema em homenagem ao primeiro Mundial conquistado pela Seleção Brasileira.

Um dia, Erlon Chaves, que era o maestro responsável por escrever e fazer os arranjos dos jingles na RGE, estava muito atarefado e pediu a Edgard que fizesse um jingle para a fábrica de refrigeradores Frigidaire. Gianullo fez, foi aprovado, e a partir de então começou a também compor jingles. De todos os trabalhos que fazia, os jingles eram os mais bem pagos.

Em 1964, gravou *O assunto é... Edgard*, um LP instrumental, em que apresenta ao violão composições próprias como "Primo", em homenagem a seu primeiro filho, e *standards* da bossa nova como "Corcovado", "Rio" e "Balanço zona sul".

Quando Simonetti resolveu voltar para a Itália, país onde nascera, Erlon Chaves assumiu a orquestra e Edgard permaneceu nela por mais um ano, transferindo-se depois para a orquestra do maestro Rubens Perez, o Pocho. Nessa época, Gianullo também trocou a RGE pela Sonotec, passando a gravar jingles lá. Ao sair da orquestra de Pocho criou Edgard e

Os Tais, um noneto (um quarteto vocal e um quinteto de instrumentistas) que nasceu embalado pela pilantragem, gênero musical popularizado por Wilson Simonal. O grupo tinha um cuidado muito grande com a qualidade e com os arranjos vocais e instrumentais, o que resultava em uma sonoridade de orquestra.

Além de toda a sua trajetória na música, Edgard também passou a trabalhar como ator em comerciais a partir de 1966, tendo participado de mais de mil, o que certamente o torna recordista mundial em quantidade de atuações. Já houve ocasião em que, em um intervalo, seis comerciais de anunciantes diferentes protagonizados por ele foram ao ar em sequência. As experiências como humorista no *Simonetti show* e como ator de comerciais lhe renderam o convite de Nilton Travesso para uma responsabilidade de peso: substituir Jô Soares como mordomo na *Família Trapo*, um dos mais importantes programas de humor da TV brasileira de todos os tempos, estrelado por Ronald Golias, Otelo Zeloni, Renata Fronzi e Ricardo Corte Real. Por conta de sua vasta careca, Edgard viveu entre 1967 e 1970 o mordomo Sansão, e era risada certa cada vez que entrava em cena.

Quando Edgard e Os Tais terminou, Gianullo criou os Pimphypones, banda inspirada nos espetáculos do músico e humorista Spike Jones que mesclava música e muito humor com maluquices como solo para sovaco e orquestra e outras coisas do gênero, mas que durou pouco.

Por causa do sucesso de um comercial que estrelou para os televisores Colorado, foi contratado pelo fabricante para divulgar a marca. Como um tal de Pelé também era contratado pela empresa, coube a Edgard organizar eventos para ambos. Quando o jogador encerrou a carreira nos gramados brasileiros, Gianullo criou um show que rodou o país inteiro. Nessa época, Pelé tornou-se seu aluno de violão, e era comum em qualquer hotel que estivessem o telefone do quarto de Edgard tocar de madrugada com Pelé lhe pedindo para explicar como era determinado acorde.

Entre as campanhas para a Colorado, Edgard ainda encontrava tempo para eventualmente criar jingles, que agora produzia na Avant Garde, de Armando Mihanovich. Durante as gravações sempre encontrava Vicente Salvia, o Vitché, que havia sido contrabaixista do Edgard e Os Tais. Certa vez Vitché o convidou para trabalhar com ele na JV, produtora que ele estava montando com um sócio que veio a falecer. Gianullo topou, e iniciou-se uma parceria profícua que rendeu milhares de jingles, trilhas e *spots*.

Alguns anos depois, já na década de 1980, Vitché construiu um novo estúdio, com o que havia de mais moderno na época em relação à acústica e à tecnologia, e o batizou com as sílabas iniciais dos nomes de seus filhos Carla e Daniel. Nascia assim, na Rua Alves Guimarães, 1103, a Cardan, onde o autor destas linhas começou sua carreira profissional.

Entre os mais de vinte anos em que trabalhou com Vitché, entre a JV e a Cardan, Edgard compôs jingles inesquecíveis como "70 neles" (que foi o hino da Copa do Mundo de 1986, gravado por Gal Costa), "Dan'Up", "Campari" e "Kaiser Bock", entre incontáveis outros, sempre criando a letra e a melodia juntas. Enquanto tocava o violão ia pensando nas frases. Gravava cada trecho que compunha em um gravador que ficava sempre sobre sua mesa. Anotava a letra e retomava a peça do ponto em que tinha parado, até concluí-la.

No fim dos anos 1980, inspirado por um show do grupo Manhattan Transfer a que assistiu na TV, Edgard resolveu montar o 4X4, quarteto vocal que formou com Sylvinha Araújo, Ângela Marcia e Faud Salomão, todos cantores de jingles que já conviviam diariamente com Edgard na Cardan. O grupo durou até 1994 – este que vos escreve pôde acompanhar ensaios, gravações de músicas e jingles, e atesta que nunca houve sequer nada parecido no Brasil. Arranjos vocais maravilhosos, afinação sublime, qualquer adjetivo empregado será pouco para descrever o que era a performance do grupo.

Atualmente, Edgard continua a se dedicar à criação e à produção de jingles e trilhas para as produtoras de seus filhos, mantendo a criatividade, a técnica e o padrão de qualidade que sempre foram marcas registradas de toda a sua carreira.

Edgard Poças

Nascido na capital paulista, no bairro do Belém, Edgard Poças recebeu desde a infância estímulos que despertaram seu talento para a música. Sua mãe foi aluna de Mário de Andrade no Conservatório Dramático e Musical de São Paulo e seu irmão tocava violão, tendo chegado a ter aulas com Paulinho Nogueira. Edgard, que já gostava de cantar, passou a observar o irmão tocando e começou a experimentar os quatro acordes básicos do rock. Em pouco tempo já estava tocando em tudo quanto era lugar. Quando seu irmão lhe ensinou a quadratura de "Blue Moon", ele passou a encaixá-la (não pergunte como) em todas as músicas que se propunha a executar.

Em pouco tempo sua técnica evoluiu e Edgard passou a tocar todas as noites em botecos com os amigos. Certo dia, quando tinha 15 anos, estava tomando um café no bar que ficava na esquina da Praça Roosevelt com a Rua Nestor Pestana, bem próximo à TV Excelsior, quando encontrou o compositor Sérgio Ricardo. Depois de se apresentar, contou que era fã da obra dele e que sabia tocar suas músicas. Sérgio então o convidou para ir até a Excelsior para assistir à apresentação que ia fazer no programa de Bibi Ferreira.

Quando chegaram lá, era intervalo de ensaio, e Edgard aproveitou para mandar bala no violão. O pessoal gostou muito e o incentivou. Poças resolveu então voltar para casa a fim de se arrumar para participar do programa à noite. Ao passar pelo mesmo bar, encontrou Grande Otelo, puxou conversa e começou a beber com ele. Em pouco tempo seu grau etílico mal permitia que ele conseguisse ficar em pé, quanto mais tocar violão.

Mesmo assim Edgard voltou à Excelsior e assistiu a todo o programa da coxia. Nessa noite, João Gilberto estava lá e Edgard também puxou conversa, contou que tocava num violão Del Vecchio e perguntou o que ele achava do modelo. O veredito não poderia ser mais joão-gilbertiano: "Esse violão é muito Tancredo Neves". Apesar disso, ele autografou o instrumento, que Edgard guarda até hoje, e ainda insistiu que ele ligasse para o hotel em que estava hospedado para continuar o papo. No dia seguinte, quando Poças ligou, João passou a tarde lhe ensinando por telefone a tocar "Abraço no Bonfá". "Olha, você faz uma pestana no quinto traste...". E o mais inacreditável é que a aula continuou no outro dia com mais uma ligação.

Um primo de Poças era grande amigo de Vinícius de Moraes e o apresentou ao poeta, estabelecendo uma duradoura amizade entre eles. Por conta disso, Edgard participou da organização do espetáculo *Vinícius poesia e canção*, no Teatro Municipal de São Paulo. Poças também foi muito amigo de Cyro Monteiro, Otto Lara Resende e Baden Powell, que elogiava constantemente sua mão direita no violão.

Em 1968, Edgard formou um conjunto com Zeca Assumpção no baixo, Nelson Ayres no piano, Roberto Sion no sax, William Caran na bateria, e, certa vez, quando tocavam no Totem Bar, na Avenida Santo Amaro, viu incrédulo um ônibus estacionar na frente do estabelecimento e dele desembarcar ninguém menos que Duke Ellington e toda a sua orquestra. Eles queriam assistir a um show de bossa nova e alguém os levou lá. Poças, que dias antes havia se emocionado ao assistir à apresentação deles no Teatro Municipal, deu o seu melhor durante o show e reparou particularmente que Ellington, bem próximo ao palco, não tirava os olhos de sua mão direita, principalmente quando tocava "Garota de Ipanema". Ao final da apresentação, o maestro levantou-se e lhe deu três beijos. O interesse de Duke se justificava porque, diferentemente dos músicos norte-americanos, Poças tocava sem palheta e provavelmente ele nunca tinha visto a música tocada daquele jeito.

Pouco tempo depois, os integrantes de seu conjunto e o amigo Luiz Roberto Oliveira decidiram estudar na Berklee College of Music, em Boston, e Edgard resolveu estudar medicina em Portugal para se especializar em psiquiatria. Otto Lara Resende costumava dizer que ele estava querendo se curar. No entanto, Poças não chegou a concluir o curso.

Quando voltou ao Brasil, veio decidido a se dedicar ao aprimoramento musical. Apesar de ter entrado em duas faculdades de música, Edgard começou a estudar violão oito horas por dia como autodidata, chegando a tocar a obra completa de Villa-Lobos nesse período. Infelizmente, acabou sofrendo um acidente que teve várias complicações e prejudicou muito sua mão esquerda, limitando seus movimentos e obrigando-o, de certa forma, a abandonar o violão como instrumentista e a se dedicar a dar aulas mesmo com a mão presa a uma tipoia.

Já estava vivendo essa situação havia algum tempo quando Luiz Roberto Oliveira o convidou a compor jingles. Ele passou duas encomendas para Poças, que acabaram não sendo aprovadas. Apesar disso, Luiz Roberto percebeu que ele levava jeito e o incentivou. Em seguida, seu primo, que havia montado uma agência, solicitou um jingle para Malhas Penalty – e, este sim, foi aprovado. Era um frevo, cujo arranjo foi escrito por Oliveira, e a partir disso começaram a surgir várias outras solicitações de jingles. Edgard foi em frente e durante vários anos atuou como *freelancer*. Só na década de 1980 é que resolveu abrir sua produtora, a Klaxon. Poças, que nunca havia criado músicas, tornou-se compositor por meio dos jingles.

Durante alguns anos Edgard Poças trabalhou também na Rádio Jovem Pan. Inicialmente fez paródias e imitações no *Show de rádio* e depois no *É noite tudo se sabe*, substituindo temporariamente a apresentadora Ana Maria Penteado. À frente deste programa, Edgard, que não gostava da lista de músicas que a discoteca da emissora selecionava, tocava por autorrecreação o que bem entendia, levando seus discos de casa. Um dia colocou no ar "Juracy", do sambista Vassourinha, que, a rigor, não tinha absolutamente nada a ver com o perfil da atração. Enquanto a música estava sendo executada recebeu a ligação de Tutinha, filho do dono da emissora, indignado: "O que é isso no ar? Quem é esse cara?". Edgard, com a maior cara de pau do mundo, respondeu: "É o Vassourinha. Você não conhece?". Ainda mais nervoso, Tutinha perguntou: "E vai acabar quando isso aí?". Poças, com toda a tranquilidade, disse: "Olha, eu tava pensando em tocar o disco inteiro...". Por essas e outras, em pouco tempo Edgard saiu da rádio, o que não o perturbou em nada porque sua produção de jingles já era intensa e nessa época ele também andava estrelando diversos comerciais – sem falar nas aulas de música que lecionava na Estação das Artes, em São Caetano do Sul.

Certo dia, o amigo e ex-parceiro de conjunto Nelson Ayres, que fazia arranjos para a gravadora CBS, ligou para Edgard convidando-o a mexer na letra de uma música que deveria ser inscrita em um festival. O trabalho foi feito e, apesar de a nova letra não ter sido utilizada, alguém na gravadora ficou interessado no trabalho de Poças. Em pouco tempo foi convidado a coordenar um projeto até então sigiloso, voltado para o público infantil, que envolvia a criação e o lançamento de um novo grupo. Edgard deveria selecionar músicas e escrever as letras das canções que fossem escolhidas. Depois de algum tempo de trabalho estava pronto o primeiro disco de um trio de crianças que ficou conhecido como Balão Mágico.

Seu contrato para fazer um segundo álbum dependia da performance de vendas do primeiro, que foi muito acima da esperada. Mas isso não era nada diante do que estava por vir. Quando o segundo disco saiu foi muito mais do que um sucesso: uma verdadeira mina de ouro havia sido descoberta. *Superfantástico* bateu recordes de vendas, superando artistas com muitos anos de estrada. A grande sacada foi utilizar arranjos grandiosos com cordas e metais, para que as músicas deixassem de ser ouvidas só por crianças, passassem a tocar no rádio e a agradar também aos adultos. E o mais incrível é que a música que dá nome ao disco havia sido recusada pela gravadora, obrigando Poças, que tinha percebido todo o seu potencial, a convencer com muito esforço os executivos e, além disso, a criar uma segunda parte da letra especificamente para Djavan, que participou da gravação e ajudou a atrair de vez a atenção dos adultos para o disco.

Para criar tantos sucessos para todos os discos do Balão Mágico, Edgard não se preocupava em simplesmente fazer versões dos temas originais, que podiam ser em inglês, espanhol, italiano e até em alemão, e sim criar letras completamente novas que casassem com o que a melodia sugeria a ele. Poças também foi responsável pelos sucessos do grupo Dominó e, ainda, pelos *hits* da dupla Jairzinho & Simony. Ao todo foram sete discos do Balão Mágico e cinco do Dominó, que renderam 11 discos de ouro e quatro de platina.

Durante essa fase, Poças continuou se dedicando aos jingles e trilhas para publicidade. Criou peças que marcaram época para Pudim Royal, Casa do Esportista, Penalty e ganhou inúmeros prêmios de melhor trilha e melhor jingle para produtos como Chevette e Nescafé. Em 1989, criou o jingle "Juntos chegaremos lá", para o candidato à Presidência da República Guilherme Afif Domingos, que fez um grande sucesso e até hoje é lembrado.

Nos anos 1990 diminuiu a produção para propaganda, mas manteve o mesmo padrão de qualidade no que produziu, como pode ser percebido em peças para Coca-Cola e McDonald's. Além disso, passou a trabalhar em projetos específicos, como os que fez para a revista *Caras*, selecionando repertório e gravando as músicas para CDs temáticos da publicação.

Hoje, Edgard Poças se dedica a produzir discos. Um de seus mais recentes trabalhos é *O Tom do sertão*, com Chitãozinho e Xororó interpretando a obra de Tom Jobim. Os filhos herdaram seu talento musical. Céu é uma excelente cantora, assim como Diogo que também produz em seu estúdio jingles, trilhas e materiais para canais de TV por assinatura.

Edison Borges de Abrantes, Passarinho

Agora com vocês: Passarinho! Era dessa forma que Edison Borges de Abrantes era anunciado na década de 1940 pelas ondas do rádio no Rio de Janeiro. Em uma época de transmissões ao vivo, Passarinho era *crooner* da orquestra titular da emissora e, ao que parece, a qualidade de seu canto lhe rendeu o apelido. O mais incrível é que, além de muito afinado, Passarinho também era gago, dificuldade que ficava ainda mais evidente quando ele ficava nervoso. No entanto, ao cantar, a gagueira desaparecia totalmente.

Nascido em Muriaé, Minas Gerais, na infância foi colocado pelo pai para tocar violino, mas não se deu bem com o instrumento e, aparentemente, não teve mais nenhum contato formal com teoria musical. Sua musicalidade era muito intuitiva e se manifestava quando ele cantava. Não sabia nenhum acorde, mas tinha algumas noções básicas de afinação, até mesmo para passar instruções do que queria, entretanto sempre sem termos técnicos. Apesar disso, tinha talento de sobra e na juventude, além de cantar, começou a compor. Sua obra conta com mais de duzentas canções, algumas em parceria e muitas gravadas por cantoras como Maysa, Nana Caymmi e Dolores Duran. Há inclusive quem diga que ele foi parceiro de Dolores em "Olha o tempo passando", "Tome continha de você" e "Deus me perdoe". Nessa época, era comum ele acordar a esposa de madrugada para que ela ouvisse a ideia que tinha tido para uma música e guardasse na memória a melodia para lembrá-lo no dia seguinte.

De acordo com seu filho, João Mauro de Abrantes, Passarinho se mudou para São Paulo por volta de 1960. Embora algumas fontes registrem que entre 1953 e 1956 ele tenha feito jingles para a RGE, é só a partir de sua mudança para a capital paulista que sua produção para a publicidade se torna mais constante e conhecida. Sua transferência se deu para que assumisse um cargo na direção da TV Excelsior, onde fez grandes amizades no meio artístico – a ponto de contar com a presença de diversas estrelas da emissora quando havia festas familiares em sua casa. Na Excelsior, também criou temas para vinhetas e comerciais da própria emissora.

Após alguns anos na TV, Passarinho continuou compondo peças para várias produtoras, como a Pauta. Lá, criou jingles que se tornaram clássicos, como o das Lâmpadas GE e o da Cera Dominó. No entanto, seu jingle mais importante, que marcou sua vida e o Natal dos brasileiros desde a primeira veiculação, foi "Pra não ser triste", mais conhecido como "Quero ver você não chorar", criado para o Banco Nacional, que rapidamente tornou-se um hino nacional de Natal.

Depois de um breve período em que teve uma agência de propaganda, Passarinho foi convidado pelo amigo Geraldo Alonso, proprietário da Norton Publicidade, a dirigir as produções audiovisuais da agência. A rigor, isso colocava o departamento de RTV, de certa forma, subordinado a ele. Durante os vários anos em que trabalhou na Norton criou jingles memoráveis para vários clientes, sobretudo para a linha de chocolates da Nestlé. O primeiro prêmio Clio da Norton (e do Brasil) foi com um jingle para uma campanha da Tropical Pneus – Pirelli –, feito por Passarinho. Com o mesmo método que utilizava para compor suas canções, Edison costumava sentar-se à mesa da cozinha de sua casa, pegar um gravador de fitas cassete e registrar as melodias e as letras que iam surgindo ao mesmo tempo em sua cabeça para os jingles. Foi assim, por exemplo, que ele criou o jingle de lançamento do chocolate Suflair. Em seguida, mostrava a gravação doméstica para um maestro ou arranjador, para que ela fosse escrita em uma pauta e gravada para o cliente. Pelas suas características de bonachão, Passarinho chegou a fazer algumas campanhas como garoto-propaganda para o chocolate Kri e para a GE, entre outras.

Nos anos 1970, Passarinho criou um jingle para a caderneta de poupança Delfin que fez enorme sucesso. Quando entrou no ar, a instituição estava em nono lugar, e dois meses depois ela já era a segunda maior rede de poupança do país. Em agradecimento, o Grupo Delfin, que também era forte no segmento de financiamento imobiliário, pediu que ele escolhesse um apartamento e o presenteou com a quitação de boa parte das prestações.

João Mauro passou a trabalhar com o pai a partir de 1975. Nessa época estavam na Publisol e pouco tempo depois foram para a Sonima, onde Edison já havia trabalhado. Uma característica importante dos jingles dessa época eram as melodias de fácil memorização, como as criadas por Passarinho, que também tinha grande facilidade e rapidez para encontrar rimas. Por conta disso, em muitas oportunidades João Mauro criou a melodia e Passarinho fez a letra.

No início dos anos 1980, Edison formou a EBA, produtora de áudio que levava as iniciais de seu nome. Nessa fase, Passarinho gravava trabalhos em vários estúdios diferentes e, depois de pagar cachê a todos os envolvidos, ficava com uma porcentagem pela produção.

Passarinho criou jingles até quando pôde, somando em sua carreira milhares de peças. Após sofrer alguns AVCs, o compositor veio a falecer em 1992.

Emílio Carrera

Quando a orquestra de Tommy Dorsey esteve no Brasil, na década de 1950, teve sua apresentação transmitida ao vivo pela TV Tupi. Durante o show, um garotinho invadiu o palco e se aproximou do maestro. Brincando com a inusitada visita, Dorsey o colocou no praticável e lhe deu a batuta. Sob os olhos incrédulos de todos, o menino regeu corretamente a música até o final, fazendo inclusive todas as convenções que a melodia pedia. No dia seguinte, os jornais noticiaram a façanha. Apenas por essa passagem incrível, já é possível perceber como, desde a infância, a inclinação musical de Emílio Carrera já era grande.

Muitos podem pensar que o número foi ensaiado e combinado previamente, mas a verdadeira explicação para tamanha demonstração precoce de talento é que Emílio costumava dormir no colo de seu tio, embalado pelas bolachas de 78 rotações da Big Band de Tommy Dorsey. Por isso, já conhecia as cadências melódicas das músicas. Levado pela família, que trabalhava na Tupi, para assistir ao espetáculo, não se conteve diante da familiaridade que aqueles sons despertavam.

Carrera nasceu em um lar extremamente artístico e musical. Sua mãe, Olga Carrera, era concertista de piano, sua tia Triana Romero era cantora e atriz, e seu pai, Adolfo Guimil, dirigiu o primeiro comercial filmado para a TV brasileira. Era natural que esse pendor fosse despertado nele também. Muito pequeno se interessou pelo acordeom, instrumento da moda naqueles anos 1950, mas um filme mudou sua escolha. Quando tinha cerca de sete anos, assistiu com a mãe a *À noite sonhamos*, que conta a vida de Chopin. Ambos se emocionaram muito com a história e, na saída do cinema, Emílio disse para a mãe que queria estudar piano. A partir do dia seguinte Olga passou a dar aulas ao filho.

Durante a infância era comum Carrera acompanhar sua tia tanto na TV Tupi como em shows com orquestras de baile onde ela era *crooner*, permanecendo no fundo do palco até pegar no sono. Com isso, teve a oportunidade de conhecer grandes músicos e, naturalmente, o interesse pela carreira musical logo foi despertado.

Sua vida profissional na música começou de maneira mais significativa com O Bando, que originalmente se chamava Grupo 7 e, como o nome indica, era um septeto. A mudança de nome se deu com a entrada de Solano Ribeiro na coordenação do conjunto. Nessa época, Os Mutantes e Os Beat Boys eram as bandas que tinham proposta musical semelhante à que O Bando produzia. Todos faziam um som moderno para os padrões daquele final dos anos 1960, de certa forma alinhados com o caráter inovador proposto pela Tropicália. Depois de lapidar o trabalho de O Bando, Solano os apresentou a André Midani, então presidente da gravadora Philips, que após uma audição decidiu gravar um LP com eles.

Após algum tempo de estrada, O Bando acabou se dissolvendo porque os integrantes, por serem excelentes músicos, acabaram sendo convidados para tocar com outros artistas ou seguir em projetos próprios. Emílio foi convidado em 1970 para tocar com os Beat Boys, grupo que ele sempre admirou, em um espetáculo musical de Marília Pera. Ele topou e, depois de uma temporada sem muito sucesso em São Paulo, a peça ficou dois anos em cartaz no Rio de Janeiro com casa lotada.

Quando voltou à capital paulista, Carrera integrou um outro musical, chamado *A viagem*, onde conheceu Ney Matogrosso, que era um dos figurantes e logo seria convidado a integrar um projeto de João Ricardo, que tinha a ideia de formar um grupo musical com uma proposta diferente. Com a entrada de Gerson Conrad, a formação se completou e nasceu o Secos e Molhados. Emílio foi o pianista dos dois discos antológicos que a formação original gravou, ajudando a dar forma à linguagem inovadora que o grupo trazia.

O Secos e Molhados conseguiu a proeza de lotar o Maracanãzinho duas vezes no mesmo dia, fazendo dois shows seguidos com mais de 30 mil pessoas em cada um – algo até hoje difícil de se repetir com uma banda.

Algum tempo depois, por conta de divergências entre os integrantes, o Secos e Molhados desfez sua formação, e Carrera sentiu a necessidade de encontrar novos caminhos profissionais. Enquanto novas oportunidades não surgiam, acompanhou alguns cantores, como Eduardo Araújo e Sylvinha. Após esse período montou o Humahuaca, grupo instrumental que tocou com Elis Regina e se apresentou no 1º Festival de Jazz de São Paulo, em 1978.

Emílio sempre gostou muito de propaganda e um dia resolveu conversar com o amigo Renato Teixeira, que era produtor de som na agência Alcântara Machado Publicidade, a Almap, e que o convidou a trabalhar com ele como assistente. Era uma época de grande quantidade de trabalho: muitas vezes a agência chegava a ter de 25 a trinta peças sendo produzidas ao mesmo tempo. Quando Renato saiu para fundar a MCR com Sérgio Mineiro e Sérgio Campanelli, que, por sinal, também tinha trabalhado na Almap, Carrera assumiu o departamento de rádio e TV da agência.

Após dois anos de Almap, Emílio recebeu convite para trabalhar na DPZ, que na época era considerada o Everest da publicidade brasileira.

Durante os 11 anos que permaneceu à frente do RTV da agência, com o perdão do trocadilho, Carrera construiu uma carreira laureada com prêmios no Brasil e no exterior, como o Leão em Cannes com o comercial para Jontex com um jingle criado por Theo de Barros.

Seu processo de criação sempre procura partir de uma ideia. Emílio considera que fazer música legal, desde que se tenha talento, todo mundo faz. Entretanto, fazer com que a música consiga transmitir até o fim o seu propósito e que tudo esteja em função da ideia é o mais difícil. Talvez por isso sempre tenha gostado de trabalhar em equipe, com vários profissionais colaborando para o desenvolvimento da peça. Um bom exemplo é o do trabalho para tapetes e carpetes Tabacow, em que, a partir de um tema de campanha apresentado pela criação da agência, ele teve a ideia para o jingle e junto com Armando e Alexandre Mihanovich, da produtora Avant Garde, produziu uma peça premiada com o Grand Prix no Festival de Nova York.

Ao sair da DPZ, em 1992, Emílio montou a Piano, que durante vários anos foi uma das mais importantes produtoras do país, realizando campanhas como "Não é nenhuma Brastemp", ou "Os nossos japoneses são mais criativos que os japoneses dos outros" para a Semp Toshiba, sem falar na multipremiada campanha para Itaú Seguros, "Só mesmo um louco", em que escolheu o amigo Paulo Goulart para fazer a locução, o que revelou mais um enorme talento desse inesquecível ator.

Apesar de tantos trabalhos de sucesso, o mais difícil para Emílio era conciliar seu espírito criativo e artístico com as funções administrativas que a gestão da produtora demandava. Por conta disso, ele preferiu parar com a Piano em 2006. No entanto, seus filhos Gabriel e Olívia já trabalhavam com ele. Por isso, percebendo o talento dos dois, montou a Zeeg2, ainda dentro da estrutura de sua produtora.

Logo depois do fechamento da Piano, após anos sem se encontrarem, Ney Matogrosso convidou Emílio para fazer a direção musical de seu espetáculo *Inclassificáveis*. Foram dois anos de shows com muito sucesso por todo o Brasil, chegando a reunir plateias de mais de 60 mil pessoas.

Após o fim da turnê, Carrera passou a estudar música ainda mais profundamente, como preparação para um novo trabalho que pretende começar em breve.

Francis Monteiro

Em geral, quando se nasce em uma família em que a música faz parte do dia a dia é praticamente impossível não escolhê-la como profissão. Filho de pai maestro de banda, que tocava todo tipo de instrumento, fosse ele de sopro, de corda ou de percussão, e de mãe pianista e professora de piano, Francis Monteiro cresceu em um ambiente que o fez desde cedo desejar ser músico.

Quando tinha 14 anos, seu pai lhe ensinou as primeiras noções de melodia e harmonia, e Francis não parou mais. Aprendeu a tocar violão, viola, bandolim, banjo e, mais tarde, piano. Quando fez 18 anos montou Les Célibataires, uma banda que tocava em colégios, festas e eventos. Participaram também do programa *O reino da juventude*, apresentado por Antônio Aguilar na TV Record. Após a apresentação, Aguilar os convidou para assumirem o conjunto The Clevers, que ele havia montado, mas que corria o risco de acabar porque seus integrantes originais tinham saído para formar Os Incríveis.

Francis e seus colegas aceitaram, e os novos Clevers foram lançados em 1965, tendo participado constantemente do programa Jovem Guarda, feito shows por todo o país e gravado vários discos.

Em 1971, Monteiro reformulou o conjunto e passou a tocar n'O Beco, famosa casa noturna paulistana de Abelardo Figueiredo, que ficava na Rua Bela Cintra, onde se apresentavam grandes artistas nacionais e internacionais. Francis considera que O Beco foi uma escola, pois lá aprendeu a interpretar, dançar e fazer, enfim, um show completo.

Foi n'O Beco que ele descobriu que possuía também o talento de compositor, quando Abelardo perguntou se ele não queria escrever trilhas para os shows da casa. Francis se saiu tão bem que essa atividade se expandiu para as convenções que Figueiredo produzia para várias empresas por todo o Brasil.

Em uma delas, por ocasião do lançamento do Chevrolet Chevette, Monteiro, além da trilha, criou também uma música para o carro. A General Motors gostou e pediu a ele que a gravasse. A gravação aconteceu na Publisol, onde Francis conheceu José Luiz Nammur, o Zelão, que o auxiliou na produção da peça. Quando ainda estavam finalizando as gravações, Zelão o convidou para trabalhar com ele na produtora. Francis aceitou e, como ele mesmo diz, começou trabalhando no meio de feras como Theo de Barros, Renato Teixeira e Murilo Alvarenga, além, é claro, do próprio Zelão, e pôde aprender muito com todos eles.

Nos primeiros tempos, atuava somente como músico, participando da gravação de vários tipos de peças. Depois de uns três meses, e com muita vontade de fazer o seu primeiro jingle, Zelão o chamou e passou um *briefing*. Ele deveria criar um jingle para as duchas Corona. O desejo era tanto que em menos de cinco minutos o jingle estava pronto. Nem Zelão acreditava que ele tivesse concluído em tão pouco tempo. Quando ouviu Francis cantar "Apanho o sabonete, pego uma canção e vou cantando sorridente, duchas Corona, um banho de alegria num mundo de água quente", teve certeza de que seria um sucesso. E ele tinha razão, o primeiro jingle de Francis Monteiro tornou-se um clássico da publicidade brasileira.

Assim, Francis começou sua bem-sucedida carreira como jinglista – o que abriu grandes oportunidades para que em pouco tempo ele estivesse criando muitos jingles para outros importantes anunciantes. Em mais de quarenta anos de carreira, ele estima que já tenha criado mais de 17 mil peças! Um recorde absoluto.

Depois do período que trabalhou na Publisol, Monteiro fez parte do Jongo Trio, onde se desenvolveu ainda mais como músico ao lado do pianista, maestro e arranjador Cido Bianchi.

Trabalhou também na Rádio Bandeirantes fazendo criação musical de vinhetas e temas, passou pela Rádio Record e no início dos anos 1980 mudou-se para Ribeirão Preto. Mesmo a distância, continuou atendendo clientes de São Paulo – inicialmente por meio do Digital, um estúdio local, e depois pela Decson, uma produtora também em Ribeirão. Nesta, trabalhou durante uma década, chegando a produzir em um único ano 475 jingles.

Quando cria, Francis não gosta de escrever a letra e ficar tentando montar a harmonia em cima. Ele procura absorver o que o cliente quer transmitir e interpreta cada informação a respeito do produto e do público a ser atingido. Depois de tudo assimilado, a letra e a música nascem de uma só vez. Muitas vezes, vêm numa velocidade tão grande que, se ele não registra tudo em um pequeno gravador que sempre o acompanha, não dá tempo de escrever. Sempre preferiu criar sozinho, não há registro de nenhum jingle em sua vasta obra que tenha sido criado em parceria.

Atualmente, Monteiro realiza trabalhos para grandes anunciantes nacionais, como o Carrefour, e também internacionais, como a Pura Fruta, uma empresa nova-iorquina de sucos naturais fundada por brasileiros. Para eles, por exemplo, já criou peças em que mistura o português, o inglês e o "mineirês" em letras hilárias que brincam com a pronúncia das palavras, como: "Uai, compadre! Por que, *why*? Porque *why* é por quê. Uai é uai".

Essas peças Francis produz em seu estúdio, que, aliás, não poderia ter nome mais criativo: Keeton Secker. Mesmo causando alguma estranheza à primeira vista, logo todos percebem que é uma forma bem-humorada de simplesmente perguntar: "Que tom você quer?".

Heitor Carillo

Para alguns o ato de criar é algo tão natural como respirar. Fazem isso desde que nascem sem se dar conta do que estão fazendo. Heitor Carillo foi uma dessas pessoas que nasceram para criar. A primeira vez que fez isso formalmente tinha oito anos, quando inventou uma música para os escoteiros marcharem.

Na juventude, Carillo foi trabalhar como redator na Rádio Clipper. Um dia, apareceu por lá um rapaz que havia feito uma música e lhe pediu que fizesse a letra. Além de atender ao pedido, Heitor ainda deu uma acertada na melodia. E o mais surpreendente é que ele nunca soube uma nota musical – talvez por isso não acreditasse que poderia ser compositor.

Certa vez, a cantora Ângela Maria pediu a Heitor que fizesse uma música para ela. Mesmo inseguro, compôs "Fel" em parceria com um amigo e, a partir daí, passou a se considerar um autor, tendo escrito mais de setenta músicas – gravadas por artistas como Agostinho dos Santos, Elizete Cardoso e Demônios da Garoa. Adoniran Barbosa, um dos compositores mais gravados pelos Demônios, costumava dizer que Carillo ganhava dinheiro nas suas costas. O compacto com a gravação de "Trem das onze" tinha no lado B a música "Chum chim chum", de Heitor.

Admirador dos versos ritmados do poeta pernambucano Ascenso Ferreira, Carillo começava a se aventurar também na poesia quando um colega de trabalho disse que ele levava jeito para ser escritor. Ao avaliar melhor seus versos, Heitor percebeu que eles tinham uma cadência bonita, e daí a transformá-los em jingles foi só uma questão de tempo. Seu irmão, João Carillo, tinha uma agência de publicidade, a Elenco. Em parceria com ele, Heitor criou um jingle para a água sanitária Q-Boa, cuja letra sugeria uma leve conotação maliciosa – mas extremamente pueril se comparada ao que ouvimos hoje.

Até o patrão
Concordando com a patroa
Também caiu
Direitinho por Q-Boa

A partir daí começou a preencher os espaços publicitários da rádio com seus jingles, iniciando uma longa carreira de sucesso como jinglista. Carillo costumava contar que a maioria deles foi feita no banheiro e que geralmente terminavam com o som da descarga. Como não tinha nenhuma formação musical específica, ele marcava o ritmo batucando e ia criando muito rápido. Assim que recebia o pedido de um jingle ele já começava a rascunhá-lo, e em pouco tempo tinha o tema pronto para gravar. Sua facilidade para compor era realmente muito grande. A melodia e a letra eram criadas de uma vez.

Depois da Rádio Clipper, Carillo levou seu talento de criar jingles para a Magisom, uma das produtoras pioneiras de São Paulo. Com a saída de seu fundador, Gilberto Martins, Heitor Carillo assumiu a produtora em sociedade com o pianista e compositor Ernani Turini. Na Magisom, Heitor protagonizou com João Gilberto uma das situações que contribuíram para a formação do folclore em torno do cantor.

Os jinglistas

Em 1960, Tom Jobim apresentava na TV Paulista o programa *O bom Tom*, onde recebia convidados e muitas vezes os acompanhava ao piano. Na noite em que Heitor Carillo interpretou "O vendedor de laranjas", um de seus grandes sucessos, João Gilberto estava também escalado para se apresentar. Ao conversarem no camarim, Carillo cantou um jingle que havia criado para o sabonete Lever e contou que a Lintas, agência que atendia o anunciante, previa três versões com três cantores diferentes, sendo que Agostinho dos Santos e Tony Campello já haviam sido selecionados. João, que naquela altura já era reconhecido pela revolução que fez na música brasileira com "Chega de saudade", pediu insistentemente para ser a voz que faltava.

Carillo, preocupado com quanto isso iria custar, ainda tentou argumentar, mas João só queria saber quando deveria estar no estúdio para gravar. No dia e hora combinados, o pai da bossa nova estava na Magisom com o jingle da ponta da língua. Parecia que a gravação ia sair de primeira.

As estrelas do cinema usam Lever
O sabonete que você devia usar
Irradie mais beleza
Seja estrela do seu cinema
Use sabonete Lever

Só parecia. A cada tentativa, João a interrompia no meio de alguma frase para dizer: "Como está lindo isso... Que música linda". Heitor ficava lisonjeado, ainda mais com o elogio vindo de quem vinha, mas o pessoal da Lintas, que acompanhava tudo, não estava gostando nada; afinal, quem estava pagando o estúdio era a agência. Ao final de mais de quatro horas, o jingle, que só tinha trinta segundos, foi gravado a contento – sendo aprovado por Carillo, pela agência e... por João. Ah, sim, o cachê foi um violão Di Giorgio escolhido por ele próprio na loja do fabricante.

Além da Magisom, Carillo trabalhou também na Pauta e atuou muito tempo como *freelancer*. Nesses três períodos criou jingles que marcaram época, como "Quem pede Grapette repete", para a marca de refrigerante de mesmo nome, "Quem bate? É o frio!", para as Casas Pernambucanas, e "Nescau tem gosto de festa".

No início dos anos 1970 começou a criar temas para Silvio Santos e em 1974 assumiu a direção artística de seus programas. Além disso, criava todos os jingles para o *Show de calouros*, para as empresas do Grupo Silvio Santos, como Baú da Felicidade e Vimave, e para anunciantes, como Casas Buri, Bergamo e Calçados Vulcabrás. Fez também diversas músicas de Carnaval para o apresentador gravar. Era comum Carillo criar na hora em que recebia a encomenda de um jingle ou tema. Ele gravava uma fita cassete com as instruções de como a música deveria ser interpretada, e Silvio ia ouvindo no carro para decorar e cantar no programa. Para isso, Heitor andava sempre com um pequeno gravador para registrar suas criações e poder mandar a fita de pronto para Silvio.

Em 1978, produziu na TV Bandeirantes, como diretor artístico, o *Som verde*, programa de música caipira, no qual estreitou laços com artistas sertanejos da época e compôs diversas canções para nomes como João Pacífico e Tonico e Tinoco.

Após a experiência na Bandeirantes, Heitor Carillo voltou a atuar por conta própria criando e produzindo em várias produtoras. Trabalhou também na Alcântara Machado Publicidade, onde também criava jingles.

Apesar de ter uma carreira de sucesso na publicidade, Carillo gostava mesmo é de pintura. Para ele, era o jingle que possibilitava comprar pincel e tinta. Seu grande prazer era pintar quadros, talento transmitido ao filho Marco, um excelente ilustrador. Com espírito libertário, Heitor não gostava de trabalhar em locais fechados. Quando recebia um pedido de jingle, fazia-o rapidamente onde estivesse. Não precisava estar em um escritério para isso. Sempre que podia se refugiava em seu atelier, que ficava na Rua Tupi, em São Paulo. Fez várias exposições de suas pinturas. Uma vez por ano, convidava seus amigos da publicidade e da música e promovia um verdadeiro evento em sua casa na Rua Bragança, no Pacaembu.

Heitor Carillo sofria de diabetes e faleceu em 2003. Foi um artista que verdadeiramente nasceu para criar. Seu talento era tão múltiplo que deixou uma obra inesquecível e de grande qualidade na música, na publicidade e na pintura.

Hélio Ziskind

"Ouvido não tem pálpebra, entra tudo. Mas nem em tudo o que entra a gente está prestando atenção. E a música é a área em que a gente aprende a criar essas atenções. Sem isso não se vive. Não existe povo sem música no mundo. Então ela faz parte da construção do nosso mundo interno e externo também."

Essa afirmação de Hélio Ziskind a respeito da função da música na formação da criança é fundamental para se perceber como está presente em toda a sua obra a preocupação de provocar novas descobertas, promovendo um encontro entre o educativo e o divertido. Inclusive em seus jingles.

Apesar de vir da música popular – na juventude tocou violão, flauta e saxofone, além de fazer arranjos com sintetizadores –, Ziskind é formado em música erudita pela ECA – USP, que na sua visão era uma escola diferenciada porque pretendia formar músicos de vanguarda por meio de uma abordagem semiótica da música como um todo a partir da desconstrução dos elementos da composição. Para ele, essa proposta o ajudou a estruturar seu pensamento sobre som, independentemente do estilo. Nessa época, ele já exercitava seu talento no Rumo, grupo que tinha uma proposta moderna e vanguardista na música paulistana nos anos 1970 e 1980. Toda essa visão teórica, somada a seu trabalho no Rumo, permitiu que construísse um estilo próprio de composição.

Com Paulo Tatit, que também fez parte do Rumo, Ziskind fez as primeiras incursões na composição de trilhas para espetáculos. Juntos, compuseram a música – vencedora do prêmio APCA 1987 – para o balé Nijinsky. Esse foi um território que se mostrou muito interessante para eles, com peças de Debussy, Stravinsky e Tchaikovsky, com as quais puderam fazer uma abordagem mais pop de um material erudito.

Com Tatit, Hélio também fez músicas para peças de teatro e para trabalhos como o realizado para uma radionovela patrocinada pela Gessy Lever. Chegaram inclusive, na época, a fazer algumas trilhas para a TV Cultura. No entanto, só alguns anos mais tarde é que Ziskind seria convidado a criar músicas e temas de abertura para programas da emissora. Trabalhos em que, mais do que fazer o fundo musical, era necessário transmitir uma personalidade específica para cada uma das atrações, destacando-se entre eles *Glub-Glub*, *X-Tudo*, *Cocoricó* e *Castelo Rá-Tim-Bum*, este último em parceria com André Abujamra e Luiz Macedo.

Apesar de já ter criado algumas músicas para o público infantil e de ter dado aulas de iniciação musical para crianças, esses trabalhos para os programas infantojuvenis da Cultura proporcionaram a ampliação e a popularização da obra de Ziskind, que com sensibilidade e muita qualidade compôs temas lúdicos e ao mesmo tempo didáticos.

Essa produção suplantou os limites da TV e passou a ganhar vida própria em projetos que envolvem shows, livros, CDs, DVDs e internet, somando centenas de composições. A obra de Ziskind voltada para crianças foi premiada quatro vezes pelo Prêmio Sharp de Música Brasileira, além de receber diversas premiações internacionais.

O altíssimo padrão dos temas e a forte identificação com o público infantil chamaram a atenção da agência de publicidade que atende a Johnson & Johnson, que acabou por entrar em contato com Hélio para solicitar uma música para os comerciais da linha de xampus infantis da empresa. A ressalva é que não queriam utilizar "Ratinho tomando banho", sucesso de *Castelo Rá-Tim-Bum* e *hit* da hora do banho dos pequenos telespectadores do programa, justamente porque, na visão do anunciante, ninguém iria prestar atenção no produto. Foi assim que nasceu a série de jingles para Johnson's Baby Shampoo, nos quais Ziskind consegue entreter com competência ímpar, fazendo as crianças (e também alguns pais) brincarem, cantarem e ainda divulgarem (muito bem) o produto. Seu processo de criação costuma variar a cada trabalho, mas no caso desses jingles as letras e as músicas foram criadas ao mesmo tempo.

Antes das campanhas para a Johnson's e dos trabalhos voltados especificamente para o público infantil, Hélio já havia feito trilhas para publicidade em uma época em que essa chegou a ser a sua principal atividade profissional. Nesse período, criou peças para clientes como Renault, Banco Itaú, revista *Capricho* e Ultragaz. Neste último, aliás, Ziskind foi responsável por um *case* que mudou definitivamente a comunicação das empresas do setor. Até 1989, quando um caminhão de gás chegava a uma rua, chegavam também buzinadas e frases berradas a plenos pulmões pelos entregadores, como "Olha o gás!" ou "Vai gás aí?". Isso, repetido por vários revendedores, perturbava o sossego. Foi quando Hélio criou um tema muito suave, no qual o tempo era marcado pela batida entre botijões como se fosse um tique-taque de relógio, uma flauta tocava apenas duas notas e uma voz angelical emprestada por Vânia Bastos cantava "Ultragaz". Sem irritar ninguém, o tema cumpria sua função perfeitamente e ainda tinha a vantagem de se propagar a uma distância maior. Uma pena que os concorrentes quiseram – mas não souberam – imitar a ideia, cometendo o enorme erro de trocar as buzinas e gritos por "Pour Elise", de Beethoven, repetida em *looping* eterno. Nada mais irritante.

Ziskind também fez um trabalho memorável para a Rádio Eldorado de São Paulo, tradicional emissora do Grupo Estado, cujo principal informativo era o *Jornal de Trinta Minutos* que ia ao ar em quatro edições diárias. O tema de abertura era a "Marcha de guerra Brasil", um dobrado militar de Thiers Cardoso utilizado desde 1958, ano de fundação da emissora. João Lara Mesquita, neto do fundador, convidou Hélio para modernizar a música, dando-lhe um caráter jornalístico sem que perdesse sua essência original. No entanto, o convite tinha um risco. Se ele gostasse, pagaria; caso contrário, Ziskind não receberia nada. Certo de que conseguiria surpreendê-lo, Hélio o avisou para ir preparando a carteira.

Para Ziskind, a formação na escola de música permitiu que ele reunisse os elementos necessários para realizar o trabalho, uma vez que a melodia do dobrado, sozinha, não conseguiria fazer a escalada das notícias. Então, Hélio precisou compor uma primeira parte que continha esse movimento de escalada, e a melodia do dobrado passou a ser uma resposta a essa parte nova. Com arranjos totalmente feitos para sintetizadores, mas soando como uma grande orquestra, criou uma fusão da necessidade da emoção do meio rádio misturada com a ideia de uma composição clássica. Foi um trabalho que permitiu aplicar o estudo de música erudita a uma necessidade real do mercado. Evidentemente o trabalho foi aprovado e a carteira de Mesquita foi aberta. Ziskind ainda realizou o que ele chama, muito adequadamente aliás, de diagramação sonora do jornal, criando vinhetas para cada um dos assuntos e seções, além de "pedestais musicais" para introduzir as mensagens publicitárias dos patrocinadores de cada parte do informativo, totalizando 45 temas diferentes. Um trabalho que deu muito prazer a Ziskind e que foi ao ar diariamente por mais de vinte anos.

Trabalhos como os citados realmente se destacam não apenas pela qualidade como também pela liberdade criativa dada ao compositor. Hélio, que atualmente dedica-se à produção musical em seu estúdio, identifica de maneira muito precisa e realista que, em determinados casos, muitas vezes os *briefings* vêm com uma armadura pronta, a qual diz coisas como: "No primeiro verso tem que contar o benefício do produto". Como um compositor pode trabalhar se ele já começa tendo que se defender de alguma coisa em vez de desenvolver algo? Atualmente, há mais ousadia na imagem do que no som. Algo que deveria ser similar nas duas áreas; afinal, como Ziskind mesmo diz, a música "faz parte da construção do nosso mundo interno e externo também".

Jair Oliveira

Crescer em um ambiente com música da melhor qualidade é uma das experiências que mais contribuem para o estímulo às aptidões artísticas que um indivíduo possui. Quando Jair Rodrigues Melo de Oliveira nasceu, em 1975, seu pai, o cantor Jair Rodrigues, tinha mais de dez anos de uma carreira profissional consolidada com grandes sucessos como "Deixa isso pra lá", "Disparada" (vencedora do II Festival de Música Popular Brasileira, em 1966, no qual Jair foi escolhido como o melhor intérprete) e "Tristeza" – fora o período em que apresentou ao lado de Elis Regina o programa *O fino da bossa* (1965-1967), pela TV Record. Isso fez com que, para ele, fosse muito natural durante a infância acompanhar os trabalhos do pai, preferindo muitas vezes participar de ensaios e gravações a jogar bola ou brincar na rua com os amigos.

Apesar de não ser formalmente afilhado de Elis, Jairzinho era tratado por ela como tal, pois tinham o dia de nascimento em comum (17 de março) – o que rendeu uma emocionada carta da cantora celebrando o nascimento do primeiro filho de Clodine Mello e Jair Rodrigues. A ligação entre as duas famílias há muito tempo superou o terreno musical. Além de Jair e Elis apresentarem com enorme sucesso *O fino*, e gravarem discos juntos, os filhos da cantora, João Marcello Bôscoli e Pedro Camargo Mariano, são amigos de Jairzinho desde os tempos de criança, tendo inclusive já realizado vários trabalhos juntos, além de atualmente suas filhas terem uma relação tão próxima com as filhas de Mariano que chegam a se considerar primas.

Voltando à infância de Jairzinho, além do pai, Clodine também percebia o interesse do filho pelo universo musical e o matriculou em aulas de música. As influências que o menino recebia foram fundamentais para, no decorrer do seu aprendizado, ampliarem sua curiosidade por outras correntes musicais – não só brasileiras, como também do jazz e do rock, contribuindo de maneira importante para a sua formação.

Inicialmente aprendeu violão, e logo em seguida foi estudar no Clam, escola dirigida por Amilton Godoy, pianista do Zimbo Trio, onde teve aulas de piano e flauta. Até completar 12 anos alternou os estudos entre vários instrumentos, quando então teve aulas com Felipe Ávila, o que o fez escolher definitivamente o violão e a guitarra como os seus principais.

Sua primeira atuação profissional aconteceu em 1981, quando tinha seis anos, ao participar, por acaso, da gravação de uma faixa em um disco de seu pai. Jairzinho, como de hábito, o acompanhava no estúdio e, na hora de gravar a música "Deus Salvador", Jair Rodrigues esqueceu a letra. Quando se preparava para voltar para casa a fim de buscá-la, o filho disse que não precisava ir, pois se lembrava de toda a letra. Rodrigues então falou: "Se você sabe, então canta lá", iniciando assim, com uma participação, a carreira de Jair Oliveira.

A partir dessa gravação surgiu o convite para pai e filho interpretarem a música "Io e te" no Festival de Música de Sanremo, na Itália, em 1984, que fez grande sucesso tanto naquele país como no Brasil, tendo sido lançada em compacto simples e rendido um videoclipe para o programa *Fantástico*, da TV Globo.

Nessa época, o trio infantil A Turma do Balão Mágico batia recordes de venda de discos e a gravadora CBS cogitava promover um concurso para escolher um novo membro para o grupo. Com o sucesso de "Io e te", os executivos da empresa decidiram convidar Jairzinho para integrar a Turma e desistiram de realizar a competição. A partir de então sua carreira decolou e passou a seguir de maneira totalmente desvinculada da de seu pai.

Jairzinho, que já era fã do Balão Mágico, destaca que muita gente pensa que ele fez parte do grupo desde o início, apesar de ter ingressado nele a partir do terceiro disco, ampliando com sua voz e simpatia ainda mais o sucesso da Turma – com canções como "Bombom", versão de Edgard Poças para o *hit* espanhol "María Isabel", e "Amigos do peito", faixa que o apresentava como novo integrante.

Em 1988, com o fim do grupo, Jairzinho e a companheira de Balão Mágico Simony gravaram um disco voltado para o público adolescente, cuja música principal era "Coração de papelão", versão de Poças para "Puppy Love", de Paul Anka, que fez estrondoso sucesso no Brasil, na América Latina, em Portugal e na Espanha, chegando inclusive a ser gravada em inglês.

Durante esse período de sucesso internacional, Simony recebeu um convite para apresentar um programa infantil no SBT e a dupla se desfez. Nessa época, Jair começou a compor e, com seu grande talento tornando-se mais evidente a cada nova composição, passou a pensar em aprimorar seus estudos de música. Aos 17 anos chegou a ingressar na faculdade de jornalismo da USP, mas estudou ali apenas por alguns meses. Logo surgiu a oportunidade de estudar na Berklee College of Music, a maior faculdade independente de música contemporânea do mundo, em Boston, nos Estados Unidos, onde se formou cinco anos depois.

Enquanto estudava na Berklee, durante os períodos de férias Oliveira voltava ao Brasil e participava de diversas produções, como o primeiro CD da cantora Luciana Mello, sua irmã, e também do disco de 1996 de Jair Rodrigues, para o qual compôs "Eu sou", faixa que dá nome ao álbum.

Ao retornar definitivamente, após o término da faculdade, Oliveira trouxe a ideia de atuar como produtor e juntou-se ao amigo Daniel Carlomagno – que, apesar de trabalhar com produção de discos, já havia tido experiência com jingles e trilhas para o mercado publicitário –, montando a produtora DaJa. Pouco tempo depois, o cantor e compositor, Simoninha, filho de Wilson Simonal, e João Batista, o Joãoponês, renomado técnico de som, os procuraram para juntar forças. Nascia assim a S de Samba. Algum tempo depois, Dimi Kireeff também tornou-se seu sócio, com a saída de Carlomagno.

Na nova produtora, Jair passou a se dedicar de maneira ainda mais intensa à produção para publicidade, algo que faz com muita naturalidade, principalmente por sua facilidade em compor. Tanto para o mercado publicitário como para seus trabalhos artísticos, Oliveira costuma criar sozinho, e escreve simultaneamente letra e música. No entanto, quando surge oportunidade ou necessidade, compõe também com parceiros sem dificuldade alguma.

Um excelente exemplo da qualidade de seu trabalho é o jingle "Mostra tua força, Brasil", criado para o Banco Itaú, para a Copa do Mundo de 2014, que fez enorme sucesso e se destacou entre as campanhas criadas para o mesmo evento.

Atualmente, além de seu trabalho na S de Samba, Jair Oliveira se dedica ao Grandes Pequeninos, um projeto que não começou como projeto. Quando sua filha Isabela nasceu, em 2007, Jair passou a fazer músicas para ela e para as situações que ele e sua esposa, a atriz Tânia Khalill, estavam vivendo como pais de primeira viagem.

Eram músicas sobre a hora da amamentação, a hora do banho, a hora do passeio; a quantidade era tanta que Tânia sugeriu a Jair lançar um CD com elas. A primeira edição saiu com um livro escrito por Mariana Caltabiano e as canções foram gravadas por uma série de amigos do compositor que também estavam com filhos pequenos, como Seu Jorge, Pedro Camargo Mariano, Simoninha, Max de Castro, além de sua irmã, Luciana Mello, e da participação mais do que especial de seu pai, Jair Rodrigues, na música dos avós.

O disco foi indicado ao Grammy Latino de 2010 como melhor álbum infantil. Em seguida, Jair e Tânia montaram um espetáculo musical. Após o final da temporada, com o nascimento de Laura, a segunda filha do casal, Oliveira resolveu transformar Grandes Pequeninos em uma obra maior, com um segundo CD, desenhos animados e uma parceria com o canal Discovery Kids.

No primeiro CD o foco eram os pais de primeira viagem; já no volume 2 as atenções se voltaram totalmente para as crianças. A música "É normal ser diferente" acabou sendo utilizada por diversas escolas para incentivar a inclusão entre os alunos, além de o videoclipe animado da canção ser um dos vídeos mais acessados no YouTube, consolidando definitivamente o Grandes Pequeninos como um projeto multiplataforma.

Jair Oliveira considera que sua atuação na publicidade permitiu não só a ele, como também a seu sócio, Wilson Simoninha, uma visão muito mais ampliada de suas carreiras e de seus projetos, permitindo que tenham uma preocupação não só artística, mas também mercadológica, em seus trabalhos. Isso os posiciona de maneira muito mais precisa diante de diferentes públicos, como no caso do Grandes Pequeninos, no qual Jair tem um cuidado especial em relação às mensagens que transmite às crianças.

João Derado

Muitas vezes é o acaso que acaba apontando a direção para quem procura um caminho profissional. Evidentemente isso não se aplica a todas as pessoas, mas para João Derado o convite de um amigo acabou guiando o início de sua carreira e o introduzindo no mundo dos jingles.

Na juventude, João trabalhou como ajudante na empresa metalúrgica do pai, mas o lugar tinha muito pouco a ver com seu jeito de ser e ele não conseguiu se adaptar. Em busca de novos ares que trouxessem inspiração para descobrir que rumo profissional seguir, Derado resolveu partir para a Europa, em uma viagem que durou três anos. Ao retornar ao Brasil, reencontrou um amigo que era um dos proprietários da produtora Vapor e foi convidado para ser contato publicitário. Mesmo sem fazer ideia exata do que consistia o ofício, aceitou. Acabou descobrindo que deveria visitar agências de propaganda, apresentar a produtora e vender seus serviços. Talvez por sorte, talvez por talento, ou possivelmente pelos dois, na primeira agência que visitou vendeu um jingle.

Depois de algum tempo, já estava totalmente familiarizado com a profissão e bastante à vontade com o ambiente das grandes agências. Certo dia, visitando a Alcântara Machado Publicidade, hoje Almap/BBDO, foi avisado por Emílio Carrera, então RTV da agência e amigo de longa data, de que uma nova produtora estava sendo inaugurada. Pensando em dar um *upgrade* na carreira, Derado resolveu procurar o proprietário. Chegando ao endereço informado, encontrou um operário pregando algumas tábuas e pediu para falar com o maestro Vicente Salvia. Era o próprio.

Apesar de estar saindo de uma produtora já conhecida do mercado, trabalhar com Vitché era a certeza de ter trabalhos criativos e de alto nível para apresentar às agências de publicidade. Rapidamente, acertou fazer um período de experiência trabalhando na recém-nascida JV. Pouco tempo depois, o compositor Edgard Gianullo se juntou à equipe. Derado conta que Gianullo logo percebeu que ele sempre dava sugestões muito pertinentes nos jingles e propôs que deixasse o atendimento e passasse a ser seu parceiro de criação.

Segundo João, um dos jingles de maior destaque que fez nessa fase foi para o Itaú: a ideia apareceu em um engarrafamento, ao ver uma motorista cantando no carro ao lado. A partir disso, pensou numa peça que as pessoas cantassem espontaneamente a música atendendo aos comandos do cantor – uma espécie de jingle-caraoquê.

João ficou vários anos na JV, chegando inclusive a acompanhar a transição da empresa quando esta passou, nos anos 1980, a se chamar Cardan. Após esse período, transferiu-se para a MCR. Derado lembra que, no novo emprego, em determinada época chegou a produzir dois jingles e três *spots* por dia. Para ele, uma das peças mais marcantes que criou lá foi o jingle de Doriana, que ficou por mais de dez anos no ar.

Seu processo de criação depende muito da circunstância. Às vezes, primeiro nasce o tema musical, em outras ocasiões, uma frase proporciona o *start* criativo e ele investe no desenvolvimento da ideia. Derado diz que é relativamente comum ter uma inspiração repentina quando está dirigindo. Mesmo que não tenha um cliente para ela, encosta o carro e, para ficar tudo justo e perfeito, anota e guarda a ideia para quando precisar.

Quando saiu da MCR, João Derado abriu sua própria produtora, A Era do Rádio. Atualmente, João está praticamente aposentado e cria jingles somente quando tem alguma encomenda para campanhas políticas e peças para clientes específicos.

José Luiz "Zelão" Nammur

Quando José Luiz Nammur tinha 12 anos, seu pai resolveu ter aulas de violão com um amigo que adorava serestas. Zelão o acompanhou na primeira aula e, em casa, sem que ninguém visse, fez todos os exercícios que tinham sido passados. Na aula seguinte, quando o professor disse a seu pai que ele precisava estudar mais, Zelão disse que sabia aquilo. Quando o professor lhe entregou o violão, ele tocou toda a lição. Naquele instante, seu pai decidiu que seria ele que iria aprender o instrumento.

Em pouco tempo, Zelão estava tocando rock com os colegas da mesma idade. Quando resolveu aprimorar os estudos, procurou uma professora, que logo percebeu seu nível avançado e o encaminhou para seu irmão, Luiz Roberto Oliveira, o qual lhe apresentou as harmonias da bossa nova.

Zelão adorou o novo estilo, aprofundou sua técnica e aos 15 anos iniciava a carreira de músico profissional, tocando na noite de São Paulo em lugares como o Bar Bossinha, na Galeria Metrópole, onde dividia o palco com Geraldo Cunha, o proprietário da casa, e um jovem que chegava de gravata com pasta de executivo, vindo direto do trabalho, e que atendia pelo nome de Gilberto Gil. Outras casas noturnas também fizeram parte de seu currículo, como o Le Club, na mesma galeria, o Bar do Cambridge Hotel, o Juão Sebastião Bar e o Le Music Box. Tocou até para *striptease*.

Durante o período de grande sucesso dos festivais de MPB, Zelão teve músicas classificadas em vários deles. No primeiro, promovido pela

TV Excelsior, em 1965, sua música foi defendida por Clara Nunes, que estava estreando. Nessa época, Vanya Santana, amiga e ex-colega de escola, que logo se tornaria esposa de Gianfrancesco Guarnieri, o indicou para tocar no Teatro de Arena. Lá encontrou Theo de Barros, que era o diretor musical, com quem aprendeu muito e de quem se tornou um grande amigo para a vida toda. Participou do espetáculo *Arena conta Tiradentes* e em seguida foi convidado para tocar na peça *Roda viva*, de Chico Buarque. Depois da temporada no Rio de Janeiro, a peça sofreu perseguição da ditadura em São Paulo e em Porto Alegre, o que resultou em prisões, além de instrumentos e pernas quebrados, como foi o caso de Zelão.

Depois de algumas semanas "fazendo turismo" no norte do Paraná e esperando a poeira baixar, Zelão voltou a São Paulo. Um dia, no Eduardo's, da Rua Nestor Pestana, encontrou o amigo Marcio Moreira, na época começando a fazer carreira na McCann Erickson, que sugeriu que ele começasse a fazer jingles para a agência. Zelão, que nunca tinha ouvido falar nisso, ficou interessado e, conversando com seu pai, descobriu que ele era amigo de um amigo do presidente da McCann. Assim, obteve uma carta de apresentação, juntou-a à apresentação que Marcio fez e conseguiu uma entrevista com Ricardo Ramos.

Apesar de não saber responder nada especificamente sobre propaganda, Zelão, por conta de sua carreira e experiência no teatro com tão pouca idade, despertou o interesse de Ricardo, que era filho do escritor Graciliano Ramos. No mesmo momento foi contratado para ser assistente de produção de um dos diretores de comerciais da agência. Quando o pessoal descobriu seu talento ao violão, as duplas de criação, além do próprio Marcio, passaram a chamá-lo para fazer jingles. Em poucos meses, Zelão era o responsável por toda a produção sonora da McCann. Passou a ser comum, nas reuniões de apresentação de campanhas para os clientes, Zelão ser chamado para tocar o jingle ao vivo ao violão, oportunidade em que ele já aproveitava e explicava ao cliente como a peça seria gravada, com quais vozes, instrumentos, arranjos etc.

Passou a frequentar diariamente produtoras como Sonotec, Scatena, Gravodisc, Sonima, Vice-Versa e Só Som. Como Zelão era contratado para acompanhar as produções sonoras da agência, mas além disso estava também compondo e algumas vezes até participando das gravações sem ganhar nada a mais por isso, conversou com o vice-presidente da McCann para que o autorizasse a receber das produtoras pelas composições que fazia; afinal, elas pagavam seus próprios criadores de jingles. Foi autorizado sem problemas e, assim, abandonou de vez os palcos e passou a se dedicar exclusivamente à publicidade.

A maioria de suas composições foi feita com parceiros, e um dos mais constantes foi Marcio Moreira. Zelão conta que durante determinado período chegou a fazer de dois a três jingles todos os dias, num processo que para ele era automático. Em geral, costuma criar música e letra ao mesmo tempo, pega o violão, decide que ritmo vai fazer; muitas vezes, busca criar primeiro um refrão bom para depois desenvolver o jingle. Em outras, através de uma frase desenvolve o tema inteiro e deixa o refrão para o fim. Depende muito de como surgem as ideias.

Zelão relata que certa vez o chamaram por volta das cinco da tarde e lhe pediram um jingle para o lançamento da Yopa, que era a marca de sorvetes da Nestlé – com a ressalva de que deveria estar gravado e finalizado no dia seguinte cedo, pois às nove da manhã seria apresentado para o cliente. Na mesma hora ele ligou para a produtora Scatena a fim de reservar o estúdio para aquela noite, pediu que chamassem o maestro Chiquinho de Moraes e os músicos, e começou a trabalhar no jingle. Depois de uma noite e uma madrugada criando, arranjando e gravando o trabalho, Zelão entrou em casa com o dia amanhecendo, tomou um banho e foi direto para a agência.

Chegando lá encontrou o diretor de criação, que pediu para ouvir o jingle. Depois de duas ou três audições, virou para Zelão e disse: "Isso está uma merda! O senhor pode passar no departamento pessoal". Sem responder nada, Zelão foi conversar com o funcionário do departamento pessoal, que, incrédulo, mandou-o parar de fazer piada. Mas de brincadeira não tinha nada. Em pouco tempo sua sala recebeu a visita de gente de todos os departamentos, de Ricardo Ramos ao presidente da agência. Todos diziam a mesma coisa: "Não saia daqui que eu quero falar com você". Enquanto isso, a campanha era apresentada ao cliente, que aprovou o jingle na hora. Quando voltaram para dar a notícia, Zelão é que disse que com aquele diretor de criação não trabalhava mais – e deixou a McCann, onde ficara por dois anos, entre 1969 e 1971.

Apesar de receber propostas de várias agências, Zelão preferiu se associar ao amigo Eduardo Ribeiro de Lima, pianista e também compositor, para criar jingles e locar horários em estúdios para produzi-los. Logo no primeiro mês recebeu uma encomenda de jingles para o arroz Brejeiro que lhe garantiu uma renda dez vezes maior a que ganhava na McCann. Quando Lima precisou sair da sociedade para se dedicar a outros segmentos em que também atuava, Zelão comprou sua parte e, como não tinha estúdio próprio, resolveu se associar à Publisol, uma das maiores produtoras da época.

Depois de alguns anos lá, Zelão resolveu ter seu próprio estúdio e, no fim dos anos 1970, comprou as instalações utilizadas pelo Nossoestúdio em seu primeiro endereço, Rua Dr. Seng, 102, e lá montou o New Zelão Estúdio. Em pouco tempo já havia expandido a estrutura para a casa em frente, de esquina com a Alameda Campinas. Três anos depois, o New Zelão mudou-se para a Rua Coropé, 300, onde ficou mais de uma década até ser obrigado a sair por conta da desapropriação para a ampliação da Avenida Brigadeiro Faria Lima. Seu sonho profissional, construído ao longo de vários anos de trabalho, foi completamente destruído. Esse desgosto também cobrou sua conta na saúde de Zelão, ao lhe provocar sérios problemas cardíacos. Após passar por cirurgias no coração, preferiu não mais voltar a ter uma estrutura semelhante e montou um *home studio* em sua casa.

Entre os mais de 6 mil jingles que Zelão acredita ter criado ao longo de toda a sua carreira, têm destaque especial "Coca-Cola – Isso é que é", (versão para a campanha "It's the real thing", criada com Márcio Moreira), Gelol, cigarros Ella, as assinaturas musicais "O gosto da vitória, Kolynos. Ah!" e "Caldo Maggi. O caldo nobre da Galinha Azul".

Atualmente, Zelão faz parte do Fogo no Rádio, um projeto com a participação de Beto Hora e Maurício Novaes, que cria jingles, *spots*, trilhas e também conteúdos para emissoras de rádio, além de, com sua esposa, fazer parte da editora LogWeb, especializada em logística, e de um portal na internet sobre o mesmo assunto.

Luiz Carlos Sá

Nascido em Vila Isabel, no Rio de Janeiro, Luiz Carlos Pereira de Sá cresceu em um lar onde a musicalidade era muito presente e que sempre abrigava saraus de choros e serestas, dos quais seu pai participava ao violão. Assim, começou a despertar seu interesse pela música e pelo instrumento.

Na década de 1950, Bill Halley, Elvis Presley e Little Richard, entre outros nomes que fizeram parte da gênese do rock'n'roll, cativaram a atenção de Sá, levando-o a comprar discos e a aprender a tocar canções que também acabaram por influenciar sua formação musical.

Sua estreia profissional aconteceu em 1966, em um espetáculo chamado *Samba pede passagem*, com o grupo Mensagem, formado por ele,

Sidney Miller, Marco Antonio Menezes, Paulo Thiago e Soninha Ferreira. Nessa época, Sá já compunha e tinha músicas gravadas por Luli e Rosa Maria (hoje Rosa Marya Colin). Seu primeiro grande sucesso foi "Giramundo", gravado por Pery Ribeiro.

Luiz Carlos conheceu Zé Rodrix quando ele ainda fazia parte do Momento 4 e acabou ficando seu amigo e, também, dos outros integrantes do quarteto. Anos depois, quando Zé já havia deixado a banda Som Imaginário, começaram a compor juntos em uma parceria muito bem-sucedida, tendo suas músicas sido gravadas por Elza Soares, Golden Boys e Nara Leão.

Nessa época, Sá havia se separado de sua primeira esposa e ido morar com Guttemberg Guarabyra, passando a usar o apartamento do amigo para ensaiar com Rodrix. Por conta disso, Guarabyra acabou se integrando à dupla, formando em 1971 o trio Sá, Rodrix e Guarabyra, que no ano seguinte gravaria seu primeiro disco.

A partir de um convite do maestro Rogério Duprat, os três resolveram mudar-se para São Paulo, a fim de trabalhar com ele criando jingles para a produtora Pauta. Um chamado de Duprat, ainda mais naquela época, era algo que não dava para recusar. Aliada a isso, havia também a oportunidade de alavancar a carreira artística, e por esse motivo a banda de apoio que os acompanhava também foi para a capital paulista. Futuramente ela se transformaria na segunda formação do grupo O Terço.

Nesse período, Sá participou da criação de jingles que mudaram a propaganda brasileira, como os da Pepsi ("Só tem amor quem tem amor pra dar"), entre vários outros. No entanto, ao final do contrato com Duprat, resolveu voltar para o Rio de Janeiro, onde permaneceu dois anos.

Certo dia, Guarabyra ligou para Sá contando que haviam conseguido um crédito bancário e iriam abrir uma nova produtora de áudio, os sócios seriam Rogério Duprat, Luiz Augusto de Arruda Botelho, Vanderlei Rodrigues e o próprio Guarabyra, que gostaria de dividir sua cota com Sá. Proposta aceita, assim nascia o Vice-Versa, um dos mais completos e modernos estúdios da época, o segundo do país a ter 16 canais. Foi um investimento altíssimo. Compraram a casa e todos os equipamentos dos estúdios, sendo que no maior deles cabia uma orquestra sinfônica. Além de jingles, *spots* e trilhas, muitos discos foram gravados lá, como os de Elis Regina, Raul Seixas e, logicamente, Sá e Guarabyra. A dupla, por sinal, passou a se dedicar com afinco à criação e produção de jingles, tendo em dois anos quitado totalmente o compromisso financeiro assumido para a montagem do estúdio. Esse ciclo intenso de atividade rendeu inclusive um prêmio Clio por um jingle para o já extinto Banco Comind.

Nesse período, a carreira da dupla sofreu uma queda, não só pelo tempo que eles dedicavam ao estúdio, mas também devido a certo preconceito do mercado em relação a quem era compositor de jingles. Era uma época em que muita gente considerava que quem se dedicava a compor e produzir jingles fazia isso porque não tinha dado certo artisticamente – o que, além de ser um grande equívoco, é também uma imensa bobagem.

Após essa fase de intensa produção, Sá e Guarabyra saíram da sociedade e voltaram a se dedicar à carreira artística, lançando discos, fazendo shows e emplacando grandes sucessos, como os temas da novela *Roque Santeiro*.

Com a entrada de Fernando Ribeiro para o lugar de Rogério Duprat na sociedade do Vice-Versa, Sá foi convidado, em 1989, para integrar novamente a equipe da produtora. Ele atuou exclusivamente lá até 1999, quando venderam o estúdio porque ele se tornou grande demais, com um custo muito alto, e os novos tempos já não requeriam algo assim.

Nos anos 2000, Sá retomou com Guarabyra e Zé Rodrix o trio formado originalmente por eles na década de 1970, fazendo shows com muito sucesso por todo o país e lançando CDs e DVDs, num trabalho que continuou em dupla após o falecimento de Rodrix, em 2009.

Já há algum tempo Luis Carlos Sá não trabalha mais com jingles. Suas últimas peças foram as novas versões que fez, em parceria com Tavito, para seu histórico jingle para a Caixa Econômica Federal – "Vem pra Caixa você também".

Luiz Orquestra

– E aí, Luiz, trouxe a orquestra?

Era assim que Luiz Roberto Rodrigues da Rocha era recebido pelos amigos ao chegar às reuniões e aos bares que costumava frequentar na década de 1960. A orquestra nada mais era que o apelido que Luiz mesmo deu ao seu inseparável violão. De tanto dizer que tinha trazido a orquestra, o apelido acabou pegando e virou sua marca registrada.

Mas a história de Luiz Orquestra com a música começou bem antes disso. Nascido em São Paulo, com a família paterna inteira residindo no Rio de Janeiro, o destino de suas férias na infância era tão certo quanto os quarenta graus que iria enfrentar no verão carioca. Mas isso, definitivamente, não o incomodava. Luiz estava mais preocupado em brincar nos estúdios que seu tio, proprietário da Rádio Carioca, havia montado em casa. No quarto ficava a cabine de locução; na sala, o espaço para tocar e cantar. Com o tempo, a brincadeira foi ficando séria e, aos 16 anos, Orquestra chegou a cantar ao vivo na emissora. Sério mesmo acabou sendo um convite, no ano seguinte, para dirigir uma rádio de seu primo em Ilhéus, na Bahia, prontamente recusado por causa da grande distância e, principalmente, por Luiz julgar não ter experiência suficiente para assumir o compromisso.

Em São Paulo suas referências musicais vinham do lado materno, no qual toda a família era oriunda da Espanha e que antes de se fixar no Brasil fizera uma passagem pela Argentina. Com um lado artístico bastante aflorado, todos tocavam violão ou cantavam, e por diversas vezes participaram de concursos de calouros em emissoras de rádio.

Com toda essa influência genealógica, o maior responsável por sua iniciação no mundo da música não podia ter ligação familiar mais direta. Seu irmão mais velho era um excelente violonista que acabou preferindo seguir a carreira de advogado. Foi com ele que Luiz aprendeu seus dois primeiros acordes no violão. Antes que tivesse tempo de aprender harmonias mais elaboradas, já estava compondo com aquelas duas combinações de notas, o que lhe permitiu descobrir que era isso que gostaria de fazer na vida.

Muitos acordes aprendidos depois, Orquestra foi convidado para compor a trilha sonora para *Os degraus*, peça de estreia da atriz Dina Sfat, o que lhe rendeu vários prêmios. Era a década de 1960 e a proximidade do Mackenzie, onde estudava Direito, com o Teatro de Arena o levou a conhecer Augusto Boal, Gianfrancesco Guarnieri e José Pedro, entre outros diretores da resistência cultural do período da ditadura.

Em seguida, passou a tocar em bares e boates, o que Orquestra considera que foi sua grande escola na música. Na época, dava umas canjas no Sambalanço e no Ferro's Bar. Por volta de 1965, numa dessas canjas, Luiz Carlos Paraná lhe entregou um cartão do Jogral, uma nova casa que ele estava abrindo na Galeria Metrópole. O cartão ficou guardado por algum tempo, até que um dia Orquestra resolveu conhecer o lugar. Chegando lá, encontrou Chico Buarque e Toquinho, ambos em início de carreira e ainda pouco conhecidos. A visita já tinha valido a pena por conta do encontro com os músicos, mas ficou ainda mais interessante quando foi contratado por Paraná para tocar bossa nova e MPB no bar. Nos intervalos das apresentações, ou às vezes até mesmo durante as próprias, Orquestra fazia desafios de repentes com *habitués* da casa ou da galeria, algo de que ele gostava muito.

Mas nem tudo era música e diversão naquelas noites. A ditadura estava cada vez mais rígida, e a Galeria Metrópole era conhecida como um espaço que reunia diversas resistências intelectuais e artísticas ao regime. A contracultura paulistana da época estava toda ali. Para a repressão, eram todos subversivos. Por isso, não foram poucas as vezes em que Orquestra teve que interromper seu show, surpreendido pelo pessoal do DOI-Codi, que entrava com cães dando batidas na boate e revistando todo mundo. Além do Jogral, Orquestra tocou também no Carinhoso e no Chez Régine, onde a barra era menos pesada.

Mesmo quando não estava tocando no Jogral, Luiz Orquestra dava uma passada na Galeria. Invariavelmente encontrava Marcio Moreira, que havia sido seu colega de classe no colegial, hoje chamado de ensino médio. Certa madrugada, Marcio contou que estava trabalhando com publicidade em uma agência que ficava na Rua Sete de Abril, chamada McCann Erickson, que tinha uma sala só para ele, e que estava ganhando uma grana legal. Luiz, que até então não sabia nada sobre propaganda, ainda chegou a lamentar com outro amigo: "Poxa, o Marcio é um cara brilhante, inteligente, tá vendendo anúncio... Não dá pra entender". Mal sabia ele que Marcio ainda teria papel importante nos rumos que sua vida profissional iria tomar.

Certa vez, Orquestra foi fazer um show no Teatro Opinião, no Rio de Janeiro, e acabou convidado para uma festa promovida pelo pessoal do *Pasquim*. Lá, conheceu Carlito Maia, profissional de grande destaque no mercado publicitário, um dos responsáveis pela criação da Jovem Guarda. Durante o papo, contou que precisava arranjar um trabalho mais estável. Maia disse que tinha algo, mas era em São Paulo. Não podia ser mais perfeito; afinal, Luiz morava na capital paulista. O convite era para trabalhar como RTV na agência Esquire, de Fernando Barbosa Lima. Embora Orquestra não fizesse ideia do que fazia um profissional de RTV, aceitou a proposta. Ia ganhar quase dez vezes mais do que recebia fazendo shows.

Depois de algum tempo, meio inseguro com a escolha que havia feito, Luiz pediu demissão. Como a grana ficou curta, ele resolveu recorrer a Carlito Maia novamente. Mais uma ajuda providencial do amigo o levou a fazer atendimento para a produtora de cinema PPP. Lá, aprendeu com os diretores Galileu Garcia e Clemente Portela a dominar a linguagem cinematográfica. Após essa passagem rápida pelas técnicas da película, Orquestra ainda contabilizou passagens pela Norton Publicidade e pela Promo, uma *house agency* da Philips.

Após uma temporada no exterior, Marcio Moreira assumiu a direção da McCann no Rio de Janeiro e convidou Luiz para acompanhá-lo. Ele foi. Pouco tempo depois, os dois vieram para a matriz paulista da agência. A qualidade do seu trabalho rapidamente o destacou e acabou fazendo com que Francisco Gracioso e Ricardo Ramos, duas figuras incensadas da publicidade brasileira, que tinham saído da McCann, o convidassem para ser diretor de criação de uma nova agência que estavam inaugurando. Luiz aceitou.

Tudo ia bem até que um dia Carlito Maia (ele de novo) convidou Orquestra para almoçar e, antes que a entrada fosse servida, perguntou se ele queria ganhar 17 mil na moeda da época. A resposta era óbvia. Isso era muito mais do que ele tirava na agência. Então, Maia contou que a TV Globo tinha acabado de contratar um austríaco para a área de *design* e precisava de alguém para trabalhar com ele. Ao chegar ao Rio para a entrevista com Carlos Magaldi a fim de efetivar a contratação, Luiz se viu em um escritório luxuosíssimo, cheio de obras de arte, e quando foi perguntado sobre quanto queria ganhar não teve dúvida: "Quero 30 mil". Magaldi pensou um pouco, ligou para o presidente da Som Livre para verificar se tinham interesse em também utilizar os serviços de Orquestra e, diante da resposta positiva, acabou aceitando. No dia seguinte, já de volta a São Paulo, Orquestra foi acordado por um telefonema de Carlito Maia indignado: "O combinado era 17 mil, como você me pede 30 mil?". Luiz tentou explicar que aquele luxo todo o fez subir o valor, e deu certo. "Você tem que me elogiar, Carlito. Eu recebendo um salário alto, o salário de todos vocês vai aumentar também." Sem se convencer disso, Maia bradou: "Porra, você vai ganhar mais do que a Regina Duarte!". Com a maior tranquilidade do mundo, Orquestra respondeu: "Mas eu sou muito melhor do que ela". Foram três anos trabalhando com Hans Donner e juntos iniciaram uma revolução visual na televisão brasileira.

A temporada na Globo e no Rio foi muito produtiva e proveitosa, mas mais um chamado de Marcio Moreira o trouxe de volta à McCann paulista para um novo período na agência, o que lhe rendeu muitos prêmios e ainda mais reconhecimento do mercado. Uma das campanhas de maior sucesso em que Orquestra participou da criação foi a "Louco por Lee", uma série de comerciais e *spots* (premiados) nos quais o personagem que dava nome a campanha ligava para mulheres e, com uma conversa bem cafajeste, usava a calça Lee como desculpa para cantar todas elas. Detalhe: era o próprio Luiz Orquestra que emprestava a voz ao personagem.

Decidido a se dedicar à música em tempo integral, Orquestra resolveu abrir, em sociedade com Carlão de Souza, a Cantares, produtora de áudio que em 1986 se transformou na Orquestra & Cia, quando Luiz comprou a parte do sócio.

Antes de abrir a produtora, Orquestra recebeu uma proposta para trabalhar na recém-inaugurada W/GGK, de Washington Olivetto. No entanto, entre o convite e a efetivação da proposta alguns meses se passaram, e a quantidade de trabalho (e de grana) que Orquestra estava recebendo inviabilizou sua transferência para a agência. Então, para não perder o talento do amigo, Washington passou a produção de algumas contas para a Orquestra & Cia, estabelecendo uma parceria que durou anos.

Nessa fase da produtora, Luiz Orquestra criou jingles que marcaram a história da publicidade brasileira, como "O bifinho", para o Danoninho, e "Estrelas da Estrela", para a fábrica de brinquedos Estrela. Neste último, Orquestra conseguiu a incrível proeza de incluir na letra absolutamente todos os nomes de cada um dos brinquedos que a empresa produzia em 1987, embrulhando tudo para presente em uma melodia marcante cantada por um coral de crianças e que até hoje é lembrada por quem viveu aquela época.

Em geral, quando compõe, Orquestra cria a letra e a música juntas. Quando faz parceria, é comum ele e o parceiro pegarem um violão e cada um ir completando a frase musical criada pelo outro, já cantando uma letra ou pelo menos um esboço dela. Aliás, para Luiz Orquestra a letra é importantíssima em um jingle, embora, na sua visão, muitos compositores só privilegiem a música.

A escolha de Luiz pela publicidade se deu justamente pela possibilidade de trabalhar com criação. Atualmente, ele só cria jingles quando recebe uma solicitação especial de algum amigo ou conhecido, mas sempre com a mesma paixão que sentiu quando descobriu que era isso o que queria fazer ao aprender com seu irmão aqueles dois primeiros acordes no violão.

Mário Lúcio de Freitas

O circo foi a porta de entrada na vida artística para vários profissionais de grande sucesso no cinema, na televisão e na música; no entanto, não se tem notícia de nenhum jinglista que tenha começado sua trajetória profissional em um picadeiro, a não ser Mário Lúcio de Freitas, que, com apenas quatro anos, atuava como o palhaço Fominha no Circo Marabá, de seu pai.

Em pouco tempo, além das palhaçadas, Mário estava encantando as plateias ao cantar músicas que soavam estranhas na voz de uma criança, como "O ébrio", de Vicente Celestino, mas que surpreendiam pela afinação e interpretação. Aos dez anos, Fominha já havia apresentado seus espetáculos em vários circos e era relativamente conhecido, quando foi contratado para trabalhar na TV Paulista, que posteriormente seria a TV Globo de São Paulo. Começou como um dos apresentadores do *Parque de diversões Cremogema*, que ia ao ar diariamente no fim da tarde, e passou por diversos programas como ator, humorista, cantor, garoto-propaganda, redator e até diretor. Um dos mais famosos foi a *Sessão zás-trás*. Nos primeiros anos ainda se dividia entre a escola de manhã, a TV à tarde e o circo à noite.

A partir de 1963, iniciou seus estudos musicais, aprendendo a tocar violão, e logo passou a atuar também como músico, tocando guitarra e contrabaixo em um conjunto chamado Os Gianninis, numa tentativa explícita de conseguir o patrocínio do fabricante de instrumentos que tem o mesmo nome. Não deu certo, mas inacreditavelmente a Phelpa, uma fábrica concorrente, os patrocinou doando todos os amplificadores. No final de 1965, o contrabaixista de Os Incríveis, Neno, trocou de conjunto e de instrumento, indo tocar trompete no The Jordans. Com isso, o baixista dos Beatniks, Nenê, que acompanhava Roberto Carlos no programa Jovem Guarda, foi para Os Incríveis e Mário Lúcio foi convidado a ocupar sua vaga no conjunto, numa verdadeira dança das cadeiras.

Alguns meses e um disco depois, Mário Lúcio formou Os Iguais, um conjunto vocal que contava com Antônio Marcos, Marcelo Gastaldi e Apolo, fazendo muito sucesso com o *hit* "A partida", de Freitas e Gastaldi. Chegaram a ser contratados da TV Excelsior e da TV Record, onde faziam o programa de Ronnie Von. Após essa experiência, Mário ainda tocou nos Jet Black's, fazendo shows em todo o Brasil.

Quando se desligou do conjunto, Freitas passou a dar aulas de violão, guitarra, baixo e canto no Grupo AMA, obtendo rapidamente um grande número de alunos. Com o sucesso, resolveu lançar uma revista com letras cifradas de músicas chamada *Violão & Guitarra*, mais conhecida como *Vigu*. Foram muitos os artistas que começaram na profissão iniciados pelas lições do Método Prático Vigu.

Mas o tempo afastado dos palcos durou pouco, com um convite para tocar no conjunto do *Programa do Bolinha* e outro para tocar na banda do *Programa Barros de Alencar*. Em pouco tempo, Mário Lúcio, além de dar aulas e editar as revistas, era contratado simultaneamente pelas TVs Bandeirantes e Tupi. Após essa fase, Freitas ainda teve uma passagem por uma das muitas formações de Os Incríveis, até que, no início dos anos 1980, resolveu definitivamente abandonar os conjuntos e se dedicar a uma nova possibilidade que surgia em sua vida profissional: os jingles.

Por meio de alguns amigos que já trabalhavam na área, Mário Lúcio iniciou sua carreira como jinglista na Avant Garde, em São Paulo. Inicialmente, como a produtora já contava com três maestros contratados, Freitas foi contratado apenas para o coro, mas depois de algum tempo passou a gravar também com o violão, até que passou a criar jingles. Não era exatamente o que havia planejado, mas a experiência acabou lhe proporcionando a oportunidade de criar trabalhos memoráveis para propaganda, entre os quais se destacam peças para anunciantes como Caninha 51, Bradesco, Ruffles e Pirelli, tendo composto para este último um jingle sensacional só com palavras começadas com a letra P para o lançamento dos pneus P4 e P44.

Normalmente, ao criar jingles, Mário Lúcio começava sempre pela letra, buscando dizer exatamente o que o *briefing* pedia, e só depois compunha a melodia, acertando detalhes e adequando uma parte à outra.

Em paralelo a atuação como jinglista, Freitas também trabalhou em estúdios de dublagem e criou mais de cinquenta temas de abertura para desenhos animados e programas exibidos pelo SBT, como *Hebe, TJ Brasil, Chaves, Programa livre, Escolinha do Golias, Aqui agora*, além de vinhetas para a emissora, como "Quem procura acha aqui".

Depois desse período, Mário Lúcio fundou o Estúdio Marshmelow, onde além de jingles também fazia dublagens para filmes, desenhos e séries. Após o falecimento de um dos parceiros, deixou a sociedade e montou sozinho a Gota Mágica, que prestava os mesmos tipos de serviços e que teve como primeiro trabalho a dublagem da série completa de desenhos animados *Cavaleiros do Zodíaco*, além de ter feito a versão brasileira para outros sucessos infantis, como *Dragon Ball Z* e *Bananas de pijamas*.

Hoje, Mário Lúcio de Freitas e sua esposa, Helen Palácio, produzem livros e audiolivros infantis e também para editoras espíritas, para as quais em vez de simplesmente gravarem a leitura do texto, interpretam a história com vários atores, trilha e efeitos sonoros como se fosse uma radionovela, tornando ainda mais interessante a experiência literária.

Maugeri Neto

Nascido na capital paulista, filho de pais sicilianos, José Maugeri Neto iniciou sua carreira em 1936, aos 16 anos, na Rádio São Paulo, como auxiliar de escritório. Em pouco tempo seu talento e criatividade já chamavam a atenção, e logo ele ocupava o lugar de locutor, acumulando também o cargo de diretor-assistente. Foi ainda argumentista de radionovela, redator e compositor de temas para novelas.

Toda essa experiência o levou a ser produtor de jingles na RGE, o primeiro grande estúdio especializado em fonogramas publicitários do país, onde Maugeri logo obteve grande destaque profissional. Nessa época, seu irmão, Antônio Maugeri, que tocava muito bem instrumentos de corda, já o acompanhava constantemente, com o pseudônimo de Maugeri Sobrinho, mesmo não tendo o mesmo nome do tio.

Na RGE, Maugeri criou equipes de trabalho recrutando os melhores músicos, cantores, maestros e compositores e arregimentando-os para darem conta da imensa demanda de jingles que eram produzidos diariamente naqueles anos 1950.

Em 1955, compôs, em parceria com o irmão, "Leão do mar", uma marcha em comemoração à conquista do campeonato paulista pelo Santos Futebol Clube, que acabou tornando-se o hino mais popular do time, mesmo porque o hino oficial só seria composto dois anos mais tarde, sendo até hoje ainda relativamente desconhecido da maioria dos torcedores.

Santos! Santos! Gol!	Santos! Santos, sempre Santos
Agora quem dá a bola é o Santos	Dentro ou fora do alçapão
O Santos é o novo campeão	Jogue o que jogar
Glorioso alvinegro praiano	És o leão do mar
Campeão absoluto deste ano!	Salve o nosso campeão!

Mesmo com a imensa popularidade de "Leão do mar", o futebol traria ainda mais um sucesso para Maugeri Neto, certamente um dos maiores de sua carreira. Em 1958, quando o Brasil venceu sua primeira Copa do Mundo, Maugeri, em parceria com Victor Dagô, Lauro Müller e Maugeri Sobrinho, criou "A Taça do Mundo é nossa", a marcha que se tornou um clássico em homenagem à conquista, sendo utilizada até hoje em campanhas publicitárias e eventos. Em uma época que ações assim não eram comuns, Maugeri teve uma visão incrível da oportunidade que se avizinhava e, quando a seleção brasileira ainda jogava as semifinais, gravou o tema e o distribuiu para as emissoras de rádio tocarem após a conquista. Curiosamente, ele deu os seus créditos de autoria da música ao seu filho Wagner Maugeri, que na época ainda era garoto.

Gol!
A taça do mundo é nossa!
Com brasileiro, não há quem possa
Eeeeeta esquadrão de ouro!
É bom no samba, é bom no couro

O brasileiro lá no estrangeiro
Mostrou o futebol como é que é
Ganhou a Taça do Mundo
Sambando com a bola no pé

Maugeri se destacou ainda criando jingles políticos, tendo sido o compositor de "Varre, varre, vassourinha", tema que se popularizou em todo o país e ajudou a eleger Jânio Quadros como presidente em 1960. Foi no começo dessa década também que fundou a PI – Produtores Independentes, empresa que ficava na Galeria R. Monteiro, na Rua 24 de Maio, 77, e tinha como sócios Heitor Carillo, também jinglista, Carlos Henrique, Hélio Ribeiro e Humberto Marçal, todos locutores. Trabalhavam com eles Victor Dagô, Maugeri Sobrinho e os maestros Ruben Perez "Pocho", Hector Lagna Fietta e Erlon Chaves.

Após a experiência na PI, trabalhou nas produtoras Scatena, Prova, Vapor Som e Estúdio Abertura, sempre como autônomo. Quando tinha um jingle para criar, costumava ficar sozinho, sentava-se à máquina de escrever, pegava o bandolim e ia procurando caminhos para resolver as solicitações do *briefing*. Maugeri tinha ainda o hábito de andar sempre com um caderninho, onde anotava as ideias que iam lhe ocorrendo, mesmo que não tivesse nenhum jingle naquele momento para aproveitá-las. Se por alguma razão não conseguia anotá-las, ficava cantarolando até poder chegar a algum lugar onde pudesse registrá-las. Posteriormente, passou a usar um pequeno gravador portátil. Mesmo que não tivesse a ideia da música completa, pegava o bandolim, desenvolvia a harmonia, gravava e depois datilografava a letra. Em diversas oportunidades também criou com parceiros como Caetano Zamma, Heitor Carillo, Hareton Salvanini, Tavito e Flávio Campos.

Maugeri era extremamente detalhista e fazia questão de dirigir as gravações, sempre preocupado com a dicção, a impostação e a interpretação de cantores e locutores, trabalho que executava com igual esmero quando produzia discos de vários artistas, que por sinal gravaram dezenas de composições de sua vasta obra, formada por temas românticos, marchinhas de Carnaval, versões, paródias e, também, muitas músicas infantis.

Costumava guardar as fitas com suas peças gravadas em um grande baú, que infelizmente foi consumido em um incêndio, perdendo-se para sempre registros importantíssimos da história da propaganda fonográfica brasileira.

A vontade de criar e fazer sempre mais e melhor conduziu a carreira de Maugeri, que continuou compondo até o fim de sua vida – e isso não é força de expressão. Mesmo no hospital, se recuperando de cirurgias, escrevia letras e pedia que seu filho, Wagner, as levasse para o estúdio para gravá-las, o que fez regularmente até julho de 1997, quando faleceu.

Maurício Novaes

Pode haver estímulo maior para um garoto que está aprendendo a tocar piano do que uma das maiores pianistas do Brasil o incentivar nos estudos? Pois Maurício Novaes teve esse privilégio. Sua tia-avó, Guiomar

Novaes, quando o recebia em sua casa, derramava elogios ao seu talento, e hoje, muitos anos depois, pode-se atestar que ela estava coberta de razão.

Estudando piano desde os seis anos de idade, inspirado não só por Guiomar, mas também pela mãe, que era organista em igreja e entusiasta de corais, Maurício só deixou de tocar o instrumento por um breve período da adolescência, nos anos 1970, quando montou bandas de rock para apresentar em bailes músicas do Deep Purple e do Led Zeppelin, passando também a cantar e a aprender outros instrumentos, misturando desde sempre a música clássica com a música popular. Foi o primeiro passo para uma carreira profissional na música.

A partir de então, voltou a estudar ainda mais seriamente, matriculando-se na Fundação das Artes, em São Caetano do Sul, onde teve aulas com Roberto Sion, Amilson Godoy, Edgard Poças e Nelson Ayres.

Durante algum tempo, no entanto, a música dividiu espaço na vida de Maurício com a biologia, curso em que se formou e que durante alguns anos permitiu que desse aulas em diversas escolas. Como infelizmente é tradição no Brasil, já naquela época o salário de professor era irrisório e, quando seu primeiro filho nasceu, Novaes precisou arranjar mais uma fonte de renda. Foi então que, através do convite de um amigo da Fundação das Artes, começou a tocar com Renato Teixeira e conseguiu reforçar o orçamento.

Logo em seguida, Renato convidou Maurício para produzir um disco e o resultado foi excelente. Novaes pegou gosto pela nova função e, como a remuneração era muito superior à de professor, resolveu abandonar a docência, passando a se dedicar integralmente à música.

Percebendo o enorme talento de Novaes, Teixeira o apresentou a Sérgio Campanelli, da MCR, produtora da qual Renato havia sido sócio, e o indicou para a criação de jingles. Maurício considera que lá foi uma grande escola. Inicialmente sob a influência direta de Renato e de Sérgio Mineiro, que também era sócio, e posteriormente pela convivência com profissionais como César Brunetti, Armando Ferrante e Lino Simão, entre outros. Novaes trabalhou na MCR por cerca de vinte anos, a partir da década de 1980, e muito do que criou e produziu marcou positivamente, de forma indelével, a história da propaganda no país. É coautor de jingles que já se tornaram clássicos, como "Pizza com Guaraná", "Pipoca com Guaraná" e "Mamíferos Parmalat".

Durante o processo de criação, em geral, Maurício cria primeiro a letra, que nasce em função, basicamente, das informações que o *briefing* apresenta, e depois trabalha na melodia e na harmonia. Frequentemente utiliza o violão para criar, mas, às vezes, quando sente necessidade, usa o piano para desenvolver alguma parte específica e, constantemente, para fazer arranjos. Sempre preferiu criar em parceria com outros jinglistas, porém também compõe sozinho sem nenhuma dificuldade.

Nos anos em que trabalhou na MCR formou, com os amigos Márcio Werneck Muniz, César Brunetti e Lino Simão, o Cadafalso, um conjunto que tinha o repertório formado basicamente por músicas que eram crônicas urbanas muito bem-humoradas. A banda durou cerca de cinco anos e participou de vários programas de TV, reeditando, de certa forma, a irreverência e a criatividade do grupo Joelho de Porco.

Atualmente, Maurício Novaes é proprietário da WM, uma produtora de áudio de São Caetano do Sul, que produz jingles, trilhas, *spots* e *sound design*. Além disso, desenvolve muitos trabalhos para o público infantil e comanda o projeto Manhã Gente Grande, onde faz e toca músicas para peças, com atores, teatro de fantoches e contação de histórias ao vivo, uma vez por mês na Livraria Cultura, contribuindo para a formação cultural de centenas de crianças.

Murilo Alvarenga

Nascer em um lar que respira a vida artística é, em geral, determinante para despertar bem cedo o talento de profissionais brilhantes. Certamente, esse é o caso de Murilo Alvarenga. Não só pela natureza do ofício de seu pai, o músico e humorista Alvarenga, da dupla de grande sucesso no rádio nas décadas de 1940 e 1950, Alvarenga e Ranchinho, mas principalmente pela sensibilidade específica adquirida no convívio constante com números artísticos e espetáculos durante toda a infância.

A música sempre fez parte da vida de Murilo, e começar a estudá-la foi um caminho natural. Aos oito anos, foi matriculado no Conservatório Nacional para estudar piano. Após um ano e meio, foi estudar em um colégio interno. Algum tempo depois voltou ao aprendizado musical, passou pelo acordeom, aprendeu violão em tempos em que a bossa nova era a grande novidade e mais tarde se dedicou ao estudo mais aprofundado do violão clássico com Maria Lívia São Marcos – enfim, foi um aprendizado contínuo.

A convite de Flavia Calabi, diretora musical no Teatro do Mackenzie, Alvarenga iniciou sua carreira no teatro como violonista de uma peça. Mais tarde, participou também de espetáculos infantis no Teatro de Arena. Em janeiro de 1970, fez um curso de férias da Proarte, ministrado em Teresópolis (RJ), e lá conheceu o maestro Hans-Joachim Koellreutter; quando retornou a São Paulo, fez todos os cursos que ele ministrava, inclusive arranjo e regência.

Em 1971, Alvarenga percebeu que produzir jingles e trilhas para publicidade seria uma boa oportunidade de trabalhar como músico, e acabou ingressando na Sonotec. Lá, sentiu-se à vontade com instrumentistas e compositores de primeira qualidade, com uma capacidade de produção rica e muito rápida. Ele considera que a vivência na produtora foi uma escola maravilhosa. O primeiro jingle que criou foi um chorinho para o caldo Knorr, que foi considerado inovador, pois na época não era comum ouvir jingles que fugissem das fórmulas mais tradicionais e ousassem trilhar novos caminhos.

Seu processo de criação se adapta de acordo com a situação e a necessidade. Quando alguém traz uma letra pronta, ele a musica, assim como não tem problema algum em criar sozinho. Com uma sólida carreira marcada por peças memoráveis, tanto na Sonotec como na Publisol e na Matrix, outras duas grandes produtoras em que também trabalhou, Murilo considera muito significativa a assinatura "A Atma é ótima!", que criou para a Atma, fábrica de brinquedos e utensílios domésticos, famosa entre os anos 1960 e 1980. Uma ideia muito feliz que brincou com o ritmo e a sonoridade das palavras.

Além de compor, tocar, arranjar e reger, Murilo também canta, e muito bem. É ele que interpreta o famoso jingle de Cornetto criado sobre a melodia de "O sole mio" ("Dá me um Cornetto..."). E o mais incrível é que a escolha se deu por acaso: Murilo estava fazendo uma peça no Rio de Janeiro e voltou a São Paulo para rever os amigos. Ao visitar a Publisol, pediram a ele que fizesse um teste para gravar o tema e a sua voz acabou sendo a escolhida. Um outro jingle famoso que tem sua participação nos arranjos para as flautas é o das duchas Corona.

O conjunto de sua obra criada para a publicidade tem jingles lindíssimos, como os que fez para o óleo Rimula, da Shell, ou para os pneus Goodyear. Apesar disso, hoje, Alvarenga não trabalha mais com propaganda, dedicando-se à Orquestra Pinheiros, ao coral do Esporte Clube Pinheiros e à Big Band do Clube de Campo São Paulo, atividades que o mantêm ocupado boa parte da semana.

Murilo acredita que caso alguém, algum dia, lhe faça uma encomenda, ele até pode voltar a compor jingles, mas acha que sua fase de trabalhar com publicidade já está concluída.

Nicola Lauletta

Nascido em um lar tipicamente italiano, Nicola Lauletta sempre teve envolvimento muito grande com a música. Sua mãe tocava piano, seu avô bandolim e seu pai, Antonio Lauletta, apreciava ouvir as orquestras de Glenn Miller e Harry James, o que fez parte importante da sua formação musical. Além de influenciar Nicola com o som das *big bands*, Antonio foi importante, mesmo que indiretamente, na escolha de seu caminho profissional.

O patriarca dos Lauletta trabalhou como contador-economista em algumas agências de publicidade. Em uma delas, que após um período de grande destaque acabou fechando, ele ficou com vários equipamentos de gravação. Esses gravadores serviram para que Nicola começasse a gravar coisas do rádio e da TV como diversão.

Na juventude, Nicola se interessou pela área de química e pensava em trabalhar com agricultura. Antonio lhe arranjou um estágio na Ultrafértil, mas a única vaga disponível era no departamento de promoção. Sonhando com a vaga no departamento de agronomia, ele aceitou.

Como já tinha familiaridade com o gravador de rolo, aprendeu rapidamente com os colegas da empresa a operar o projetor de filmes de 16 milímetros. Com isso, tornou-se assessor audiovisual, responsável pelo som e pelas projeções de filmes e *slides* nas reuniões de diretoria, e também para os clientes. Além disso, começou a acompanhar a produção de trilhas para os audiovisuais que eram realizadas na Sonotec.

Na Ultrafértil, Nicola trabalhou dos 15 aos 18 anos, quando foi obrigado a sair, por conta da possibilidade de fazer o serviço militar. Como isso não aconteceu, logo bateu na porta da agência Proeme. Como já sabia operar os equipamentos, conseguiu uma vaga no departamento de Rádio e TV. Lá, passou a trabalhar com Dorian Taterka. A Proeme produzia muitas peças na Prova, produtora de José Scatena, e logo conheceu criadores e arranjadores como Hareton Salvanini, Sérgio Mineiro e Beto Ruschel.

Nessa época, Nicola já criava várias peças. Como RTV, fazia questão de acompanhar de perto e dirigir o processo de criação e produção dos jingles. Era sempre ele que os apresentava para o extremamente exigente Enio Mainardi, diretor de criação e proprietário da agência. Certa vez, apresentou um jingle para o macarrão Petybon que cantava: "Que cheirinho tão bom que se espalha no ar". Mainardi mandou parar a execução da peça e perguntou: "Você já sentiu o cheiro de macarrão quando está cozinhando?". "Claro que já, sou neto de italiano. Em casa se come macarrão sempre", respondeu Nicola. Mainardi retrucou: "Então deve saber que o cheiro é igual a sola de sapato cozinhando". Não dava para argumentar diante de tão assertiva afirmação. O jeito era partir para a criação de outro jingle.

Nicola considera que as incontáveis situações como essa que ele viveu logo no início da carreira foram muito boas para a sua formação, porque o fato de Mainardi ser muito crítico o obrigava a trabalhar pensando em alternativas para atender um nível alto de exigência. E isso Nicola aplica até hoje em tudo o que faz, principalmente em seu trabalho de direção de vozes para locução publicitária, tornando a qualidade uma marca de tudo o que produz.

Após sete anos, em 1978, Nicola saiu da Proeme para montar sua própria produtora de áudio. No entanto, Sérgio Campanelli o indicou para trabalhar no RTV da DPZ, vaga que o mesmo Campanelli havia deixado um ano antes para montar a MCR. Mesmo tendo acabado de montar o Echo's Studio, um convite para trabalhar na DPZ era irrecusável, ainda mais naquela época.

Compareceu à reunião e explicou para Petit que estava montando sua produtora e que estava dividido. Mas ouviu que para a DPZ não importava onde ele iria produzir, e sim a qualidade do que seria produzido. E, assim, seu trabalho na agência começou simultaneamente ao de sua produtora, que ele tocava à noite. Mas se engana quem pensa que ele produzia tudo na Echo's. Além de trabalhar com várias produtoras do mercado, seu senso de gratidão direcionava boa parte dos jingles para a MCR, de Campanelli. Nesse ano, a DPZ teve 60% do total das peças premiadas no FIAP.

Na época, o time de criativos da agência contava com – além dos sócios Roberto Duailibi, Francesc Petit e Jose Zaragoza – ninguém menos que Washington Olivetto e Neil Ferreira. Era comum Washington se sentar com Nicola para discutir ideias para um *spot* e, na hora, escrever um texto para Nicola produzir. Saíam coisas sensacionais e, às vezes, ideias muito loucas que não eram aprovadas por não se adequarem ao perfil dos clientes, mas extremamente criativas. Nessa fase, Nicola também teve muito contato com Renato Teixeira, então um dos sócios da MCR, e lembra que, além de excelente jinglista, ele era extremamente rápido na criação.

Quando surgiu um trabalho na DPZ que o obrigava a ficar fora de São Paulo por 15 dias, Nicola percebeu que não dava mais para continuar nesse esquema e saiu da agência, passando a se dedicar exclusivamente à Echo's. Durante o ano que ficou na DPZ, ele foi responsável por lançar no Brasil músicas que fizeram muito sucesso ao serem escolhidas como tema dos comerciais do cigarro Hollywood. Uma delas foi "Love is in the air".

A experiência na DPZ possibilitou a Nicola uma espécie de chancela ao visitar as agências menores para apresentar a Echo's, ajudando-o a conquistar muitos clientes. No início, seu irmão, Fernando Lauletta, o auxiliava na parte técnica e na produção. Como já escrevia letras desde os tempos de Proeme, não teve dificuldade alguma em criar em sua produtora, contratando compositores como Cido Bianchi, Alaor Coutinho e Marcos Possato para musicá-las. Quando cria, Nicola sempre procura dois caminhos para seus jingles: que seja uma música fácil, com um refrão bem trabalhado, e ao mesmo tempo que a letra transmita algo sobre o produto anunciado que não seja apenas uma alegoria.

Uma das peças de maior sucesso de sua produtora foi a versão feita por Denis Moses e Ricardo Freire, no fim dos anos 1980, para a música "Mandy", de Scott English e Richard Kerr que se tornou mundialmente famosa na voz de Barry Manilow, para a Bunny's, uma rede de loja de roupas, num comercial que é lembrado por muita gente até hoje. Nos anos 1990, o jingle de Carnaval para o leite Moça, "Bateu, tomou", e o jingle para a picape Silverado, criados por Lauletta e Marcos Possato, também tiveram grande repercussão.

Atualmente, além de continuar produzindo jingles, *spots* e trilhas no Echo's Studio, que, possivelmente, é uma das mais antigas produtoras de áudio em atividade, Nicola se dedica ao Voz à Obra, um trabalho de *coaching* e *mentoring* de locução para profissionais e iniciantes, além de ministrar regularmente com Antônio Viviani um curso de locução comercial.

Olavo Budney e Diógenes Budney, Os Zirmão

Parceria entre irmãos é algo normal e relativamente comum de se encontrar nas mais diferentes situações e atividades, sejam elas profissionais ou não. No entanto, dificilmente vai existir algo parecido no mundo da música e, principalmente, dos jingles como a união e a afinidade entre Olavo e Diógenes Budney, Os Zirmão.

Nascidos em Apucarana, no Paraná, Olavo e Diógenes mudaram ainda crianças para Londrina, também no norte do estado. O canto era presença constante na casa dos Budney. O pai, imigrante ucraniano, trouxe na bagagem a belíssima tradição dos corais russo-ucranianos, o que servia de incentivo para a mãe participar de corais e fazer de festas como o Natal momentos especiais com muita música, onde todos se reuniam para cantar. Crescer em um lar assim foi determinante para que a musicalidade surgisse desde cedo nos irmãos.

Desde muito pequenos eles cantavam, e logo formaram um grupo chamado Diógenes Paulo e Seu Quinteto, que se apresentava em festinhas e eventos de colégio. Em uma das apresentações, Antônio Marcos, apresentador da Rádio Londrina, ouviu o grupo e o convidou para cantar na emissora. No dia marcado, só Olavo e Diógenes apareceram. O locutor, que já havia anunciado o grupo como atração do seu programa, mandou os dois darem um jeito de se apresentarem sozinhos. E eles surpreenderam. Agradaram a audiência e o apresentador, que os convidou a voltar ao programa na semana seguinte com uma ressalva: não precisavam se preocupar em trazer o restante do grupo.

A partir de então nasceu a dupla Os Vikings – nome escolhido pelos dois pelas brincadeiras que costumavam fazer utilizando o nome do povo escandinavo. O repertório era formado principalmente por música norte-americana, com destaque para temas de conjuntos vocais como The Platters.

A fama da dupla começou a aumentar, e em pouco tempo estavam se apresentando em diversas cidades da região, como Maringá, fazendo shows em festas e hotéis. Ganharam também o programa *Audição semanal com Os Vikings*, na Rádio Arapongas, na cidade norte-paranaense de mesmo nome, onde, além de cantar, recebiam convidados.

Foram chamados para cantar na TV em Curitiba, no programa de Júlio Rosemberg. O mais incrível é que eles nunca tinham visto um televisor. Quando chegaram lá, ficaram maravilhados ao descobrir que a imagem deles seria apresentada naquela telinha. Posteriormente, em 1963, participaram também da transmissão inaugural da TV Coroados, a primeira emissora de Londrina.

Olavo e Diógenes tinham planos de estudos impossíveis de realizar em Londrina e, por conta disso, mudaram-se para São Paulo, residindo inicialmente em São Bernardo do Campo. Por intermédio de um amigo, logo já estavam se apresentando no programa de uma rádio local. Assim como em Londrina, por causa do sucesso, semanalmente passaram a se apresentar na emissora. Em pouco tempo foram convidados a cantar na Rádio Cometa, de São Paulo. Após o programa, o apresentador, que também era diretor artístico da gravadora Fermata, se interessou em gravar um disco com a dupla.

Durante a audição, depois da qual o diretor-geral da gravadora daria o veredicto sobre a possibilidade de o disco ser produzido, enquanto eles ainda cantavam, o executivo, sem sequer olhar para eles, passou a mão no telefone e ligou para Sérgio Galvão, apresentador do *Alô, brotos*, da Rádio Cultura, mandando-o preparar o programa da semana seguinte para Os Vikings, os novos contratados da Fermata.

A partir de então, não pararam de se apresentar em diversos programas, não só de rádio como também de TV, como *Almoço com as estrelas*, *Café concerto* e, principalmente, no maior de todos, o *Jovem Guarda*, onde cantaram diversas vezes. O primeiro compacto de Os Vikings, com as músicas "Davy Crockett" e "My prayer", vendeu muito e chegou ao primeiro lugar das paradas. Eles ainda gravaram mais três discos entre as passagens pelas gravadoras Philips e Odeon.

Por incrível que pareça, Olavo e Diógenes não começaram a atuar em publicidade juntos. Olavo tinha um amigo que era filho do jinglista Victor Dagô, que um dia o ouviu cantar e o convidou para participar de um jingle. Simultaneamente, Diógenes já vinha atuando em diversos jingles, principalmente por conta de seu timbre de baixo profundo, que era perfeito para vozes como as de personagens como Papai Noel e Elefante, entre outros que pediam um tom bastante grave. Certo dia, Olavo foi ao estúdio da RGE para gravar um jingle e lá encontrou Diógenes, que também ia gravar. Um acabou participando do jingle do outro, e a partir daí passaram a ser convocados para gravar jingles em diversas produtoras.

Álvaro Assumpção e Sérgio Augusto Sarapo perceberam o talento da dupla e a convidaram para formar uma equipe de jinglistas na Sonima, onde só Sérgio Augusto compunha. Como eles estavam habituados a compor, começaram com facilidade a fazer jingles. O primeiro foi para o sabão Novo Rinso, em que também cantaram, e que foi aprovado de primeira. E então começaram a fazer um jingle atrás do outro para atender à demanda dos pedidos. Logo estavam também fazendo arranjos e, com a nova carreira em rápido desenvolvimento, a vida artística ficou definitivamente para trás.

Criaram jingles que marcaram época, como "Kolynos – Vai em frente", "Coca-Cola dá mais vida" e "Fanta Limão". Como o acordo de trabalho com a Sonima configurava exclusividade apenas para a criação, era comum Os Zirmão, como ficaram conhecidos no meio publicitário, gravarem vocais e locuções para jingles de outras produtoras.

Depois de 17 anos trabalhando na Sonima, a dupla foi trabalhar na produtora de José Luiz Nammur, o Zelão. Quando tinham trabalhos de clientes próprios, produziam sob o nome de Alla Breve, pagando uma porcentagem a Zelão pela utilização do estúdio.

Nessa época criaram um jingle para a Ford, cuja assinatura musical, "Qualidade Ford é compromisso e participação", passou a ser utilizada em inúmeras trilhas que produziram posteriormente. Um dia surgiu a ideia de fazer uma sinfonia para o anunciante com vários temas interligados, que ganhou o nome de "Ford Sinfônica". Os Zirmão ficaram duas semanas com o estúdio fechado trabalhando na peça, que foi totalmente produzida no computador – uma grande novidade na época. A peça ficou linda. A ideia era que todos os carros da Ford fossem entregues com uma fita cassete, que de um lado traria a "Ford Sinfônica" e do outro um manual falado do carro com a trilha ao fundo. Até o presidente da Autolatina, *joint-venture* formada pela Volkswagen com a Ford entre as décadas de 1980 e 1990, ligou para o estúdio parabenizando-os pelo trabalho. O mais incrível é que após tudo isso, a ação acabou não acontecendo porque as concessionárias não aprovaram a verba para o projeto, que foi gravado e não utilizado.

Em 1992, Olavo e Diógenes resolveram se mudar para Vinhedo (SP) e, pela proximidade com a capital paulista, continuaram criando e produzindo jingles e trilhas. No entanto, como sua presença em São Paulo não era constante, as solicitações foram diminuindo, até que resolveram não mais trabalhar com música para publicidade.

Diógenes faleceu em 2000, e Olavo continua residindo em Vinhedo e dedicando parte do seu tempo ao Coral Conviva Voz, do qual é maestro e arranjador.

Renato Teixeira

Santista de nascimento, Renato Teixeira passou a maior parte da infância em Ubatuba, cidade de origem de seus pais, não sem antes residir em Porecatu, no norte do Paraná, entre os dois e os quatro anos.

Foi na cidade do litoral norte paulista que Renato começou a ter o seu talento despertado para a música. Crescendo em uma família de músicos amadores, aos nove anos suas primeiras canções já começavam a nascer ao violão. Tudo muito simples, é verdade, por conta das limitações que qualquer garoto encontra ao iniciar o aprendizado de um instrumento, mas já imbuídas do sopro de pureza juvenil que impulsiona quem tem desde cedo o dom de transformar notas em melodias maravilhosas. Quando se deu conta de que poderia inventar as músicas que quisesse, descobriu o que realmente gostava de fazer e nunca mais parou.

Nesses primeiros tempos suas influências eram os cantores e compositores que sua família gostava de ouvir. Artistas como Pixinguinha, Noel Rosa, Ary Barroso, Dorival Caymmi e Luiz Gonzaga. Mais tarde, quando já havia apurado ainda mais suas escolhas, vieram João Gilberto, Vinícius de Moraes, Tom Jobim, Carlos Lyra, mais à frente Chico Buarque, Caetano Veloso, Geraldo Vandré, Gilberto Gil e, finalmente, Raul Torres, João Pacífico, Cornélio Pires, Teddy Vieira e Anacleto Rosas.

Desde os 12 anos morando em Taubaté, ao chegar à maioridade Renato já trabalhava na Rádio Cultura como locutor, anunciando as músicas e lendo os anúncios. Foi seu primeiro contato com a publicidade. No final de 1967, Walter Silva, o radialista que apresentou durante anos a famosa *Pick-up do Pica-Pau*, na Rádio Bandeirantes, e pródigo em lançar novos talentos – como fez com Elis Regina e outros grandes nomes da música brasileira –, levou Teixeira para São Paulo. Aos 22 anos, Renato queria construir sua carreira e sua própria linguagem dentro da música. Participou de alguns festivais, mas não conseguiu grandes classificações em nenhum deles. Apesar disso, seguiu com seu propósito, se esmerando cada vez mais em suas composições.

Walter Silva percebeu que as influências que Renato tinha estavam interferindo demais em suas criações e resolveu sequestrar todos os seus discos, para que ele ouvisse suas próprias músicas. Quando compôs "Romaria", finalmente Silva lhe devolveu seus vinis.

Renato conta que a publicidade entrou para valer em sua vida de um jeito curioso. Sérgio Campanelli, que iniciava a carreira na área, ia viajar para a Itália, mas estava sem dinheiro. Combinaram então que Teixeira faria um jingle e, caso o cliente gostasse, a grana ficaria toda com Sérgio. O jingle para o colchão Firmeza Progressiva da Probel foi aprovado e tudo deu certo. Como ainda não tinha experiência, Renato se inspirou em uma música de Bob Dylan para facilitar o processo.

Humberto Marçal, sócio da Sonotec, ouviu o jingle, quis conhecê-lo e o convidou para trabalhar na produtora. Logo nos primeiros dias de trabalho, ao conversar com o jinglista Victor Dagô, Teixeira contou da dificuldade que tinha em dizer tudo o era preciso em trinta segundos. Dagô riu e revelou que a coisa mais importante que um jinglista precisa saber é que em trinta segundos dá para se fazer, folgado, uma bela sinopse da Bíblia. A partir de então, Renato encontrou o caminho e passou a emplacar um jingle melhor que o outro.

Naquele momento estava havendo uma espécie de renovação de gerações de criadores de jingles e, na Sonotec, ele estava no lugar certo e na hora certa. Conviver com jinglistas experientes foi fundamental para a turma que estava se iniciando na profissão.

Com o tempo, Renato foi desenvolvendo sua maneira de trabalhar e afinando seu processo criativo. Começava avaliando os pedidos e procurava se informar a respeito dos detalhes. Se fosse haver veiculação maciça, procurava criar algo com apelo mais popular para potencializar o produto. Caso contrário, fazia um jingle mais sofisticado, para que o ouvinte procurasse prestar mais atenção nas poucas vezes que a peça fosse ao ar. Sempre procurou cumprir uma regra básica que se impôs: não demorar muito para criar. Segundo ele, um bom jingle nasce todo de uma só vez, fluindo cristalino e lógico.

Renato acredita que muitas vezes a parceria é muito positiva no jingle. Em outras, ela não é necessária. Ele trabalha bem nas duas situações e considera que opiniões são sempre bem-vindas quando ajudam a melhorar a produção. Todas as pessoas envolvidas em uma campanha têm informações importantes para fornecer. Sempre procurou saber as visões dos envolvidos, mesmo quando o tempo para criar era curto, e talvez por isso tenha obtido a aprovação de cerca de 80% de todas as peças que produziu.

Depois da Sonotec, Teixeira trabalhou na Prova e no departamento de Rádio e TV da Almap até montar com Sérgio Campanelli e Sérgio Mineiro a MCR. Os três já eram amigos havia muito tempo e, de certa forma, mesmo em empresas diferentes, trabalhavam juntos desde o começo. Mineiro, além de sócio, foi o produtor de "Romaria", "Frete" e "Amora", os primeiros sucessos musicais de Renato. Depois delas, muitas outras ainda seriam arranjadas e produzidas por ele. Mineiro foi um amigo inesquecível, que conviveu com Teixeira desde a infância em Ubatuba.

Durante o tempo em que se dedicou praticamente de forma exclusiva aos jingles, Renato criou peças que marcaram época, como "Roda baleiro", para a bala de leite Kid's, "Ortopé tão bonitinho", para a fábrica de calçados infantis, e "Drops Kid's Hortelã". Ganhou dois prêmios Clio com as peças "Calças Levi's" e "Tostines" – que era um daqueles temas de baixa veiculação em que foi possível fazer um trabalho mais sofisticado. Ele tem dificuldade de se lembrar de especificidades na criação de cada um desses jingles, justamente pela quantidade enorme de trabalho que tinha na época. Certa noite, conseguiu a proeza de fazer 12 jingles para a Antarctica. Coisa de gênio.

Quando a música popular começou a falar mais alto, Teixeira saiu da MCR, mas continuou durante algum tempo criando de maneira independente. O jingle o havia conquistado e era algo que gostava de fazer. Sua atuação na publicidade permitiu que ele entendesse uma nova arte, fizesse vários amigos e fosse bem-pago. Ele destaca ainda que, em plena ditadura militar, isso lhe possibilitou tomar contato com coisas que a liberdade dos outros países permitia aos seus cidadãos.

Renato Teixeira diz que nunca mais deixou de ser um publicitário e que procura, em sua vitoriosa carreira musical, raciocinar com o ímpeto de Washington Olivetto, a concentração de Nizan Guanaes, a lógica de Alex Periscinoto e a lucidez de Roberto Duailibi.

Serginho Rezende

É praticamente impossível crescer em um lar onde todos têm ligação com a música e não se contagiar. Nascido do interior da Bahia, Serginho Rezende viu desde criança seu pai tocando bandolim, violão e guitarra baiana em lugares tão distintos como em cerimônias na igreja e o alto dos trios elétricos. Seus irmãos mais velhos também tocavam por *hobby*, sendo que um deles se profissionalizou e tornou-se percussionista de Daniela Mercury. Portanto, escolher a música como profissão seria uma decisão óbvia. Mas não foi tão simples assim.

Tocando bateria desde os oito anos e violão desde os 12, Serginho mudou-se para Salvador a fim de estudar e se formou engenheiro civil, profissão que pensava seguir. No entanto, durante a faculdade já se dividia entre os livros de cálculo e as aulas de música. Em pouco tempo já estava tocando também em trios elétricos e barzinhos, chegando inclusive a acompanhar a cantora Margareth Menezes.

Em 1995 mudou-se para São Paulo, já contratado pela gravadora Continental com a Banda Nadegueto, que fazia um som pop-reggae. Como ele mesmo diz: "Vim para São Paulo para ser artista". A banda gravou três CDs que não chegaram a fazer grande sucesso, porém, na gravação do terceiro álbum, Rezende foi convidado para trabalhar na produtora Voicez, de Luciano Kurban, um dos produtores do disco.

Serginho conta que na época não fazia ideia de que existiam estúdios especializados em gravar jingles, mas, como já compunha e produzia as músicas para a banda, tinha grande familiaridade com os *softwares* de gravação que estavam começando a ser utilizados, e isso facilitou muito seu início nessa nova fase. Seu talento permitiu que em poucos meses já estivesse compondo trilhas para grandes anunciantes como a Coca-Cola. Rezende permaneceu na Voicez durante sete anos e com a experiência adquirida montou sua produtora, a Comando S.

No início, Serginho estava habituado a compor sozinho; entretanto, atualmente tem preferido criar em parceria. Isso se deve ao fato de contar com vários parceiros e colaboradores em sua produtora, o que acabou fazendo com que ele se acostumasse a trabalhar em equipe. Em geral, prefere começar pela melodia. Para ele o ponto de partida é decidir que estilo vai tocar, definindo mentalmente quem seria o cantor ou a banda ideal para interpretar o jingle. Isso o ajuda muito a desenvolver melodias inspiradas no caminho que cada interpretação possa sugerir, imaginando como determinado artista faria uma música para aquele cliente. Sempre busca dar uma cara mais de "música para disco" em seus trabalhos para a publicidade.

Esse processo já resultou em jingles como o que fez para a Suzuki, caso em que o cliente resolveu disponibilizar a peça para um número limitado de 3 mil *downloads*, que se esgotaram em menos de uma semana. Um jingle que as pessoas baixavam para ouvir no celular como música.

Seu portfólio possui centenas de peças de alta qualidade, entre as quais se destacam jingles que fizeram grande sucesso como os que criou para o lançamento do Nissan Sentra, para a Oral-B Complete e para o iogurte Vigor. Talvez o diferencial de todas elas seja o fato de que, quando cria, Serginho não pensa em fazer jingle, pensa em fazer música.

Sérgio Augusto Sarapo

Em 1940, São Paulo ainda poderia ser considerada uma cidade tranquila. Com pouco mais de 1 milhão e 300 mil habitantes, muitas ruas ficavam sem que nenhum carro passasse durante várias horas, permitindo que as crianças brincassem à vontade. Apesar dessa aparente tranquilidade, a Rua Rússia ficou movimentada em 29 de outubro daquele ano, mais especificamente a casa da família Sarapo, com o nascimento de Sérgio Augusto. Seu pai, maestro e compositor de música clássica com obras editadas em vários países da Europa, logo identificou no menino o pendor musical e aos quatro anos o matriculou no Conservatório Carlos Gomes para que tivesse as primeiras lições de violino. Dois anos depois, passou ele próprio a lecionar aulas de piano ao pequeno Sérgio, solidificando os alicerces técnicos e teóricos de um talento nato.

Aos 11 anos, Sérgio mudou-se para uma fazenda em Santa Bárbara d'Oeste, no interior de São Paulo, onde permaneceu até o fim da adolescência. Esse período de vida no campo seria fundamental para moldar seus valores estéticos e para o que viria a produzir musicalmente nos anos seguintes. Com tantas coisas novas para fazer, os estudos musicais, antes rígidos, se tornaram mais flexíveis, é verdade, mas a partir da descoberta da bossa nova seu foco se concentrou exclusivamente no violão.

A bossa nova, aliás, foi a grande responsável pelo retorno de Sérgio Augusto à capital paulista. Ele queria ter contato direto com músicos que estavam fazendo aquela batida diferente que mudou os rumos da música brasileira a partir do fim dos anos 1950. Começou a estudar química industrial e no intervalo das aulas animava os amigos com seu inseparável violão no boteco ao lado da escola. Certo dia, após terminar uma música, um rapaz perguntou se ele queria tocar na noite. Ele aceitou na hora e só depois perguntou onde era. O local não poderia ser mais suspeito: Le Barbare, uma casa de prostitutas na Rua Major Sertório. Apesar de a clientela do local não ser das melhores, a música era de alta qualidade e novos convites foram surgindo. Em um deles, para uma apresentação em um programa de TV vespertino, conheceu de uma só vez Agostinho dos Santos, Lennie Dale, o Quinteto de Luiz Loy e Claudette Soares. Ao saber que Sérgio iria cantar uma composição própria chamada "Barquinho diferente", que aliás o Zimbo Trio havia acabado de gravar, Claudette pediu para cantar junto com ele, pois já a conhecia. Essa participação acabou rendendo outro convite.

O Ela, Cravo e Canela era uma boate que também ficava na Major Sertório, mas sua clientela tinha outro nível e os músicos da casa formavam um time espetacular, com Pedrinho Mattar no piano, Azeitona no contrabaixo, Toninho Pinheiro na bateria, a própria Claudette Soares como cantora e agora um tal de Sérgio Augusto substituindo Vera Brasil no violão e na voz. A dupla deu tão certo que logo já estavam se apresentando no Juão Sebastião Bar, um dos templos da bossa nova em São Paulo.

O sucesso trouxe a possibilidade de gravar seu primeiro álbum. Em 1965, era lançado *Barquinho diferente*, um LP com 12 faixas cheias de bossa, totalmente gravado na Pauta, em São Paulo. As idas constantes ao estúdio permitiram que Sérgio tomasse contato com uma vertente da música que ele ainda não conhecia, o jingle publicitário. A produtora, além dos sócios que formavam os Titulares do Ritmo, ainda contava com compositores do quilate de Walter Santos. E foi justamente como "reserva" de Santos que Sérgio Augusto criou seus primeiros jingles.

Pouco tempo depois, Álvaro Assumpção e Carlos Eduardo de Campos Filho o procuraram informando que tinham saído da Pauta e estavam montando uma nova produtora. Encomendaram oito jingles para a Eternit, que foram gravados na RGE, e na hora de fazer o acerto do pagamento acabaram convidando Sarapo para ser sócio da Sonima, ele topou. Assim, juntos construíram um novo estúdio na Avenida Rio Branco, 1704. Entre uma coisa e outra, Sérgio ainda fez trabalhos para a Gravodisc e para os Estúdios Reunidos, recém-inaugurados no quarto andar do Edifício Gazeta, na Avenida Paulista, 900.

Sérgio Augusto permaneceu por mais de vinte anos na Sonima, onde criou trabalhos importantíssimos para a história da propaganda brasileira. Nesse período, chegou a criar em média seis jingles por dia. Seu processo criativo permitia que música e letra nascessem juntas; no entanto, inúmeras vezes trabalhou com Armando Sanino, Sérgio Lima e Márcio Moreira de maneira conjunta. Sua personalidade ficou registrada não só nas peças que criou por lá, como também na generosidade com colegas que estavam iniciando no mundo do jingle.

César Camargo Mariano conta em *Solo*, seu livro de memórias, que, após ele e Elis Regina, com quem era casado, levarem um grande calote de um empresário, se viram em São Paulo, sem dinheiro algum, nem mesmo para o leite do pequeno João Marcello, que ainda não tinha completado quatro anos. Mariano, sem saber o que fazer, caminhava no centro da cidade quando encontrou Sérgio Augusto e explicou a situação. Na hora foi convidado a conhecer a Sonima. Chegando lá, após um bate-papo, foi contratado para gravar no dia seguinte um jingle de autoria do próprio Sérgio. Após a gravação, Sarapo já o esperava com mais três. Agora, para César compor! Durante o tempo que passou na Sonima, Mariano criou com Sérgio Augusto trabalhos memoráveis para a Coca-Cola e a Chevrolet, entre vários outros clientes.

Após os anos de Sonima, onde ganhou 13 prêmios no Clio Awards, três deles em primeiro lugar, Sérgio Augusto conta que tornou-se sócio de Thomas Roth e Júlio Moschen na Lua Nova e chegou a arrendar o estúdio Matrix em determinados horários para produzir seus trabalhos sob o nome de Adágio, sua produtora. Como Adágio também trabalhou na Cardan, onde, além de gravar seus jingles, coproduzia com o maestro Vicente Salvia peças para o mercado internacional, sobretudo para o México.

Pouco antes de parar de atuar no mercado publicitário, Sarapo foi sócio da Solução Propaganda por pouco mais de um ano e lá chegou a montar um estúdio.

Na sua visão, seus trabalhos que fizeram maior sucesso foram "Minister", uma trilha linda que ganhou algumas versões ao longo dos anos, mas sem perder a essência original, alguns jingles para a Chevrolet e a Coca-Cola, que criou com Márcio Moreira e César Camargo Mariano, e para a Hellmann's, que compôs com a colaboração de Célia Money, na época profissional de RTV na Salles Propaganda.

O trabalho com a criação de jingles o absorveu de tal forma que Sérgio Augusto acabou se afastando dos shows e se dedicando exclusivamente à música para publicidade numa fase que durou quarenta anos.

Hoje, Sarapo está radicado nos Estados Unidos e se dedica à sua paixão principal: a bossa nova. Além de regularmente se apresentar em diversas cidades daquele país, também tem levado seus shows para o Japão, para a Europa e, é claro, para o Brasil.

Sérgio Campanelli

É possível um profissional que não é músico, não é compositor nem estudou publicidade ser responsável por boa parte dos jingles que mais fizeram sucesso na propaganda brasileira nos últimos quarenta anos? A resposta é sim. Seu nome é Sérgio Campanelli.

Nascido em Bebedouro (SP) e criado em Londrina (PR), aonde chegou com quatro anos de idade, Campa, como é conhecido pelos amigos, mudou-se dez anos depois para São Paulo a fim de estudar. Logo conseguiu seu primeiro estágio na produtora Magisom por intermédio de Bruno Pardini, produtor de cinema e comerciais que ele considera o padrinho do início de sua carreira. Aos poucos, por acaso, descobriu uma profissão.

Da Magisom foi para a Pauta e percebeu que não precisava ser músico para trabalhar com jingles, bastava ter boas ideias. O músico e o letrista passaram a ser as ferramentas de que Campanelli precisava para executá-las. Descobriu isso quando fez uma campanha com uma série de *spots* de rádio para a revista *Realidade* que foram premiados logo de cara.

Sua certeza se confirmou quando Guga Oliveira, da Blimp Filmes, lhe pediu uma trilha sonora. Quando Campa explicou que não era músico, Guga disse que era exatamente isso que queria, algo diferente. Acabou fazendo uma série de trabalhos para ele.

Por conta disso, Oliveira o indicou a Alex Periscinoto para trabalhar no departamento de rádio da Alcântara Machado Publicidade. Campa assumiu o cargo e ficou lá por mais de quatro anos, criando, produzindo e dirigindo uma média anual de quatrocentas peças para rádio e 180 para TV. Para isso, sempre buscou as melhores novidades no mercado musical, usando os melhores estúdios de São Paulo e do Rio de Janeiro. Nessa época, muitos artistas tinham preconceito em trabalhar para publicidade, por considerarem a atividade um tanto à margem da carreira artística.

Quando ainda estava na Almap, foi convidado por Francesc Petit para assumir o departamento de rádio e TV da DPZ. Era a época áurea da agência, não dava para não aceitar. Renato Teixeira, que já era grande amigo de Campanelli, tornou-se um dos principais fornecedores de jingles para a agência, assim como Sérgio Werneck Muniz, o Sérgio Mineiro. Como sempre estavam trabalhando juntos, um dia convidaram Campa para ser sócio de uma produtora de áudio que estavam montando. Assim, em 1977, Mineiro, Campanelli e Renato formaram a MCR, que logo nos primeiros 12 meses foi escolhida a produtora do ano, iniciando uma história de sucessos e prêmios.

Após seis anos em um estúdio pequeno, mudaram-se para a Rua Treze de Maio, 695, um complexo com quatro estúdios e várias salas de produção que chegou a ter uma equipe de quarenta profissionais.

Lá foram produzidos jingles históricos como os da Ortopé ("Ortopé, Ortopé tão bonitinho"), da bala de leite Kid's ("Roda baleiro"), da Soda Limonada Antarctica, da Doriana, do Pomarola ("Hoje é dia de Pomarola"), "Pizza e pipoca com Guaraná", "Mamíferos Parmalat" – isso sem falar no tema da vitoriosa campanha presidencial de Fernando Henrique –, praticamente todos com produção e/ou direção de Campanelli, que acredita que o jingle não tem de ser feito necessariamente por jinglistas, e sim por artistas. Na sua visão, o jingle é a arte de conquistar o cliente, comunicar o que está sendo anunciado de maneira certeira e ainda permanecer na memória do público. Não é uma arte para qualquer um. Talvez o fato de ter essa percepção tão acurada a respeito do que produzia é que o tenha ajudado a fazer da MCR uma fábrica de sucessos.

Certa vez, Campa tinha que criar um jingle para um comercial da linha de produtos para bebês da Johnson & Johnson e, mesmo com a incredulidade da própria agência que havia solicitado o trabalho, resolveu contratar Tom Jobim para criar a peça. Além de conseguir convencer Tom a aceitar, seu profissionalismo e senso de adequação ao que a campanha pedia foram capazes de não aprovar a primeira música criada, ficando com a segunda opção oferecida, que aliás havia sido composta por ocasião do nascimento da filha do próprio Tom. A ousadia e o resultado obtido transformaram-se em passaporte para trabalhar com quem ele quisesse no mundo, como fez posteriormente com Ray Charles e várias outras estrelas, além de repetir a experiência diversas vezes com Tom Jobim.

Em uma delas, Campanelli conta que Eduardo Fischer, então sócio da Fischer & Justus, procurou Tom para fazer um comercial para o chopp da Brahma. Marcou uma reunião na casa de Jobim e, ao explicar como seria a campanha utilizando os jargões do "publicitês", foi interrompido pelo maestro: "Você conhece o Sérgio Campanelli?". Diante da resposta afirmativa, continuou: "Então explica tudo isso pra ele que depois ele me explica". Acabou sendo realizado um comercial lindo, no qual Tom contracena com Vinícius através de uma trucagem e os dois tomam chope cantando "Eu sei que vou te amar".

Sérgio tem um processo de criação que consiste em pensar no oposto do que está indo ao ar na maioria das campanhas, procurando uma ideia que seja realmente original. Como exemplo disso ele conta que certa vez precisou fazer um jingle para Rações Anhanguera e resolveu que, em vez de uma letra óbvia dizendo que a ração era mais gostosa ou com o melhor preço, cachorros é que deveriam "cantar" a peça. Numa época em que *samplers* e computadores não estavam à disposição como hoje em dia, gravou o latido de diversos animais e, com algumas buchas desenvolvidas pelo maestro Rogério Duprat, conseguiram ir alterando a rotação do gravador para obter as notas desejadas em cada um dos latidos e assim ir formando a melodia.

Esse pensamento sempre permeou os trabalhos que Campa realizou na MCR, onde atuaram com ele, além dos já citados Renato Teixeira, que deixou a sociedade no início em razão da sua bem-sucedida carreira artística, e de Sérgio Mineiro, que faleceu em 2005, compositores geniais como Maurício Novaes e César Brunetti – que muito contribuíram para que a produtora se tornasse a mais premiada do Brasil de todos os tempos.

Atualmente, Sérgio divide seu tempo entre São Paulo e Caraíva (BA), onde tem uma casa. Quando está na capital paulista, Campa cria e desenvolve projetos incentivados na MCR, que aliás transformou-se em Espaço MCR, com estúdios ocupados por uma gravadora especializada no público *teen*, pelo músico Arthur Joly, que desenvolve sintetizadores, música eletrônica, finalização e pós-produção de som, e pela StratoStorm, uma empresa especializada em efeitos visuais.

Certamente, nenhum outro profissional fez tanto pelo jingle sem ser jinglista quanto Sérgio Campanelli, que, sem nenhuma formação específica na área musical, conduziu músicos e compositores por caminhos jamais imaginados, transformando jingles publicitários em peças maravilhosas.

Sérgio Mineiro

Como obviamente o próprio apelido sugere, Sérgio Werneck Muniz era de Minas Gerais, mais precisamente de Belo Horizonte. Com enorme talento, começou a carreira tocando com Milton Nascimento, ainda na década de 1960. Quando os limites da capital mineira ficaram restritos demais para realizar seus sonhos, resolveu mudar-se para São Paulo. Com uma cultura vasta e um apurado senso de qualidade estética e técnica, Mineiro era um músico como poucos.

Em busca de uma estabilidade financeira mais efetiva do que aquela que a vida de músico podia oferecer, entre o fim dos anos 1960 e o começo dos anos 1970 começou sua carreira como jinglista, passando por produtoras como a Sonotec, onde trabalhou com Renato Teixeira, de quem era amigo desde a infância em Ubatuba (SP).

Foi em Ubatuba também que, de férias com o conterrâneo Tavito, conheceu Sérgio Campanelli, na época RTV na Alcântara Machado Publicidade, que acabou também se tornando um grande amigo, e assim que surgiu a oportunidade encomendou para a dupla um jingle para os cigarros Imperador. Talvez tenha sido a primeira incursão de Tavito no terreno dos jingles, ao dividir com Mineiro a criação da peça, que, infelizmente, não foi aprovada, mas serviu para estreitar os laços profissionais entre eles.

Algum tempo depois, já trabalhando na Prova, Mineiro convidou Tavito, que buscava também um equilíbrio financeiro que a música não estava conseguindo lhe dar, para trabalhar na produtora, sendo o responsável direto pelo início "oficial" da carreira de jinglista do amigo.

Como se pode perceber, a produção de jingles oferecia a possibilidade de ganhos regulares e bons, o que permitia que, mesmo não sendo a primeira opção profissional de músicos como Sérgio Mineiro, fizesse com que eles construíssem uma carreira repleta de grandes sucessos no mercado publicitário.

Mineiro criava com a mesma qualidade sozinho ou acompanhado. O trabalho em conjunto com outros compositores, como Beto Ruschel, resultou em jingles como "Liberdade é uma calça velha, azul e desbotada", para a U.S. Top. As constantes parcerias o aproximaram ainda mais de Renato Teixeira, com quem também criou excelentes jingles.

Com a convivência e a afinidade profissional entre Teixeira e Mineiro surgiu a ideia de abrir uma produtora. Resolveram então convidar Sérgio Campanelli, que agora estava na DPZ, para ingressar no novo projeto. Nascia assim, em 1977, a MCR, que levava as iniciais de Mineiro, Campanelli e Renato no nome, e o talento dos três nos excelentes trabalhos que fazia, sendo eleita, logo nos seus primeiros 12 meses de funcionamento, a produtora do ano.

Sempre muito inteligente, Sérgio Mineiro aos poucos montou uma grande equipe de músicos e compositores para trabalhar com ele. Armando Ferrante, César Brunetti, Crispin Del Cistia, Lino Simão e Maurício Novaes são exemplos de profissionais de primeiríssima linha que fizeram parte de seu time e foram seus parceiros em inúmeras produções. Novaes considera que, no início de sua carreira, a influência e o aprendizado proporcionados por Teixeira e Mineiro foram importantíssimos para seu desenvolvimento profissional.

Mineiro tinha como filosofia de trabalho tratar jingle como música e não como peça publicitária; afinal, era música que ele gostava de fazer. Talvez isso explique o sucesso que seus trabalhos fizeram, suplantando suas funções como elemento de propaganda e tornando-se parte da trilha sonora da vida das pessoas.

Com Renato, Mineiro decidiu redimensionar a música da cultura caipira e, além de amigo e sócio, foi também produtor de "Romaria", "Frete" e "Amora", os primeiros sucessos musicais de Teixeira.

No jornal *Contato*, de Taubaté (SP), Renato escreveu, em 2010, que Sérgio Mineiro "foi um produtor objetivo e sensível. Participava na elaboração dos arranjos e seu melhor momento acontecia quando, com rara sensibilidade, se punha a finalizar o trabalho; foi assim com 'Romaria', 'Amora' e 'Frete', por exemplo. Como um escultor finalizando sua obra, Mineiro definia equalizações e deixava tudo absolutamente coerente. Nesses momentos ficava sério como um cirurgião. Seus acordes eram absolutamente belos, sempre". Renato destacou ainda, sobre sua forma de trabalhar, que primeiro ele dava vazão a todas as ideias que apareciam e depois ia cortando até ficar simples. Não havia problema se todo o trabalho terminasse em apenas um violão e um caxixi.

Sérgio Campanelli relembra que um dos trabalhos que Mineiro mais se orgulhava de ter produzido era o CD *Além mar*, com poemas de

Fernando Pessoa musicados e interpretados por nomes como Caetano Veloso, Elba Ramalho, Elizeth Cardoso, Gal Costa, Gilberto Gil, Moraes Moreira, Ney Matogrosso e Zé Ramalho, entre outros.

Outra de suas paixões eram as motocicletas, em especial as Harley Davidson, tendo ido até o México sobre uma delas em uma viagem epopeica. Nela, simulou um acidente para prevenir os companheiros de estrada sobre os perigos do excesso de velocidade em duas rodas e viveu experiências únicas durante todo o trajeto.

Em janeiro de 2005, Sérgio Mineiro faleceu, aos 59 anos, deixando a todos os que conviveram com ele um legado de muito talento, música e amizade.

Sivan Castelo Neto

A história do jingle no Brasil tem muitos pioneiros, sobretudo no Rio de Janeiro, onde primeiramente o rádio passou a difundi-lo a partir de 1932. Nomes como Antônio Nássara e Gilberto Martins, entre tantos outros, tiveram papel importante na formatação e na popularização desse tipo de peça publicitária nos primeiros tempos. No entanto, possivelmente nenhum outro profissional tenha percebido tão rapidamente o potencial que o jingle oferecia para o desenvolvimento do rádio nem tenha investido tão maciçamente desde cedo em sua produção quanto Sivan Castelo Neto.

Nascido em Campinas (SP), em 27 de maio de 1904, e registrado com o nome de Ulysses Lelot Filho, tinha em seu pai uma figura muito interessada em numerologia, esoterismo, e que gostava de decifrar charadas e enigmas. Por conta disso, desde o nascimento, o pequeno Ulysses sempre foi chamado por ele de Sivan, que em hebraico significa "maio". O que seria só um apelido familiar acabou por transformar-se no pseudônimo que o acompanhou por toda a vida.

Enquanto o pai lhe despertou o gosto por literatura, poesia e teatro, a mãe, Norberta, que era pianista e professora, conduziu seu aprendizado musical. Logo, a inclinação para o violino se sobrepôs ao piano e Sivan aperfeiçoou seus conhecimentos com outros professores, tornando-se, ainda na juventude, apto a encarar desafios profissionais com o instrumento.

Morando em São Paulo desde 1915, o jovem Sivan se aventurava a compor pequenas peças, tendo, aos vinte anos, editado sua primeira música, "Gato pintado", um maxixe, gênero muito em voga na época. Nesse período também passou a atuar como violinista na Rádio Educadora Paulista e no Cinema República, onde fazia a trilha sonora para os filmes mudos.

Aos poucos, o piano começou a (re)tomar lugar em sua vida, substituindo o violino, como seu companheiro de trabalho no cinema e nas composições, que eram cada vez em número maior. O que crescia também era sua experiência no rádio, o que o levou a trocar a Educadora pela Bandeirantes, onde foi diretor artístico.

Como também atuava como letrista, poeta e versionista, passou a utilizar o pseudônimo Castelo Neto para esses tipos de obra, deixando Sivan exclusivamente para quando compunha música, em busca de evitar confusão em relação a autoria e direitos autorais. Entretanto, como inúmeras vezes escreveu letra e música, era comum que os créditos fossem dados para Sivan Castelo Neto, e o nome acabou sendo adotado por completo.

No final da década de 1930, Sivan já acumulava no currículo mais de uma centena de músicas, dezenas de versões e poemas; era um radialista respeitado e resolveu mudar-se para a então Capital Federal, que já conhecia de visitas anteriores, em busca de terreno fértil onde pudesse semear seu enorme talento. Em pouco tempo conseguiu três empregos: na Rádio Nacional, na Editora Irmãos Vitale e na agência Standard Propaganda.

Depois de algum tempo nessa rotina desgastante, Sivan decidiu trabalhar como autônomo, dedicando-se ao que hoje chamamos de produção de conteúdo, criando esquetes para programas de rádio, escrevendo versões de músicas, ensaiando artistas, fazendo arranjos e prestando serviços para as editoras Mangione e Irmãos Vitale. Nessa época, a Vitale tinha um estúdio que também gravava música para propaganda, do qual Sivan resolveu tornar-se sócio, comprando a parte do maestro Lyrio Panicalli. A partir de então iniciou sua carreira como criador e produtor de fonogramas publicitários. Seu primeiro jingle foi para Grindélia de Oliveira Junior, um xarope para tosses, bronquites e resfriados.

Sua participação na Vitale foi curta, mas muito proveitosa em termos de experiência, levando-o, após uma sociedade relâmpago em um outro estúdio, a abrir, em 1944, o Estúdio Sivan, considerado por muitos o primeiro do Brasil voltado exclusivamente para a gravação de jingles.

Localizado na Avenida Almirante Barroso, 2, sala 602, o estúdio tinha inacreditáveis 26 metros quadrados, que eram plenamente preenchidos com os melhores músicos disponíveis no Rio de Janeiro da época. Afinal, as gravações eram feitas direto no acetato, com todos tocando ao mesmo tempo; caso uma nota saísse errada era prejuízo certo, com a matriz sendo descartada. E Sivan não deixava passar uma semitonada que fosse. Qualidade era a marca registrada de seus jingles.

E a produção era intensa. Ninguém naquela época criava e gravava tantos jingles quanto Sivan. Seu enorme talento estava a serviço de anunciantes como Laboratórios Sidney Ross, Ponto Frio, Gilette, Casa Garson, Chicletes Adams, Alka Seltzer, Bozzano, Leite de Colônia, Brahma (Malzbier, Guaraná, Chopp), entre tantos outros. Foi justamente para a cerveja Brahma que Sivan criou um dos mais longevos jingles da história da publicidade brasileira, que ficou no ar ininterruptamente em diversas versões entre 1948 e meados dos anos 1960.

Quem gosta de cerveja	Sentindo-lhe o sabor
Bate o pé, reclama	Sem hesitar proclama
Quero Brahma	Esta sim, está pra mim
Quero Brahma	É Brahma

Seu processo de criação sempre se dava ao piano. Ao mesmo tempo em que compunha a música, ia também fazendo a letra. Como tinha grande experiência desde o tempo em que trabalhava no rádio, escrever rapidamente os textos para os reclames, que posteriormente passaram a ser chamados de *spots*, e as letras para os jingles não eram um problema – ainda mais unindo a prática adquirida como pianista e violinista de cinema, o que fazia com que as peças saíssem com grande facilidade e rapidez.

O pioneirismo estava sempre presente no trabalho de Sivan. Foi dele o primeiro jingle criado e produzido para a Coca-Cola no Brasil, em 1955, assim como foi o primeiro a importar os então recém-lançados gravadores Ampex de fita magnética. Fundou também a Meta Propagadora, possivelmente a primeira empresa especializada em campanhas políticas do país.

Na década de 1960, transferiu seu estúdio para o mesmo prédio da Rádio Guanabara, na Avenida 13 de Maio, 23, ocupando um conjunto de salas no 26º andar que havia pertencido aos escritórios da Mesbla. Ali, pôde realizar tudo o que o sonhava em termos de técnica e acústica mas o espaço exíguo do endereço anterior não permitia, chegando inclusive a construir uma câmera de eco feita em concreto.

Com a avanço da idade, Sivan resolveu diminuir o ritmo de trabalho, que havia décadas era intenso. Em 1972, vendeu o estúdio para Jorge Abicalil, que também era jinglista e o rebatizou de Tape Spot. Na negociação, o acervo de Sivan, inclusive os *playbacks* das músicas, também ficou com o novo proprietário.

Mesmo acometido do mal de Parkinson, Sivan continuou compondo até onde sua saúde permitiu, vindo a falecer em 1984. Seu filho, o jornalista, locutor e apresentador de TV Berto Filho, até poucos meses antes de morrer, em março de 2016, procurou manter viva a memória do pai postando fragmentos de sua vasta obra em redes sociais e em sites.

Tavito

É possível que as memórias musicais de uma pessoa sejam anteriores até mesmo a sua fala? Para Tavito, sim. Ele se recorda de musicar expressões e sílabas ainda no berço, muito antes de aprender a falar. Luís Otávio de Melo Carvalho nasceu em Belo Horizonte (MG) e desde cedo ganhou o apelido que o tem identificado por toda a vida. Ganhou também, aos 13 anos, um violão presenteado pelo seu pai e nunca mais largou o instrumento.

Estudou com tal afinco que, de maneira autodidata, popularmente também conhecida como "de ouvido", aprendeu grande parte da obra de Baden Powell, um dos maiores nomes do violão no país. Essa determinação permitiu que estivesse pronto para uma oportunidade que mudaria sua vida.

Acostumado a tocar com amigos em festas e reuniões, um dia, na casa de um deles, conheceu ninguém menos do que Vinícius de Moraes. O poeta, que havia composto justamente com Powell os famosos afro-sambas, se encantou com o jeito de Tavito tocar e, na primeira apresentação em que Baden não pôde comparecer, o convidou para acompanhá-lo. Apesar da responsabilidade, Tavito, com seu imenso talento, conseguiu se sair muito bem, sobretudo pelo profundo conhecimento que tinha do repertório.

Depois de várias apresentações, Vinícius o alertou para a impossibilidade de desenvolver uma carreira artística à altura da sua competência ficando apenas em Minas Gerais, e isso motivou Tavito a mudar-se para o Rio de Janeiro. Na capital fluminense reencontrou Milton Nascimento, o amigo de andanças noturnas em Belo Horizonte, no Sachinha's, um bar pequeno onde vários artistas e músicos em início de carreira se reuniam, e que tinha esse nome porque ficava próximo à famosa e requintada boate Sacha's. Lá, conheceu também Zé Rodrix, e com ele e o percussionista Laudir Oliveira, a convite do empresário de Milton, José Mynssen, integrou o Som Imaginário, grupo que contava ainda com Wagner Tiso, Luiz Alves e Robertinho Silva – e que foi responsável pela transformação da sonoridade de Milton no início dos anos 1970.

O trabalho do grupo com o cantor e compositor rendeu shows memoráveis e dois discos, entre eles o *Clube da Esquina*. Já a banda gravou independentemente três álbuns, *Som Imaginário 1 e 2* e o lendário *Matança do porco*, cujo repertório é executado pelos integrantes até hoje. Após o período com Milton, o conjunto também acompanhou Gal Costa. Foi na volta de um dos shows que fizeram com a cantora, em um ônibus na estrada entre Brasília e Goiânia, que Zé Rodrix escreveu a letra de "Casa no campo", que foi musicada por Tavito após chegarem no hotel. Posteriormente a canção venceria o Festival de Juiz de Fora e participaria do Festival Internacional da Canção realizado pela TV Globo, onde Elis Regina a conheceu, gravando-a com grande sucesso.

Em paralelo a tudo isso, surgiu uma nova oportunidade profissional para Tavito. O amigo Sérgio Werneck Muniz, o Sérgio Mineiro, que já atuava com música para publicidade, o convidou para começar a criar jingles na Prova, em São Paulo, onde ele trabalhava. A proximidade da data de seu casamento e a premente necessidade de estabilidade financeira fizeram com que ele aceitasse prontamente a proposta.

Apesar de nunca ter feito nenhuma peça publicitária, Tavito venceu as dificuldades iniciais e criou seu primeiro jingle. Era para o Volkswagen Fuscão 1500, segundo ele inspirado fortemente em uma canção de Burt Bacharach. Nessa época, os músicos e compositores não viam com bons olhos os colegas que se dedicavam aos jingles – um preconceito sem fundamento, a julgar pelos talentos que conheceu na Prova, entre eles nomes como Renato Teixeira, Hareton Salvanini e Maugeri Neto.

Logo que ganhou mais experiência com a publicidade e se firmou como jinglista, Tavito convidou Zé Rodrix para trabalhar com ele. Na sequência vieram Sá e Guarabyra, trazendo ideias inovadoras para um mercado que estava em franca expansão.

Por motivos pessoais, Tavito mudou-se para o Rio de Janeiro e lá passou a atuar como diretor de produção e criador na Aquarius, produtora que pertencia a Nelson Motta e aos irmãos Marcos e Paulo Sérgio Valle. Após algum tempo, Nelson e Marcos já haviam saído da sociedade e Paulo resolveu montar com Márcio Moura e Ribeiro José Francisco uma nova produtora, na qual Tavito foi incluído, e até a batizou como Zurana, nome de uma antiga brincadeira de infância. Lá, atuava também Eduardo Souto como maestro contratado. Produziram centenas de peças, e muitas transformaram-se em canções, como "Marcas do que se foi", além de ganharem por duas vezes o Clio Awards.

Em paralelo ao seu trabalho na publicidade, Tavito sempre atuou como produtor de discos. O primeiro foi *I acto*, de Zé Rodrix, depois produziu para vários outros artistas, como Marcos Valle, Renato Teixeira, Selma Reis, 14 Bis, Sá e Guarabyra e Aldir Blanc. Foi ele que produziu *Amanhã*, de Sá, Rodrix e Guarabyra, o último antes do falecimento de Rodrix.

Em 1979, Fernando Adour, produtor da gravadora CBS que gravava sempre na Zurana e gostava do trabalho de Tavito, o convidou para gravar um disco. Buscando fechar o repertório, ele e o parceiro Ney Azambuja criaram numa tarde de sábado, antevéspera do início das gravações, "Rua Ramalhete" e "Começo, meio e fim", que se transformariam em dois grandes sucessos que marcaram sua carreira.

Vivendo uma fase atribulada de sensações antagônicas, Tavito sentiu-se momentaneamente cansado da propaganda, interrompendo por algum tempo a produção de jingles. Depois de uma etapa de transição artística e espiritual, voltou aos poucos ao mercado publicitário.

Montou duas produtoras nos anos 1980. A Miolo, em sociedade com o amigo Luiz Carlos Sá, durante um período mais curto, e a RTS, que durou de 1983 a 1991, com o parceiro e pianista Ricardo Magno, tendo produzido centenas de jingles, trilhas e *spots*.

Em 1992, criou a Aerobanda, sua primeira produtora solo, onde produziu trabalhos que se tornaram muito populares como os temas da TV Globo para a Copa do Mundo de 1994 ("Eu sei que vou, vou do jeito que eu sei. De gol em gol, com direito a *replay*..."), as Olimpíadas de 1992 e as músicas de finais de ano, além de jingles para praticamente todos os bancos brasileiros, tendo inclusive criado com Luiz Carlos Sá versões mais recentes do "Vem pra Caixa você também". Fez também todas as peças institucionais da TV Vanguarda, de José Bonifácio de Oliveira Sobrinho, o Boni, que transmite do Vale do Paraíba, interior de São Paulo.

Tavito não tem nenhum protocolo preestabelecido para criar. Normalmente procura pensar no assunto apresentado pelo *briefing*, escolhe o estilo quando não vem predeterminado na encomenda e deixa a música nascer naturalmente. Algumas vezes demora um pouco, mas o resultado é sempre à altura da sua competência e genialidade.

Em 2005, ao identificar uma queda na demanda do mercado publicitário carioca, resolveu voltar a morar em São Paulo atendendo a um convite do amigo Zé Rodrix. Com ele iniciou um novo projeto e, paralelamente, Sérgio Campanelli o incluiu no time de criadores da MCR, onde permaneceu por três anos.

Atualmente, Tavito realiza seus trabalhos na Tavmusic, produtora que tem sua esposa, Celina, como parceira. Cria jingles, principalmente para clientes fiéis que o acompanham há vários anos, sem deixar de atender também novos anunciantes interessados na qualidade de suas produções. Tem dois CDs lançados recentemente, *Tudo* e *Mineiro*, e faz shows por todo o país com uma mistura de repertórios novos e velhos, com bastante sucesso. Além de tudo isso, compõe constantemente e está organizando um livro de crônicas que contam histórias pitorescas de sua vida, na qual a música está presente desde o berço.

Theo de Barros

Merecidamente reconhecido como um dos maiores talentos da música brasileira, Theo de Barros começou a estudar música com cerca de dez anos, no Rio de Janeiro, cidade onde nasceu. Logo escolheu o violão como instrumento preferido. Seus estudos não foram exatamente lineares, mas sim salteados, acontecendo em várias fases. Em algumas delas teve a oportunidade de ter aulas com os maestros Léo Peracchi e Alfredo Lupi.

Já morando em São Paulo, sua carreira começou profissionalmente tocando na Boate Lancaster, ainda menor de idade, o que o obrigava a se apresentar meio escondido por conta do juizado de menores. Tocava um contrabaixo de três cordas, instrumento que nunca havia tocado antes, emprestado por um amigo. O conjunto contava ainda com César Camargo Mariano no piano, Flavio no trompete e Escalante na bateria. Voltou a tocar com Mariano na Baiúca e em outras boates de São Paulo. Tocou também com Walter Wanderley e posteriormente formou o Sexteto Brasileiro de Bossa, apresentando-se no Juão Sebastião Bar. Naquela época, a cada três ou quatro meses montava-se um trio ou um quarteto e as formações iam mudando.

Compôs suas primeiras canções em 1958, com 15 anos e, desde então, não parou mais. Seu primeiro grande sucesso foi "Menino das laranjas", gravado primeiro por Geraldo Vandré, depois por Elis Regina com o Quinteto de J. T. Meireles e também pelo Jongo Trio. A melodia, que originalmente foi criada como uma bossa nova, nos arranjos posteriores teve modificada a sua levada e acabou por receber a desdobrada, recurso utilizado para empolgar a plateia e provocar palmas antes do fim da música, que se difundiu com "Arrastão", de Edu Lobo e Vinícius de Moraes, vencedora, em 1965, do I Festival de Música Popular da TV Excelsior.

Por falar em festival, no ano seguinte foi a vez de Theo vencer o II Festival de Música Popular da Record com "Disparada", que compôs com Geraldo Vandré e foi interpretada por Jair Rodrigues com o Trio Marayá. Seu Trio Novo (Theo, Heraldo do Monte e Airto Moreira) deveria acompanhar a música também na final, como havia feito na eliminatória, mas não pôde. Na noite da grande final, Theo estava em Natal (RN), participando de uma excursão pelo nordeste organizada pela Rhodia. Um trio com Edgard Gianullo no violão, Aires na viola e Manini na percussão com a famosa queixada de burro deu conta do recado. A vitória foi uma consagração que tornou, merecidamente, os nomes de Barros e Vandré famosos no país inteiro.

Nos anos seguintes, além de participar de outros festivais, Theo também passou a realizar a direção musical do Teatro de Arena, fez a música para a peça *Doce América Latino-América*, compôs também as canções de *Arena conta Bolívar*, que foi proibida no Brasil e apresentada apenas no exterior, e fez a trilha sonora do filme *Quelé do Pajeú*, de Anselmo Duarte.

Certo dia, ao participar de uma gravação no estúdio Vice-Versa, encontrou Edgard Gianullo, que em um bate-papo convidou Theo a começar a criar jingles. Gianullo o levou para a Sonotec, onde trabalhava, e lá Theo de Barros iniciou sua carreira de jinglista. Depois de algum tempo, resolveu montar a Só Som, sua produtora em sociedade com Ernani Turini, que era músico, e com Jorge Coutinho, engenheiro de som.

Após essa experiência, Theo atuou como *freelancer*, tendo criado nesse período jingles que se tornaram ícones da publicidade brasileira, como os que fez para a Vasp e para o Banespa, ambos premiados no Brasil e no exterior. Nessa fase produziu muito na Publisol e também no Estúdio Eldorado. Aloísio Falcão, diretor artístico da Rádio Eldorado, que já havia trabalhado com o compositor no selo Discos Marcus Pereira, o convidou para criar o selo Eldorado, uma gravadora que lançou importantes álbuns de música popular brasileira, jazz, música erudita e instrumental a partir de 1977.

Posteriormente, Theo foi proprietário da Naipe, uma produtora de áudio, na qual compôs parte importante de sua obra para a publicidade, que soma mais de duas mil peças. Em 1981, criou o singelo e sutil jingle para um comercial do preservativo Jontex que foi premiado com o Leão de Ouro no Festival de Cannes. Para o filme, que mostrava uma meia sendo colocada em toda a extensão de uma perna feminina, o próprio Theo toca o tema ao violão, enquanto a atriz Kate Lyra canta, numa interpretação que fica no limiar entre o suave e o sensual, a seguinte letra:

Eu me preparo pra você
Hoje eu te quero assim
Se preparando pra mim

Theo de Barros não possuía um processo de criação rígido para seus jingles, variando muito de acordo com a circunstância. Em algumas ocasiões a agência enviava a letra pronta, em outras, sugeria a linha musical a ser seguida, e muitas vezes o compositor criava a letra e a música sozinho.

Além da atuação em publicidade, Theo também trabalhou em várias gravadoras como arranjador ou como músico. A mais recente foi a Movieplay, onde fez arranjos para obras de Cole Porter e George Gershwin serem gravadas por grandes orquestras em CDs que foram encomendados pelo mercado holandês.

Atualmente, Theo de Barros faz shows e produz arranjos para discos – como o de Renato Braz que reúne várias músicas de sua obra. Raramente volta a criar jingles, o que só ocorre quando recebe uma encomenda para alguma peça específica.

Thomas Roth

Aptidão musical é algo que nem sempre se explica facilmente. Muitas vezes é desenvolvida por iniciativa do indivíduo, em outras, é herança genética de seus antepassados. No caso de Thomas Roth, as duas possibilidades se somaram e resultaram em talento multiplicado.

De origem germânica, a família Roth sempre teve a música nas veias. Os bisavós de Thomas eram concertistas. Os avós também tocavam piano, no entanto a principal fonte de renda do casal era um hotel na Alemanha que costumava hospedar artistas, entre eles o elenco do histórico circo Ringling Brothers. Essa proximidade com o mundo circense permitiu que o pai de Thomas aprendesse vários truques de mágica que seriam muito úteis para entreter o filho na infância.

Mas nem tudo era diversão na Alemanha daqueles tempos. Com o avanço do nazismo, na Segunda Guerra, a família deixou tudo para trás e mudou-se para o Brasil. Thomas nasceu no Rio de Janeiro, mas após o falecimento de sua mãe, quando ele tinha apenas quatro anos, foi com o pai e os avós morar em São Paulo.

Durante sua infância o orçamento familiar não permitia que tivessem um televisor em casa, mas, em compensação, havia muita música, principalmente os discos de jazz que seu pai gostava de ouvir ou os de música clássica, herança de sua mãe. O incentivo ao aprendizado musical também veio desde cedo. Aos sete anos, Thomas fez algumas aulas de acordeom, mas o tamanho e o peso do instrumento não facilitaram o início de sua vida como instrumentista, que só foi começar efetivamente quando seu pai o presenteou com um violão, ao completar 13 anos.

Com o presente, o talento musical de Thomas finalmente ganhou o impulso de que precisava. Aos poucos, com a ajuda de amigos que já tocavam guitarra, foi recebendo dicas e descobrindo novos acordes. Passou a se dedicar com afinco ao instrumento e logo já estava compondo, tocando, cantando e participando de festivais de música, que eram moda naquele final dos anos 1960 em clubes e cidades do interior. Ainda adolescente, venceu vários e começou a ter uma boa fonte de renda com isso – e, o melhor de tudo, fazendo algo que gostava muito.

Thomas considera que nunca aprendeu música da maneira que deveria ter aprendido, com cursos formais e regulares, até mesmo por conta da conjuntura financeira da família que não permitia grandes investimentos nesse sentido. Entretanto, teve aulas de bossa nova e estudou no Colégio Vocacional, o qual, mesmo sendo público, tinha uma proposta diferenciada de ensino, com aulas de educação musical em que uma das atividades principais era a formação de conjuntos. Sua primeira banda foi montada lá, e contava com ninguém menos do que Guilherme Arantes ao piano, instrumento que, aos 14 anos, ele já tocava muitíssimo bem.

No Vocacional havia grupos de alunos que tocavam samba, bossa nova e rock'n'roll. Participar de cada uma dessas turmas, ouvir pelo rádio em casa os baiões e xotes de Luiz Gonzaga, a fase de descoberta de João Gilberto com "Chega de saudade" e posteriormente dos Beatles, de quem Thomas foi fã (e sósia de John Lennon), fizeram com que sua formação musical sofresse influência de várias vertentes, o que ele considera muito positivo porque permitiu que nunca tivesse nenhuma espécie de preconceito.

Em 1973, quando já estava na faculdade, um colega de classe que trabalhava em uma agência de publicidade pediu a Thomas que compusesse um tema para ele. Roth gravou a peça dentro da Kombi de seu pai em um pequeno gravador. A música foi aprovada, e então seu colega o levou para a Sonima, onde a versão final seria produzida. Lá, Thomas conheceu a equipe da casa, que tinha profissionais como Sérgio Augusto Sarapo, Cido Bianchi, Olavo e Diógenes Budney. Gostaram muito do seu trabalho e o convidaram para trabalhar na produtora.

O primeiro jingle que criou na Sonima foi para um formicida chamado AC Mirex Microganulado, cujo nome, obviamente, deveria ser citado, além de, segundo o *briefing*, ser obrigatório informar que o produto era do tipo especial, assim como o *slogan* "Não mate formigas, mate formigueiros". Um desafio e tanto para quem estava começando, mas que Thomas tirou de letra. Como o jingle seria veiculado apenas no Rio Grande do Sul, ele fez uma valsa rancheira como base para a seguinte letra.

De manhã cedo, quando o galo canta
João se levanta e olha a plantação
Hoje é um lindo campo sem formiga
Pois um formicida foi a solução
AC Mirex Microgranulado

Um formicida tipo especial
Não perca tempo, não mate formiga
Mate o formigueiro como fez João
AC Mirex lhe dá mais dinheiro
É pro ano inteiro a sua proteção

Thomas conta que nesse início aprendeu muito sobre jingles com Olavo e Diógenes e sobre trilhas com Sérgio Augusto. Na Sonima conheceu Crispin Del Cistia, também músico e compositor, e juntos inscreveram três músicas em um festival em Apucarana (PR). A presidente do júri era Elis Regina e o vice-presidente, seu marido, César Camargo Mariano. Casualmente, foram as deles as três primeiras colocadas, sendo "Quero", de Roth, a grande vencedora. A música tinha sido composta alguns anos antes, logo após Thomas ter assistido a Richie Havens tocar no filme de Woodstock – o que o estimulou a tentar novas afinações no violão, resultando na nova canção.

César Mariano eventualmente fazia trabalhos na Sonima e reencontrou Thomas na produtora, iniciando uma grande amizade entre eles e também com Elis. Foi então que surgiu o convite para Thomas integrar a banda que faria parte do antológico espetáculo *Falso brilhante*, o que foi prontamente recusado por ele, por ainda se achar aquém do nível exigido para acompanhar uma estrela do quilate de Elis Regina – mas indicou Crispin Del Cistia, que acabou assumindo uma das guitarras do grupo. No entanto, de alguma maneira Roth estaria presente no espetáculo. Elis e César estavam procurando uma música singela e otimista para um momento especial do show, em que a cantora atravessava o palco em uma espécie de balanço coberto de flores, e Crispin sugeriu "Quero", que além de fazer parte do espetáculo também foi gravada no álbum com o mesmo nome do show.

Thomas assistiu *Falso brilhante* 53 vezes. Em uma delas, após a apresentação foi jantar com todo o elenco, sendo apresentado por Elis a

Roberto Menescal, na época diretor da gravadora Polygram, que diante de tantos elogios feitos pela cantora convidou Roth para gravar um disco. Entretanto, o convite não foi aceito porque Thomas julgava não ter ainda 12 músicas que merecessem ser prensadas em um LP, no máximo um compacto – o que ele já havia gravado, em 1975, pela RCA. Como se pode perceber, o nível de exigência de Roth é tão grande quanto seu talento e sua modéstia.

Quando compõe, Thomas nunca começa pela letra, e sim pela música, principalmente nas canções – tanto assim que tem muitas músicas prontas ainda sem letra ou com a letra incompleta. No caso dos jingles, gosta muito de trabalhar com a sonoridade das palavras, e muitas vezes o *briefing* já traz uma palavra ou frase-chave, em cima da qual todo o restante é desenvolvido. Para ele, o processo de criação do jingle é puramente racional, enquanto o da música é puramente emocional, fazendo-o parar de compor quando não há vontade ou inspiração. Sempre prefere criar sozinho, pois, como ele mesmo diz, criar é uma viagem para dentro do seu infinito.

Thomas trabalhou na Sonima entre 1973 e 1980 e depois que saiu fez vários trabalhos como *freelancer* para a Publisol e para a MCR. Chegou a receber convite para ser sócio da Vice-Versa adquirindo a parte do maestro Rogério Duprat, mas preferiu abrir, em 1981, a Lua Nova, sua produtora de áudio.

Nessa época, Thomas vivia um conflito muito grande entre as coisas que queria dizer em suas músicas e o que o mercado fonográfico queria gravar. Letras um pouco mais densas ou até com conteúdo político-social estavam sendo preteridas em relação às de conteúdo mais leve, irreverente ou romântico. Usavam até mesmo seus próprios sucessos, como "Amor de verão", gravado pelo Roupa Nova, ou "Cachoeira", por Ronnie Von, como argumento para convencê-lo.

O seu trabalho para a publicidade em franco crescimento, remunerando bem, e a vontade de ficar mais tempo com a família fizeram com que Thomas preferisse se dedicar exclusivamente à propaganda, deixando a carreira artística em *stand by*.

Em 1998 lançou a Lua Music com a intenção de gravar seu disco. Já lançou mais de 440 álbuns desde então e ainda não conseguiu lançar o seu, mas isso já está sendo corrigido. Com músicas suficientes para mais de quatro CDs, finalmente começou a produzi-lo e em breve espera lançá-lo.

Na última década, Thomas Roth participou como jurado de vários programas de TV, como *Ídolos*, *Astros* e *Qual é o seu talento*, o que proporcionou a ele uma visão ampliada e aprofundada de gostos, estilos e comportamentos de gente de todo o Brasil, contribuindo muito para seu processo de criação de jingles e trilhas, uma vez que pode utilizar de forma mais precisa recursos sonoros e linguísticos de acordo com a percepção que adquiriu a respeito de perfis tão distintos de público.

Durante essas mais de quatro décadas em que atua produzindo música para publicidade, Thomas considera que o alto nível da concorrência entre as produtoras de áudio contribuiu muito para que ele estivesse sempre aprendendo, investindo e aprimorando cada vez mais o seu trabalho e o da Lua Nova. Na produtora, que tem como sócios Teco Fuchs e Ricardo Fleury, Roth se divide entre o atendimento e a criação, procurando participar de todos os processos – e se definindo, metaforicamente, muito mais um arquiteto do que um engenheiro dentro do processo de produção. Talvez por isso, toda a sua obra, além de muito bem construída, tenha tanta beleza e criatividade.

Walter Santos e Tereza Souza

A Bahia é pródiga em legar ao Brasil artistas de grande talento. Inúmeros nomes conseguiram, através da literatura, das artes cênicas e sobretudo da música, contribuir de maneira fundamental para a construção da identidade cultural do país. Juazeiro, cidade às margens do rio São Francisco, no norte do estado, conhecida por filhos ilustres como Ivete Sangalo e João Gilberto, possui um filho adotivo cujo talento e paixão pela música foram essenciais para o cenário musical brasileiro na segunda metade do século XX.

Nascido em Senhor do Bonfim, Walter Santos mudou-se ainda criança para Juazeiro e logo despontou como cantor mirim, sendo premiado em um concurso de calouros da rádio local. Na juventude, aprendeu a tocar violão e conheceu João Gilberto. Com ele formou o conjunto vocal Enamorados do Ritmo.

Em 1957, Walter transferiu-se para o Rio de Janeiro, passando a morar com João em uma pensão. Sua passagem pela então capital federal foi decisiva para os rumos que sua carreira e sua vida pessoal tomariam a partir de então. Lá, entre apresentações em boates e aulas particulares de violão, participou como vocalista da gravação do antológico *Canção do amor demais*, disco de Elizete Cardoso considerado o marco zero da bossa nova. Nem tanto pela interpretação da cantora, repleta de maneirismos típicos dos sambas-canção, mas, principalmente, pela batida de violão de João Gilberto nas faixas "Chega de saudade" e "Outra vez", emolduradas pela doce voz de Santos nos vocais. O álbum, só com canções de Tom Jobim e Vinícius de Moraes, foi fundamental para os novos caminhos que a música brasileira iria trilhar a partir dali.

Ao incorporar a bossa nova ao seu repertório, Walter Santos passou a compor no novo estilo e, ainda no Rio, conheceu Tereza Souza, uma compositora, letrista e poetisa de imenso talento que, além de parceira em praticamente toda a sua obra, tornou-se também sua esposa.

A partir de um convite de Luiz Carlos Paraná, Walter, acompanhado por Tereza, mudou-se para São Paulo com o objetivo de se apresentar em casas noturnas. Tocou no Jogral, no Stardust e acabou preferindo, ao contrário de outros músicos da bossa nova que estavam tentando carreira no exterior, se fixar na capital paulista – uma decisão que se deu, entre outros motivos, pela chegada dos filhos. Em 1960, Santos gravou seus primeiros discos, dois 78 rpm, um com "Barracão" e "É bom chorar por você" e o outro com "Primavera" e "Ternurinha", ambos pela RCA Victor e com todas as músicas de sua autoria em parceria com a esposa, exceto "Ternurinha", escrita somente por Tereza.

Por sua carreira no Rio, sua parceria com João Gilberto, sua participação em *Canção do amor demais* e pelo que andava apresentando nas boates de São Paulo, Walter Santos tornou-se um nome conhecido e referência no meio musical quando se falava em afinação e qualidade como cantor e instrumentista. Seus discos dessa época têm alto padrão musical e lírico, com destaque para o álbum *Caminho*, de 1964, que teve a totalidade das letras escrita por Tereza. Desse disco, músicas como "Amanhã" e "Samba pra Pedrinho" foram gravadas por dezenas de artistas brasileiros e estrangeiros.

Cada vez mais Walter ganhava fãs que frequentemente vinham assistir aos seus shows. Um deles era José Bonifácio de Oliveira Sobrinho, o Boni, que, na época, trabalhava na Alcântara Machado Publicidade. Foi ele quem falou para Walter pela primeira vez sobre jingles e o convidou a participar de uma concorrência para uma campanha da Volkswagen. Eram tempos muito duros do ponto de vista financeiro, e o compositor resolveu aceitar o convite, sentindo que poderia ser uma oportunidade melhor do que a que estava vivendo. Venceu a concorrência com um jingle para o Fusca, que, aliás, ainda não tinha esse nome, sendo chamado de Sedan ou simplesmente Volkswagen. Como no exterior o carro era conhecido como Beetle, Walter teve a ideia de chamá-lo de "Besourinho" e já de cara fez um grande sucesso, sendo convidado em seguida para fazer novos trabalhos para a montadora. Em um curto período criou vários jingles que se tornaram clássicos; entre eles destacam-se peças para a Kombi, o Karmann-Ghia e o Fusca com teto solar. Por ter feito parte da gênese da bossa nova, a influência da batida estava presente nesses primeiros trabalhos, que acabaram por lhe abrir definitivamente as portas do mercado.

A partir de então, Walter Santos e Tereza Souza escolheram a criação de jingles como maneira de se expressar musicalmente, criando peças lindas, em que deram o melhor de si em todos os aspectos. Inicialmente atuaram nas produtoras Pauta e Prova e também como *freelancers*. Em 1971, foram convidados para montar o Estúdio Eldorado, o mais moderno estúdio do Brasil até então e o primeiro a gravar em 16 canais. Lá, Walter e Tereza, além de criar, comandavam todas as etapas de produção e coordenavam uma equipe de produtores formada por grandes profissionais, como os irmãos Luca e Vicente Salvia, além de Hilton Acioly, Marconi Campos da Silva e Behring Leiros, que integravam o Trio Marayá. E Tereza ainda conseguia encontrar tempo para fazer o atendimento.

No Estúdio Eldorado, Walter e Tereza fizeram trabalhos de grande sucesso, como o jingle da campanha de lançamento do café Pelé e o prefixo da Rádio Eldorado de São Paulo, um tema suave e singelo, sem letra, apenas com vocalises, que se tornou a identidade sonora da emissora, permanecendo décadas no ar.

Com a *expertise* adquirida, Walter e Tereza fundaram com Luca Salvia, em 1974, o Nossoestúdio, uma produtora de áudio que, em pouco tempo, passou a ser uma das mais respeitadas do país. Nasceu na Rua Dr. Seng, 102, e em 1978, mudou-se para a Rua Bocaina, 72. Luca permaneceria na sociedade até o início dos anos 1990.

Quando ainda estava no Estúdio Eldorado, Tereza Souza foi procurada, por indicação de um amigo comum, pelo diretor de marketing do Banco Bamerindus, Sérgio Reis, que havia gostado muito de uma peça produzida por ela para uma concorrência de um órgão ligado ao governo federal que trazia em sua essência características fortes de brasilidade – algo que ele buscava para a comunicação do banco, que ainda era muito pequeno. Nascia aí uma relação de confiança, que se transferiu para o Nossoestúdio e durou todo o tempo durante o qual o banco existiu.

Quando Walter e Tereza produziram a primeira peça, o Bamerindus tinha cerca de duzentos pontos de atendimento. Vinte anos e milhares de peças depois, ao ser vendido, o banco contava com mais de 1.500 agências. Os jingles e toda a identidade musical criada pelo casal contribuíram, e muito, para esse crescimento. Essa fidelidade era clara em ambas as partes e, da mesma forma que o Bamerindus durante todo esse período nunca produziu nenhuma peça sonora em outra produtora, o Nossoestúdio também manteve a exclusividade e nunca atendeu outra instituição financeira ou seguradora.

Jingles como "O tempo passa, o tempo voa", "Natal do Bamerindus" e trilhas como "Um grande abraço" eternizaram essa parceria e fazem parte da memória afetiva de milhões de brasileiros. Mas Walter e Tereza também criaram peças memoráveis para inúmeros clientes como as trilhas para os comerciais em animação da Sharp, os jingles para Rexona, Mappin e Barbie, as assinaturas musicais para o Amaciante Comfort, entre milhares de outras.

Uma das peças mais premiadas foi o "Natal brasileiro da Ducal", de 1975, em que Tereza criou com Lívio Rangan, pela primeira vez na comunicação do país, um Natal que não tinha neve e sim festas brasileiras. Para isso ela viajou todo o país com uma equipe de filmagem pesquisando musicalmente as festas de cada região e registrando o congado, o reisado e a catira, o que resultou em uma campanha inesquecível.

Tereza Souza era também a principal profissional de atendimento do Nossoestúdio. Era comum ela ir até as agências de publicidade apanhar o *briefing*, conversar com o compositor passando as informações e, depois que recebia a música, finalizá-la colocando a letra. Seu processo de criação era um pouco diferente do de outros letristas. Ela pedia a música primeiro e sugeria alterações quando necessário para então escrever a letra. Ao mesmo tempo em que era muito criativa, era também muito focada no público-alvo a ser atingido, buscando o refrão preciso. Muito elaborada no momento de criar, ela pedia músicas para o próprio Walter, para os maestros Amilton Godoy, Chiquinho de Moraes e Cido Bianchi, um dos que mais produziu para o Nossoestúdio, entre outros, e, quando as recebia, muitas vezes solicitava pequenas mudanças que viriam a se encaixar perfeitamente nas letras que escrevia. Ela pensava na letra antes de ter a música, mas precisava da música para desenvolver a ideia e trabalhar em cima do que o compositor trazia.

Da mesma maneira que Tereza tinha uma forma mais elaborada de criar suas letras, Walter tinha essa característica em suas músicas. No entanto, suas letras utilizavam mais o recurso da rima, como se percebe em "o tempo passa, o tempo voa e a poupança Bamerindus continua numa boa". Mesmo quando ele criava a letra, era comum a interação dos dois na hora de compor, fazendo com que as peças fossem nomeadas como uma composição de Walter Santos e Tereza Souza e não letra de um e música de outro. Quieto por natureza, Walter não era uma pessoa de muita eloquência, nem mesmo com a família. Sua forma de se expressar era por meio do violão. A qualquer hora do dia que alguém o visitasse em casa ou no trabalho iria encontrá-lo fazendo acordes, afinando o instrumento, estudando. Ele tinha um profundo prazer em fazer o que fazia, e essa alegria musical ele emprestava aos jingles através de melodias bem-elaboradas e harmonias muito precisas – uma marca que deixou em tudo o que fez.

O sucesso de seus trabalhos e a prosperidade do Nossoestúdio permitiu que o casal realizasse em 1981 um antigo sonho de Walter Santos: criar a gravadora Som da Gente, o primeiro selo brasileiro exclusivamente de música instrumental.

Como diariamente circulavam pelos estúdios da produtora alguns dos melhores instrumentistas do Brasil a serviço das produções para publicidade, nada mais natural do que produzir seus discos em "casa". Ao longo de 11 anos, o Som da Gente gravou ao todo 57 álbuns com uma constelação de nomes como Dick Farney, Cido Bianchi, Hélio Delmiro, Hermeto Pascoal, Nelson Ayres, Luiz Gonzaga, Roberto Sion, Hector Costita e muitos outros.

O Som da Gente era a grande paixão profissional de Walter Santos e também o que o motivava. No entanto, manter a gravadora, fabricar, editar e distribuir os discos tornava a atividade cara e, apesar da extrema qualidade de seus lançamentos, a gravadora nunca apresentou a mesma performance financeira do Nossoestúdio, que, aliás, era o que a mantinha. Tudo isso, somado às instabilidades econômicas durante o governo Collor, fez com que o selo lançasse seu último álbum em 1992. O Som da Gente nunca deu lucro, apenas o prazer impagável de gravar o melhor que a música instrumental brasileira produziu. Para Walter Santos era muito natural colocar em sua gravadora o dinheiro que ganhava; afinal, como ele não conseguia comprar bons discos de bons instrumentistas brasileiros, resolveu produzi-los.

Se a gravadora encerrou as atividades, o Nossoestúdio continuou a todo o vapor e nos anos 1990 produziu uma série de releituras do jingle

"O tempo passa, o tempo voa", gravadas pelo Grupo 3 do Rio, que também estrelava os comerciais dirigidos por Andrés Bukowinski, nos quais o tema era interpretado em versões como forró, bolero, polca, jazz, sertanejo, entre outros. Nos anos 2000, se adequou às novas realidades e demandas do mercado publicitário e continuou produzindo peças com o mesmo nível de excelência que o consagrou.

Tereza sempre foi uma pesquisadora e uma brasilianista que se preocupava muito com a memória e o acervo dos trabalhos que produzia com Walter. Seus filhos, Adriana, Carla, Eduardo e Luciana, guardam todas as gravações, partituras e arranjos catalogados e digitalizados, num trabalho que começou com a mãe e que eles preservam até hoje.

Walter Santos morreu em maio de 2008 e nove meses depois Tereza Souza também faleceu, deixando a certeza de que nunca houve uma parceria tão apaixonada e afinada na história da publicidade e da música brasileira.

Zé Rodrix

Nascido no Rio de Janeiro, em uma família em que o avô era dono de orquestra, o pai mestre de banda e a mãe a primeira colocada em concurso de calouros da Rádio Nacional, mesmo não sendo a música a principal profissão de nenhum deles, era praticamente impossível que os genes artísticos e musicais de José Rodrigues Trindade, ou melhor, Zé Rodrix, não falassem mais alto na hora de escolher a profissão.

Suas primeiras noções musicais lhe foram dadas pelo pai, Hermano Trindade. A aprendizagem continuou no Conservatório Musical do Rio de Janeiro e, depois, na Escola Nacional de Música, onde Rodrix estudou contraponto, composição, orquestração e regência. Apesar de toda essa sólida formação, inicialmente Zé escolheu ser ator. Começou atuando no teatro do colégio e depois em um grupo amador. Logo na primeira peça o convidaram para também fazer a música do espetáculo. Em companhia do amigo Maurício Maestro, escreveu diversos temas; no entanto, a peça acabou não sendo montada. Mas a parceria deu certo. A dupla se uniu a David Tygel e Ricardo Sá para formar o Momento Quatro, grupo que se apresentou com importantes nomes da música brasileira e que teve um de seus grandes momentos em 1967 ao defender "Ponteio", de Edu Lobo e Capinan, a grande vencedora do III Festival da Música Popular Brasileira da TV Record, com o próprio Edu, Marília Medalha e o Quarteto Novo. No ano seguinte, Zé resolveu ser *hippie* e, com o término do Momento Quatro, embarcou para o Rio Grande do Sul e lá formou o Primeira Manifestação da Peste, que tinha uma proposta alinhada com seu novo estilo de vida.

Seis meses depois, Rodrix estava de volta ao Rio de Janeiro, participando eventualmente de gravações e aproveitando o tempo livre para pegar uma praia e tocar no Sachinha, um pequeno bar que tinha esse nome por estar em frente ao Sacha's, uma badalada boate carioca das décadas de 1950 e 1960, que ficava no Leme. Lá conheceu Tavito, um amigo que seria para a vida toda e que passou a ser seu companheiro de palco e de praia. Foi na praia, aliás, que os dois foram contratados em dezembro de 1969 para tocar com Milton Nascimento no show que ele estrearia no Teatro Opinião em março do ano seguinte. Juntaram-se a eles Wagner Tiso, Robertinho Silva, Luiz Alves e Laudir de Oliveira, formando o lendário Som Imaginário. Depois de três meses de ensaios, fizeram uma temporada de grande sucesso, gravando na sequência dois discos com Milton, entre eles o *Clube da Esquina*. O Som Imaginário também gravou três álbuns próprios e acompanhou artistas como Gal Costa. Em um ônibus de carreira entre Brasília e Goiânia, na volta de um dos shows que tinham feito com a cantora, Zé escreveu a letra de "Casa no campo" e, ao chegar a um hotel, Tavito a musicou. Logo depois, Zé deixou o Som Imaginário e começou a tocar com Luiz Carlos Sá. Mais tarde receberiam Guttemberg Guarabyra, formando o famoso trio. Nessa época surgiu a oportunidade de participar do Festival de Música de Juiz de Fora. Rodrix inscreveu "Casa no campo" e venceu, ganhando o direito de concorrer no Festival Internacional da Canção promovido pela TV Globo, quando então a música foi descoberta e gravada por Elis Regina.

Quando Sá, Rodrix e Guarabyra mudaram-se para São Paulo, foram convidados pelo maestro Rogério Duprat para criar jingles na Pauta, da qual ele era um dos proprietários. Zé já havia feito alguns trabalhos para publicidade com o Momento Quatro e acabou se identificando com a nova oportunidade. Algum tempo depois, com o término do trio, Rodrix continuou criando jingles com Tavito, agora na Prova, produtora de José Scatena. Simultaneamente, sua carreira artística também deslanchava, com vários discos lançados e sucessos como "Soy latino americano" e "Quando será?", entre muitos outros. Passou uma temporada no Rio de Janeiro e lá, eventualmente, produziu jingles na produtora Tape Spot, de Jorge Abicalil, Zezé Gonzaga e Maestro Cipó. Essa produtora ocupava as mesmas instalações que um dia pertenceram ao Estúdio Sivan, um dos pioneiros na gravação de jingles no Brasil, cujo proprietário era Sivan Castelo Neto.

Ao retornar a São Paulo, em 1978, Zé Rodrix passou a trabalhar com Tico Terpins, com quem também dividia o palco nas apresentações do grupo Joelho de Porco, e juntos fundaram a Áudio Patrulha, produtora de áudio que posteriormente transformou-se em A Voz do Brasil. No início, como ainda não tinham muitos trabalhos, Zé e Tico criaram vários jingles para clientes fictícios para formar um portfólio e, algemados (!), iam visitar as agências de publicidade para apresentá-lo.

Ao chegar a cada uma delas, se apresentavam como o Preto e o Judeu. Ninguém acreditava no que estava vendo e ouvindo.

E a estratégia deu certo: em pouco tempo na Áudio Patrulha, e posteriormente, já como A Voz do Brasil, produziram temas que marcaram a propaganda brasileira nos anos 1980 e 1990. Nesse período, Zé produziu os jingles que ajudaram a popularizar o McDonald's no Brasil, criou peças que viraram identidades sonoras como "De mulher pra mulher, Marisa!" ou "Sua vida faz a nossa vida, Pernambucanas", além de temas como "Quem disse que não dá? Na Fininvest dá", todos de grande qualidade, extremamente bem-sucedidos e que colaboraram enormemente para a fixação das marcas de seus anunciantes. Mas sua grande obra-prima para a publicidade nasceu em 1987. O jingle "No silêncio de um Chevrolet", incrivelmente criado e finalizado em apenas três horas, ficou marcado para sempre não só na história da marca, mas também na memória de milhões de brasileiros que acompanhavam nos comerciais, entre as cenas dos veículos da montadora, o próprio Zé Rodrix cantando e tocando ao piano uma de suas mais belas criações.

Com a morte de Tico Terpins, em 1998, Zé, de certa forma, se desestimulou e acabou deixando a publicidade. Os dois, durante quase vinte anos, viveram uma fase de extrema atividade, durante a qual criaram mais de 13 mil peças, em média 12 a 15 por semana.

A carreira artística de Zé Rodrix, que havia sido interrompida no início da década de 1980 por causa das idiossincrasias do mercado fonográfico e, principalmente, pelo falecimento de Elis Regina, foi retomada nos anos 2000, ao lado de seus antigos companheiros Sá e Guarabyra, com direito a novos CDs, DVDs e turnês de muito sucesso em todo o Brasil.

Zé Rodrix também era maçom e, para ficar tudo justo e perfeito, escreveu a *Trilogia do templo*, uma série composta por "Johaben: Diário de um construtor do templo", "Zorobabel: Reconstruindo o templo" e

"Esquin de Floryac: O fim do templo", que conta a história maçônica do Templo de Yahweh, em Jerusalém, e que é leitura recomendada por diversas lojas de diferentes potências da maçonaria brasileira.

Em 22 de maio de 2009, após sentir-se mal em sua casa, Zé Rodrix faleceu, deixando uma vasta obra de alto nível em todas as áreas em que se dispôs a trabalhar. Sua esposa, Julia, considera que a filha, Bárbara Rodrix, herdou do pai a musicalidade e a exigência de excelência na produção de seus trabalhos. Seu primeiro disco foi totalmente produzido por ele.

Logo após a morte de Zé Rodrix, Bárbara fez um show em Curitiba homenageando o pai. Na noite anterior, ela sonhou com Zé pedindo que ela cantasse "Coisas pequenas", dele e de Tavito. Ela cantou e, nesse momento, não só Julia como boa parte da plateia chorou emocionada com a letra que diz:

... Obrigado pelas coisas pequenas
Que ainda bem você não esqueceu
Obrigado pelos dias de chuva
Em que você não deixou chover

E obrigado por estar no mundo
E obrigado por cuidar do que é meu
Muito obrigado e não esqueça nunca
Que eu continuo sendo sempre seu

IV
OS JINGLES

Os jingles sempre acompanharam as mudanças culturais e os movimentos musicais de cada época. Era comum que se apresentassem como marchinhas nos anos 1940, como bossa nova, twist ou chá-chá-chá nos anos 1960, e que visitassem o rock rural e a disco music nos anos 1970.

Buscando facilitar essa percepção e até permitir uma melhor contextualização de cada um deles, optou-se por classificá-los cronologicamente nesta parte do livro, dividindo-os por décadas.

Essa seleção se deu a partir de 1950, pelo fato de que as peças mais importantes até a década anterior foram apresentadas nos capítulos sobre a história do jingle e seus primeiros tempos no rádio. Foi levada em conta também a impossibilidade de obter informações completas e fidedignas a respeito das circunstâncias em que foram criados, uma vez que, obviamente, nas peças mais antigas as fontes e os registros apresentam imprecisões difíceis de apurar.

Os dados levantados sobre cada um dos jingles foram, em sua absoluta maioria, transmitidos por seus criadores e ou por profissionais envolvidos nos processos de produção, de maneira que eventualmente um ou outro ponto pode ter sido descrito com pequenas variações em relação aos fatos e datas, o que é perfeitamente normal quando se trata de informações reproduzidas a partir de relatos que dependem exclusivamente da memória dos entrevistados, sem de forma alguma ter a intenção de comprometer a qualidade e a veracidade das informações.

Esta parte final foi especialmente pensada para todos aqueles que gostam de jingles e querem conhecer ou relembrar o que de melhor foi produzido no Brasil nos últimos setenta anos. Nas próximas páginas você vai encontrar 192 jingles com as respectivas letras, as histórias dos produtos ou serviços que eles anunciaram, o contexto em que foram compostos, e poderá concluir o que os levou a fazer tamanho sucesso.

A maior parte dos jingles aqui apresentados pode ser ouvida no CD que acompanha esta obra. Os capítulos foram escritos justamente de maneira a oferecer ao leitor a possibilidade de acompanhar e enriquecer a audição das peças, destacando detalhes, nuances e curiosidades desconhecidas ou que muitas vezes passam despercebidas.

Esperamos que você goste, se divirta e se emocione.

ANOS 1950

Alka Seltzer

No início do século XX, os medicamentos dominavam as verbas publicitárias destinadas aos jornais, às revistas e às mídias exteriores, incluídas aí as placas, os cartazes e os bondes. A chegada do rádio só aumentou o interesse da indústria farmacêutica em divulgar e popularizar ainda mais os seus produtos em um país em que, já naquela época, o acesso ao atendimento de saúde de qualidade era privilégio de poucos.

Nesse cenário destacava-se o Laboratório Sidney Ross, um dos mais importantes anunciantes do período, que foi patrocinador de *Em busca da felicidade*, a primeira radionovela brasileira produzida pela Rádio Nacional, em 1941, e investiu maciçamente em jingles e *spots* para toda a sua linha de produtos, chegando a ter uma agência de publicidade própria.

Diante de tal ofensiva, a concorrência não podia ficar de braços cruzados e precisava contra-atacar. Foi o que fez Alka-Seltzer, popular antiácido que não queria perder mercado para Leite de Magnésia, Sonrisal e Pílulas de Vida do Dr. Ross, entre outros, e encomendou a Sivan Castelo Neto um jingle curto e rápido, que pudesse ser tocado várias vezes por dia e, consequentemente, memorizado com facilidade.

Sivan criou e produziu, no estúdio que levava seu nome, um jingle simples e direto que, além de repetir o nome do produto em suas duas únicas frases, não deixava dúvidas de que, apesar de existirem muitos antiácidos, nenhum era igual a Alka-Seltzer. O tema acabou por tornar-

-se a identidade sonora da marca durante muitos anos no Brasil, sendo lembrado até hoje pelas gerações que o ouviram no rádio.

Alka-Seltzer existe apenas um
E como Alka-Seltzer não pode haver nenhum

Biscoitos São Luiz

Para fazer sucesso, um jingle não precisa necessariamente ter uma melodia muito elaborada ou uma letra cheia de sacadas. Há inúmeros exemplos de peças simples, com rimas fáceis, ingênuas e até mesmo óbvias, que conseguem cumprir perfeitamente a sua função e transmitir a mensagem do anunciante de maneira plena e, o melhor, permanecer para sempre na mente do consumidor.

Seguramente esse é o caso de "A hora do lanche", jingle criado por Victor Dagô para Biscoitos São Luiz que tinha todas as características de sua obra: era direto, com alto poder de síntese e fácil de ser memorizado.

Mesmo que todos esses atributos tenham sido favorecidos pelos mais de dez anos que o tema permaneceu no ar no rádio e em comerciais para a TV, não se pode de forma alguma diminuir o mérito de Dagô, que com a mesma rapidez que criava seus jingles marcava permanentemente a memória até de quem não os ouviu quando foram veiculados, mas que conviveu com pais, tios e avós que sempre os cantavam.

É hora do lanche, que hora tão feliz
Queremos Biscoitos São Luiz
Pergunte à mamãe, pra ver o que ela diz
O biscoito mais gostoso é Biscoito
   São Luiz

É hora do lanche, que hora tão feliz
Queremos Biscoitos São Luiz
Queremos Biscoitos São Luiz

Cobertores Parahyba

Nos primeiros anos da TV no Brasil, na primeira metade da década de 1950, a programação ia ao ar apenas no período noturno, portanto com poucas horas de transmissão. Nessa época, a pioneira TV Tupi liderava a audiência; aos poucos passou a ampliar gradativamente a quantidade de programas e o tempo que ficava no ar, até que, ao final da década, era comum as atrações ultrapassarem a meia-noite.

Por conta disso, a emissora passou a receber telefonemas e cartas dos telespectadores solicitando que a programação se encerrasse mais cedo, pois estavam tendo dificuldades em fazer com que os filhos fossem dormir no horário adequado.

Assim como a programação, as receitas publicitárias estavam se ampliando e seria inconcebível diminuir a duração dos programas ou retirá-los do ar mais cedo. Para resolver o problema, a TV Tupi recorreu a uma solução criativa: encomendou a Mario Fanucchi, responsável pelas ilustrações das vinhetas exibidas entre os programas, um desenho animado em que o mascote da emissora, um simpático indiozinho, se recolhia à sua oca ao som de um jingle – criado pelo próprio Fanucchi em parceria com o maestro Erlon Chaves e interpretado pela cantora Lourdinha Pereira, que informava que era hora de criança ir para a cama.

A ideia deu tão certo que a situação se inverteu: em vez de os pais pedirem que os filhos fossem para a cama, as crianças passaram a aguardar a veiculação do desenho para espontaneamente irem dormir. Ao perceber isso, a Tecelagem Parahyba resolveu patrocinar as inserções e substituiu as animações originais por outro desenho animado produzido por César Mêmolo, fundador da Lynxfilm, principal produtora de comerciais em animação na época, na qual o indiozinho da Tupi dava lugar ao garotinho de pijama e gorro, símbolo do anunciante.

O sucesso que o jingle fazia não só com as crianças, mas também com os adultos, era tão grande que a empresa lançou, no início da década de 1960, pelo selo Chantecler, um disco com o tema gravado, que foi distribuído como brinde aos clientes.

Após esse comercial, outras versões foram veiculadas ao longo dos anos, sempre mantendo a essência da música original. Talvez isso explique por que tantas gerações foram para a cama ao som deste jingle cantado por mamães e vovós.

Já é hora de dormir
Não espere mamãe mandar
Um bom sono pra você
E um alegre despertar

Coca-Cola – "Isto faz um bem"

A Coca-Cola chegou ao Brasil em 1942 e, desde então, as campanhas publicitárias veiculadas no país eram adaptações das peças criadas pela agência de publicidade McCann Erickson nos Estados Unidos.

Em 1955, na tentativa de ganhar espaço no mercado de refrigerantes, que era dominado principalmente pelos guaranás e tubaínas, a filial brasileira da McCann desenvolveu uma campanha que tinha como *slogan* a frase "Isto faz um bem" – que fontes indicam que teria sido criado por Orígenes Lessa.

Consta que o próprio escritor procurou Sivan Castelo Neto para que ele criasse um jingle cuja proposta principal fosse aproximar a Coca-Cola dos costumes e tradições brasileiras. Por conta disso, o jinglista escolheu como gênero musical o coco nordestino, um estilo hoje praticamente desconhecido, mas que na prática se assemelha muito ao baião. Era necessário também produzir um comercial para TV, que, inacreditavelmente, foi filmado nos exíguos 26 metros quadrados do Estúdio Sivan.

O filme iniciava com o locutor Carlos Henrique apresentando cada um dos instrumentos envolvidos na gravação e, em seguida, a cantora Doris Monteiro interpretava o jingle caracterizada como baiana – tendo ao fundo os instrumentistas que a acompanhavam tocando e cantando no melhor estilo Carmen Miranda e o Bando da Lua.

Locução: O coco é uma das riquezas da música popular brasileira. Vamos conhecer os instrumentos do coco. Este é o tantã. Este é o reco-reco. Este é o gonguê. Este é o triângulo. Esta é a viola. E agora, o coco nordestino.
*
Coca-Cola, Coca-Cola, oi
   Me faz um bem
Coca-Cola, Coca-Cola, oi
   Pra nós também

Que pureza, que sabor, Coca-Cola tem
Nós queremos Coca-Cola. Coca-Cola
   faz um bem
*
Locução: Quando estiver cansado ou com sede, reanime-se com Coca-Cola. Isto faz um bem.
*
Coca-Cola para mim
Coca-Cola pra nós também

Grapette

🎤 Faixa 1

A repetição é um dos recursos mais utilizados nos jingles para facilitar a memorização do nome de produto e, como consequência, fazer com que o tema fique na mente e na boca das pessoas.

Pouquíssimos jingles, porém, recorreram a esse expediente de maneira tão explícita quanto o do refrigerante Grapette. Em uma época em que as opções de bebidas não alcoólicas eram bem mais limitadas, Grapette se destacava pelo seu sabor de uva, até então sem similar no mercado. Sabendo disso, Heitor Carillo criou um jingle que exaltava o sabor da bebida e o utilizava como pretexto para rimar dizendo que quem bebe Grapette repete. E, para reforçar ainda mais a ideia de repetição, ele repetia a mesma frase o jingle inteiro, que era para fixar bem que "quem bebe Grapette repete".

O jingle foi um sucesso e ficou repetindo na cabeça de muita gente durante décadas.

Quem bebe Grapette repete Grapette
Grapette é gostoso demais
Quem bebe Grapette repete Grapette
Grapette é gostoso demais
*
Locução: Beba Grapette. Você vai adorar seu delicioso sabor de uva. Grapette, um prazer que se renova em cada garrafa.

*
Quem bebe Grapette repete Grapette
Grapette é gostoso demais
Quem bebe Grapette repete Grapette, repete Grapette
Grapette é gostoso demais
Grapette é gostoso demais
Grapette é gostoso demais

Leite Glória

Na década de 1950, o mercado de leite em pó era praticamente dominado pelo leite Ninho, produzido pela Nestlé. Seu único inconveniente era que, na época, seu preparo não era instantâneo, sendo necessário ficar mexendo durante algum tempo para que se dissolvesse completamente.

Com o surgimento, na década seguinte, da versão instantânea do leite Glória, esse problema acabou: bastava acrescentar as colheres com o pó na água e pronto, tanto que seu *slogan* passou a ser "Desmancha sem bater".

Para divulgar essa característica do produto, o jinglista Miguel Gustavo foi chamado para fazer uma nova versão do jingle, que originalmente tinha sido interpretado por Lúcio Alves no fim dos anos 1950 com a seguinte letra:

Leite Glória, leite Glória
Eu só tomo leite...
Glória, leite Glória
Leite Glória tem melhor sabor
Leite Glória faz muito melhor
  o café com leite

Servido sozinho, bem geladinho
É o melhor alimento familiar
Leite Glória, leite Glória
Eu só tomo leite...
Glória, leite Glória

Entretanto, para a releitura da peça Miguel Gustavo se superou. Escreveu uma letra com um poder de comunicação muito maior, mais clara para consumidor e com sacadas geniais – como quando afirma que leite Glória é enriquecido com vitamina D, mas, em vez de citar a letra que identifica a vitamina, emenda com a nova frase que começa com "Dê". Coisa de mestre.

Uma outra característica da obra de Miguel Gustavo são as introduções bem-trabalhadas que se tornam praticamente um prefixo, como fez em peças como "Pra frente Brasil" ou no tema do *Programa do Chacrinha*. Neste jingle, mesmo com espaço de tempo menor, a introdução foi muito bem executada por um órgão, identificando facilmente a mensagem do anunciante que se inicia a seguir.

Leite Glória é puro
É cremoso, é leite integral
Leite Glória pra toda criança e
  para a família
Cada vez mais preferido
Não precisa ser fervido
Leite Glória é enriquecido com
  a vitamina...
Dê sempre aos seus filhos...
*
Locução: Leite Glória é instantâneo.
É leite de granja tipo A.
*
Leite Glória

Palmolive

Presente no Brasil desde a década de 1920, o sabonete Palmolive rapidamente se popularizou no país, sendo utilizado por diversas classes sociais. Seu nome se origina da fórmula desenvolvida nos Estados Unidos, em 1898, por Caleb Johnson, que criou um novo sabonete produzido à base de óleo de palmeira e azeite de oliva.

Com o aumento da concorrência no segmento de higiene pessoal no Brasil, a empresa, que já havia se fundido com a Colgate, intensificava cada vez mais suas inserções publicitárias, principalmente para fazer frente ao crescimento dos sabonetes produzidos pela Lever.

Criando peças para a Colgate-Palmolive desde os anos 1930, Gilberto Martins já havia produzido dezenas de jingles, *spots* e radionovelas para os produtos da empresa, e recebeu a encomenda para compor um jingle que destacasse o poder embelezador do sabonete Palmolive.

Martins apostou então num apelo que fizesse a consumidora utilizar o produto por vários dias, prometendo que sua beleza iria se reavivar e a pele ficaria lisa como a pétala de uma rosa. Além disso, conseguiu transmitir também, mesmo que de maneira indireta, que o sabonete teria duração prolongada, salientando o nome de cada um dos dias da semana intercalados pelo nome do produto.

Segunda, terça, quarta
Sabonete Palmolive
Quinta, sexta, sábado
E domingo, Palmolive
Em 14 dias mais beleza pra você
Você!
*
Locução: Sim, Palmolive, o sabonete da juventude, torna a cútis aveludada como pétala de rosa. Para um banho de beleza, palmolive-se dos pés à cabeça.
*
Em 14 dias é a beleza que revive,
  com Palmolive

Vinagre Castelo

Pouquíssimas marcas em todo o mundo conseguem chegar aos cem anos. Passar dessa idade então, menos ainda. Pouca gente atenta para o fato, mas no Brasil, o vinagre Castelo já ultrapassou essa marca e segue sendo comercializado em todo o país e também no exterior.

Como parte da história, há o registro de um jingle criado no início da década de 1950 por Gilberto Martins, que se inspirou nos sucessos de Carmen Miranda e escreveu um tema seguindo o estilo das músicas da cantora – que, possivelmente por residir nos Estados Unidos, não participou da gravação.

Com uma outra intérprete reproduzindo a sua maneira de cantar e com o coro reeditando o timbre dos integrantes do Bando da Lua, grupo que acompanhava Carmen, o jingle cumpriu bem sua função e pode ser considerado um retrato fiel e muito interessante do que a publicidade fonográfica brasileira produzia naquela época.

O vinagre Castelo é o melhor para mim
O vinagre Castelo é o melhor para mim
Enriquece a salada (Castelo!)
Melhora o tempero (Castelo!)
Faz o molho cheiroso e gostoso
É o vinagre verdadeiro
*

Locução: Tenha sempre em sua casa vinagre Castelo.
*
O vinagre Castelo é o melhor para mim
O vinagre Castelo é o melhor para mim
Castelo rende mais, porque é bom até o fim

ANOS 1960

Baterias Durex

Quando alguém pergunta o que é durex, as respostas podem ser variadas. A primeira que vem à cabeça é a fita adesiva transparente produzida pela 3M e utilizada para remendar papéis e outros objetos. Já em Portugal, Durex é uma marca de preservativo que acabou transformando-se em sinônimo de categoria, assim como a fita adesiva no Brasil.

Por aqui, Durex é também uma marca de bateria para automóveis que está no mercado há muitas décadas. Seu nome certamente foi escolhido por transmitir a ideia de maior durabilidade do produto, o que era fundamental em uma época em que não existiam as baterias seladas que nunca precisam de água.

Para divulgar o produto, Chico Oliveira, da Pauta, criou um jingle que afirmava justamente isso, ao garantir arranque instantâneo e maior duração. O tema foi gravado pelos Titulares do Ritmo, conjunto vocal composto por seis cegos afinadíssimos, que também eram sócios da produtora, entre eles o próprio Chico.

Durex! Durex!
Bateria Durex no seu carro
 ou caminhão
Durex! Durex!
Arranque instantâneo e maior duração
*
Locução: Com bateria Durex você tem a certeza de partidas rápidas, instantâneas. Complete o conforto de suas viagens com bateria Durex. Fabricada e garantida por Auto Asbestos S.A.
*
Bateria Durex!

Cera Dominó

Em uma época na qual praticamente todas as residências tinham assoalhos de madeira, tacos ou aqueles famosos cacos de ladrilhos vermelhos no alpendre ou nas áreas externas, encerar a casa era ao mesmo tempo uma tarefa odiada, mas também recompensada pelos olhares de admiração das visitas ao perceberem o brilho.

Evidentemente, para que o trabalho valesse a pena, seu resultado deveria durar o máximo de tempo possível, principalmente para quem não tinha enceradeira, utilidade doméstica desejada por dez entre dez donas de casa na década de 1960. Para isso, as mães proibiam correrias e brincadeiras das crianças dentro de casa, faziam os maridos tirarem os sapatos ao chegar do trabalho e nem em sonho os filhos adolescentes podiam pensar em dançar na sala com o chão enceradinho.

Sabendo de cada um desses problemas, Edison Borges de Abrantes, o Passarinho, tratou de criar um jingle que dizia que todos podiam pisar sem dó, se o chão fosse encerado com cera Dominó. A rima simples contribuiu muito para a rapidez da assimilação da frase, que logo virou *slogan* do produto e que até hoje é lembrada quando alguém cita a marca. E, já que a letra dizia que com a cera Dominó se podia dançar à vontade, nada melhor do que embalar o jingle com um twist, gênero musical altamente dançante que fazia grande sucesso naquele tempo.

Dance à vontade
Pule à vontade
Pise sem dó
Ai, ai
É cera Dominó
É cera Dominó
E se a cera é Dominó
Rende mais, dura mais, brilha mais

Pise sem dó
É cera Dominó
Pise sem dó
É cera Dominó
Do – mi – nó!

Crokinhos Kellogg's 🎤 Faixa 2

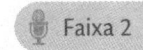

Quando a Kellogg's começou a operar no Brasil, em 1961, seus dois únicos produtos eram Corn Flakes e Sucrilhos. Este último se popularizou rapidamente e tornou-se sinônimo de cereal matinal no país.

Alguns anos depois, o fabricante lançou Crokinhos, versão nacional de Cocoa Krispies. Eram flocos de arroz sabor chocolate que traziam na embalagem um simpático macaco, o qual por aqui ganhou o nome de Chico, dando uma colherada em um prato do produto.

Para reforçar a campanha de lançamento, encomendaram um jingle a Maugeri Neto, que resolveu criar um samba para as crianças brasileiras se familiarizarem com o personagem. Para interpretá-lo chamou Germano Mathias, um dos mais famosos representantes do samba paulistano, que estava no auge do seu sucesso, para dar voz ao personagem. Este dizia no jingle que, apesar de gostar muito de samba, podia ficar sem cuíca, sem pandeiro e sem tamborim, mas não podia ficar sem os seus Crokinhos.

Sou o Chico do samba, sou o tal
Trago pra vocês a novidade legal
Crokinhos Kellogg's de arroz
  e chocolate
Deliciosos, nutritivos sem igual
De manhã, com leite, nem se fala
Puro, eu como a toda hora

Pode faltar cuíca, pandeiro e até
  tamborim
Tendo Crokinhos Kellogg's estou nessa
  boca até o fim
Anote: peça logo um pacote
Crokinhos de arroz e chocolate
Kellogg's!

Formicida Shell 🎤 Faixa 3

Existem alguns segmentos de produtos que raramente recorrem aos jingles para serem divulgados. Formicida certamente é um deles.

Quando Carlos Guerra, o Pança, trabalhava na Sonotec, certa vez Neneco, um excelente jinglista, músico e cantor, trouxe o pedido de um jingle para o formicida Shell, cujo uso era voltado especificamente para agricultores. Pança escreveu a letra, Neneco criou a base da melodia, gravaram uma prova, enviaram-na para a agência que atendia o anunciante e esqueceram da peça.

Um dia, o jingle apareceu gravado por ninguém menos que Wilson Simonal, que era contratado da Shell. O arranjo era totalmente diferente e foi feito por César Camargo Mariano bem ao estilo da pilantragem, gênero que marcou a carreira do cantor. Foi gravado pelo Som 3, trio que acompanhava o artista, formado por Mariano ao piano, Sabá no contrabaixo e Toninho Pinheiro na bateria, com o acréscimo de metais. Simonal, que era muito criativo, acrescentou, além do balanço, vários "cacos" na letra, deixando-a cheia das gírias características do seu jeito de cantar.

Como música, a peça ficou sensacional. Inclusive há relatos não confirmados de que ela teria sido interpretada também em shows do cantor. No entanto, do ponto de vista publicitário, o arranjo na levada da pilantragem talvez não fosse o mais indicado para atingir o público-alvo. Mas que ficou muito legal, ficou.

Formiguinha...
Acabou a sua vez
O grande guerreiro chegou
Você agora não tem vez. (Vez! Vez!)
(Quero ver) Formiguinha...
O seu tempo está contado
Chegou o formicida Shell
Pra acabar com seu reinado
O formicida Shell é superfulminante
É superdestruidor
Formicida Shell é superformicida
O amigo do agricultor

(Olha aí, formiga!)
O formicida chegou
(Se manda, formiga!)
O formicida chegou
(*Take it easy*, formiga!)
O formicida chegou
(Ahahaha!)
O formicida chegou
(Yeah!)

Forros Eucatex

Já houve um tempo em que boa parte das residências tinha seu forro confeccionado com Eucatex. Fosse pela praticidade, fosse pelo acabamento, ou até pela relação custo-benefício que o material proporcionava, seu uso era realmente muito disseminado.

Buscando divulgar o produto e tendo essa informação como mote, Victor Dagô recorreu à simplicidade e ao poder de síntese sempre presente em suas criações para compor um jingle em que deixava bem claro, para que não houvesse o menor espaço para dúvida na cabeça do consumidor, que, se a casa tem um teto e se esse teto tem um forro, esse forro só poderia ser Eucatex.

Com um arranjo fortemente inspirado nos sucessos da orquestra de Ray Conniff, o jingle, por ter uma letra curta, possui a peculiaridade de durar trinta segundos, embora tenha conteúdo lírico para ser cantado por apenas 15 segundos.

Esse recurso permitia que, quando a peça fosse veiculada com o formato de trinta segundos, metade dela fosse exclusivamente a repetição de "Forro é Eucatex", a última estrofe do jingle – o que deve ter colaborado, pelo próprio exercício da reiteração, para que o conceito fosse memorizado e na cabeça das pessoas se transformasse em um sinônimo.

Toda casa tem um teto
Todo teto tem um forro
Mais conforto, mais beleza Eucatex
Forro é Eucatex

Gazeta Esportiva

Faixa 4

Durante mais de cinco décadas, *A Gazeta Esportiva* foi o mais importante jornal de esportes do país. Circulando entre 1947 e 2001, quando passou a ter seu conteúdo publicado exclusivamente na internet, o periódico atravessou todo esse tempo realizando amplas coberturas de várias modalidades esportivas, com especial destaque para o futebol.

Em uma época em que a televisão ainda dava seus primeiros passos, só o rádio competia com a *Gazeta Esportiva*, que chegou a publicar quatro edições por dia durante a Copa do Mundo de 1958 para atualizar as notícias e atender seus ávidos leitores – algo impensável para um veículo de mídia impressa nos dias de hoje.

Para divulgar um jornal com uma história como essa, só mesmo um mestre como Maugeri Neto. Tendo no currículo "Leão do mar", o hino mais popular do Santos Futebol Clube, e "A Taça do Mundo é nossa", marcha em comemoração da conquista da Copa de 1958, Maugeri estava mais do que gabaritado para compor um tema para a *Gazeta Esportiva*. Usando sua *expertise*, escreveu um jingle que se assemelha muito a um hino de clube, desde a marcha escolhida para fazer a marcação rítmica até o vocabulário que exalta as qualidades do impresso, nada mais adequado para um jornal que diariamente trazia as conquistas de cada time.

Tradição do jornalismo bandeirante
Propulsora dos esportes no Brasil
Documento vibrante de vitórias
Registrando nossos feitos, nossas glórias

Gazeta Esportiva, patrimônio de raça e de fibra
Gazeta Esportiva, em cada página o Brasil inteiro vibra

Gordini

Lançado pela Willys Overland do Brasil como sucessor do Renault Dauphine, o Gordini ganhou as ruas em 1962 e era um carro concebido para brigar com o Fusca no segmento popular. Criado na França pela Renault, a qual a Willys tinha a licença para representar no Brasil, o Gordini tinha um motor que entregava quarenta cavalos de potência; por incrível que possa parecer, esse era o principal apelo de sua campanha publicitária, que destacava "40 hp de emoção". Mas esse não era o principal problema do carro.

O embate diário de sua frágil suspensão com as ruas e as estradas esburacadas do Brasil, aliado à facilidade com que a água virava vapor em seu radiador, lhe valeram o apelido de leite Glória, produto em pó que na época tinha como *slogan* "Desmancha sem bater". A (má) fama se espalhou rapidamente, restando à publicidade explorar outros atributos do Gordini. Foi o que fez o jinglista Edison Borges de Abrantes, o Passarinho, ao compor um jingle que enaltecia a economia de combustível e de cruzeiros que os donos de Gordini faziam; afinal, o carro rodava quase nove quilômetros na cidade com um litro de gasolina – um feito respeitável até hoje.

Eu viajei
Todo o Brasil
Fui de Gordini e como gostei
Subindo serras
Rodando sempre
Muitos cruzeiros ainda economizei

Gordini não bebe eu nunca vi
A gasolina dura muito mais
Se você pensa em economizar
Só o Gordini pode lhe ajudar
Isto é Gordini
Melhor não há

Na falta da robustez mecânica e de outros predicados além da economia de combustível, Passarinho voltou a criar uma nova versão de letra para o mesmo jingle, agora destacando a segurança contra roubos que o veículo oferecia. Curiosamente, a letra era cantada por um ladrão de carros que se indignava pelo fato de o Gordini possuir uma tranca inviolável que não abria nem com chave falsa, o que tornava impossível qualquer tentativa de roubo. Será?

Tentei, tentei
Não consegui
Melhor agora é sumir daqui
É uma tranca, inviolável
Isto é Gordini e eu então vou desistir
Fazer muita força, tentar chave falsa

Tudo já fiz sem nada adiantar
Agora eu sei que quem comprar
   Gordini
Dorme tranquilo sem se preocupar
A hora é boa pra desviar

Lâmpadas GE

Existem campanhas publicitárias que, por conta de uma grande sacada criativa ou por carregarem um elemento de comunicação cativante, acabam se popularizando e ganhando espontaneamente as ruas e influenciando o comportamento das pessoas.

Esse é o caso das Lâmpadas GE, cuja campanha na década de 1960 tinha um jingle composto por Edison Borges de Abrantes, o Passarinho, que dizia que se a lâmpada queimasse não adiantava reclamar nem bater o pé; em seguida, o ruído de pés batendo fortemente no chão era ouvido. Foi o que bastou.

Para desespero dos professores, não era necessário nem esperar a lâmpada queimar: bastava que uma fosse desligada para que a classe inteira cantasse os primeiros versos do jingle e iniciasse a barulheira com dezenas de pés pisando forte no assoalho.

Até hoje, quem foi criança ou adolescente naquela época se lembra da brincadeira e do jingle, num típico caso de campanha com *recall* espontâneo que já dura décadas.

Se a lâmpada queimar
Não adianta estrilar
Nem bater o pé (tum, tum!)
O que resolve
É ter logo a mão
Lâmpadas GE

Se você acende a lâmpada GE
Faz a diferença, é lâmpada GE
Quem avisa amigo é
Tenha sempre em casa
Lâmpada GE

Maionese Hellmann's

Faixa 5

Até a década de 1960, para se fazer um prato que incluísse maionese como ingrediente era necessário prepará-la em casa, manualmente, pois não existia nenhum fabricante nacional do produto.

Foi só em 1962, quando a Maionese Hellmann's foi introduzida no mercado, que esse panorama começou a mudar. E, apesar de facilitar a vida de quem já conhecia o molho, a marca tinha o desafio de apresentá-lo ao imenso público que não tinha o hábito de consumi-lo.

Maugeri Neto foi incumbido de criar um jingle para cumprir essa missão. Com muito talento, além de estimular os novos consumidores a experimentar a maionese afirmando que com ela era possível todo dia fazer um prato novo, ele conseguiu sugerir uma série de alimentos que poderiam ser incrementados com o produto.

Esta peça, que foi produzida na RGE, traz ainda uma curiosidade em relação à pronúncia do nome do produto, que, diferentemente do que estamos acostumados a ouvir atualmente, desprezava o "H" com som de "R", pronunciando Maionese "Ellmann's".

Locução masculina: Com maionese Hellmann's você faz todo dia um prato novo.

*

É bom fazer todo dia um prato novo
Use sempre maionese Hellmann's

Nas saladas, maionese Hellmann's
Nos peixes e assados, maionese Hellmann's
*
Locução feminina: Saladas, frios, sanduíches, canapés ficam mais deliciosos com maionese Hellmann's.
Locução masculina: Gostosa, pura como a que você faz.
*
É um sucesso maionese Hellmann's

Metalic

Na década de 1960, ainda era muito comum as pessoas comprarem os tecidos que mais lhes agradavam e encomendarem a costureiras e alfaiates a confecção de suas roupas, sobretudo quando tinham festas ou eventos importantes.

Nessas ocasiões, a escolha de tecidos especiais que dessem o melhor caimento possível e proporcionassem distinção a quem os vestisse era fundamental para garantir elegância e destaque social. Sabendo disso, a Tecelagem Columbia encomendou na produtora Pauta um jingle para a Metalic, sua linha de tecidos especiais, que transmitisse justamente a ideia de requinte e exclusividade que os produtos conferiam aos vestidos fabricados com eles.

Focado nessa premissa, Chico Oliveira, um dos sócios e compositor da Pauta, resolveu utilizar como base para a peça a canção "It's all right with me", que Cole Porter escreveu em 1953 para o musical da Broadway *Can-Can* e que posteriormente se popularizou em todo o mundo nas vozes de Ella Fitzgerald e Frank Sinatra, entre vários outros.

Trabalhando apenas com um pequeno trecho da melodia, Chico criou uma letra que dizia, rimando diretamente, que para o vestido ser chique o tecido tinha que ser Metalic – e chamou ninguém menos que Lúcio Alves para interpretá-la, emprestando ainda mais sofisticação para o jingle.

Nas felizes ocasiões
Em qualquer estação do ano
Se o vestido é muito chique
O tecido é Metalic
O tecido é Metalic
Muito chique, Metalic

Muito chique, Metalic
*
Locução: Exija na auréola a etiqueta Metalic, garantida por Tecelagem Columbia.

Nescau – "Tem gosto de festa"   Faixa 6

Até 1961, o achocolatado Nescau tinha a frase "Gostoso como uma tarde no circo" como *slogan*. No entanto, naquele ano, houve uma tragédia sem precedentes, ocorrida na cidade de Niterói (RJ). Na matinê lotada da tarde de domingo, 17 de dezembro, a lona do Gran Circo Norte-Americano foi incendiada, matando mais de quinhentas pessoas. Por conta disso, o *slogan* obviamente deveria ser abandonado imediatamente.

O desafio da troca ficou a cargo de Heitor Carillo e Maugeri Neto, que conceberam "Nescau tem gosto de festa", o *slogan* que durante muitos anos foi indissociável do achocolatado da Nestlé, e ainda criaram e produziram um jingle para que o novo posicionamento alcançasse mais rapidamente o público infantil – sem esquecer, é claro, dos pais, que, afinal de contas, eram os responsáveis pela compra do produto. O jingle, além de veiculado no rádio, ganhou também um comercial para TV em que um grupo de crianças cantava o tema numa festa infantil, na escola e até fazendo exercícios, ilustrando literalmente tudo o que a letra contava.

Nescau tem gosto de festa
Dá mais vontade de brincar
Nescau dá força e alegria
Dá mais desejo de estudar
O novo Nescau é instantâneo
E se prepara sem bater

Nescau é vitaminado
Para as crianças fortalecer
Nescau, Nescau, Nescau
Para-tim-bum!

Nugget

Entre o final dos anos 1950 e o início dos anos 1960, um novo ritmo passou a dominar as pistas de dança no Brasil. Nascido em Cuba, rapidamente o chá-chá-chá se popularizou em toda a América, e tudo quanto era orquestra ou cantor tratou de aproveitar a onda e lançar algum *hit* dentro do novo estilo. Mesmo que a música originalmente não tivesse sido composta especificamente para o gênero, um bom arranjo sempre dava um jeito.

Com a publicidade não foi diferente. Vários anunciantes encomendaram jingles em ritmo de chá-chá-chá, e Victor Dagô criou um dos mais memoráveis para a Nugget, uma marca de pomada – popularmente conhecida como graxa – para calçados que até hoje é encontrada em supermercados e possivelmente ainda seja líder em vendas.

Aproveitando o ritmo que os engraxates costumam imprimir ao dar brilho em um sapato, Dagô sugere no jingle de Nugget – de forma subjetiva, é verdade – que o profissional substitua a batucada e o sambinha na flanela por um legítimo chá-chá-chá.

Nugget, chá-chá-chá!
Esta latinha redondinha de Nugget
Faz meu sapato brilhar
Basta um pouquinho de Nugget e uma escova, chá-chá-chá!
Pro meu sapato lustrar
*
Locução: Nugget penetra no couro, mantém a flexibilidade. Uma fina camada, uma rápida escovada e pronto! Nugget, mais vida para o seu calçado.
*
Nugget, Nugget
Que bom que Nugget é
Chá-chá-chá!

Pão Pullman

Criado a partir da fusão de elementos do jazz e do rock, o twist é um ritmo que se difundiu por todo o mundo no início dos anos 1960. Um de seus principais expoentes foi Chubby Checker, com *hits* como "Let's twist again".

No Brasil, o gênero também fez grande sucesso, com artistas como Tony Campelo e Carlos Gonzaga entrando na onda – e até mesmo com a propaganda aproveitando a popularidade do estilo dançante.

Foi o caso do jingle que Chico Oliveira criou na Pauta para o pão de forma Pullman. Com o andamento ligeiramente mais lento que os twists tradicionais, mas com os maneirismos vocais dos grupos de *doo-wop* dos anos 1950, a peça contava todas as características que o produto apresentava, embalada com uma levada envolvente que dava vontade de dançar.

Realmente o pão
O novo pão (Pullman)
Novo pão (Pullman)
Mais macio, mais gostoso
Torra igual dos dois lados, você vai adorar
Em nova embalagem você vai encontrar
O novo pão (Pullman)

Novo pão (Pullman)
É microtextura
É uma gostosura
O novo pão (Pullman)
Finalmente o pão (Pullman)
Realmente o pão (Pullman)
Novo, novo pão (Pullman)

Pernambucanas – Natal

Algumas vezes, um jingle de grande sucesso nasce ocasionalmente a partir de uma simples sugestão. Esse foi o caso do tema de Natal das Casas Pernambucanas.

Carlos Guerra, o Pança, trabalhava como contato publicitário na produtora Pauta. Após visitar uma agência, voltava a pé, quando resolveu se sentar em um banco da Praça da República para descansar do intenso calor que fazia. Quando olhou para frente, percebeu que estava diante do prédio onde funcionava a agência BMS e resolveu fazer uma visita. Conversando com um dos proprietários, como já estava próximo do fim do ano, sugeriu um jingle de Natal para as Casas Pernambucanas, que eram um dos clientes da agência. Ideia aprovada, Pança voltou no dia seguinte para apanhar o *briefing*. Na Pauta, Chico Oliveira ficou responsável pela música, enquanto a letra ficou a cargo de Joaquim Alves, o Costa, seu sócio e colega do Titulares do Ritmo – que, aliás, interpretaram a peça acompanhados da cantora Clélia Simone. O arranjo ficou a cargo do maestro Chiquinho de Moraes.

No ar desde 1964, a cada final de ano o jingle ganha novas versões, mas sempre mantendo a sua essência – tornando-se possivelmente um dos jingles mais antigos ainda veiculados.

Dezembro, vem o Natal
Os presentes mais bonitos
As lembranças mais humanas
Pra seus entes queridos todos
   vão comprar

Nas Casas Pernambucanas
Em todos os lares
A paz seja total
E mais os nossos votos
De um Feliz Natal!

Pernambucanas – "Quem bate?"   🎙 Faixa 7

Quando uma ideia é boa, resiste ao tempo, à moda e até ao frio. Este é o caso do jingle criado por Heitor Carillo e produzido na Magisom para as Casas Pernambucanas em 1962. Nele o autor conta que, com a chegada do inverno, nem adiantava o frio bater à porta da casa das pessoas. Se elas tivessem passado antes nas Pernambucanas e reforçado o estoque de lãs, flanelas e cobertores, ele não iria entrar de jeito nenhum.

Inicialmente veiculado apenas no rádio, passou a ser exibido também, devido a sua grande repercussão, como comercial de TV produzido pela Lynxfilm; nele, um desenho animado ilustrava tudo o que o tema enunciava, mostrando uma espécie de boneco de neve que era esmagado pelo logotipo do anunciante ao tentar entrar na casa de uma cliente.

Por conta do enorme sucesso, o jingle foi veiculado em sua versão original durante vários invernos e depois ganhou inúmeras releituras até os anos 2010, sendo que todas as gerações, desde seu lançamento, certamente já o ouviram alguma vez.

Técnica: Toc. Toc. Toc.
Locução feminina: Quem bate?
Locução masculina: É o frio.
*
Não adianta bater
Eu não deixo você entrar
As Casas Pernambucanas

É que vão aquecer o meu lar
Vou comprar flanelas, lãs e cobertores
Eu vou comprar
Nas Casas Pernambucanas
E nem vou sentir
O inverno passar

Varig – "Estrela brasileira" 🎙 Faixa 8

Em 1960, Clovis Hazar, diretor de propaganda da Varig, solicitou à agência de publicidade que atendia a empresa uma campanha de fim de ano que tivesse uma mensagem musical de Natal. José Bonifácio de Oliveira Sobrinho, o Boni, trabalhava na agência e, enquanto criava o roteiro para o comercial, pediu ao amigo Caetano Zamma um jingle, com a ressalva de que Rubem Berta, fundador da companhia, queria que a palavra "jato" estivesse obrigatoriamente na letra. Era um desafio e tanto para alguém que estava começando a trabalhar como jinglista.

Apesar da aparente dificuldade inicial, Zamma conseguiu fazer um jingle lindo, que virou a mensagem de Natal oficial da Varig e permaneceu no ar por 46 anos ininterruptamente. Pensado inicialmente para ter a duração de trinta segundos, acabou ficando com 45, porque Zamma, buscando dar uma identidade mais brasileira ao tema, escolheu fazer uma marcha-rancho. E o mais curioso é que em nenhum momento a Varig é citada na letra, a não ser na tradicional assinatura.

Em sua primeira versão, o jingle foi gravado por Clélia Simone na RGE e exibido em um comercial em animação que mostrava notas musicais ao fundo e a letra da música na porção inferior do vídeo, onde o círculo com a rosa dos ventos, elemento símbolo da companhia, ajudava o espectador a acompanhar a música pulando de sílaba em sílaba – no melhor estilo "siga a bolinha luminosa" dos desenhos animados de antigamente.

A cada ano, Zamma negociava pessoalmente com Carlos Ivan Siqueira, diretor de comunicação da Varig, a regravação do jingle, que ao longo das mais de quatro décadas que permaneceu no ar foi gravado por artistas dos mais diferentes estilos, dos Titulares do Ritmo a Xuxa e de Jorge Ben Jor a uma orquestra sinfônica.

Estrela brasileira no céu azul
Iluminando de norte a sul
Mensagem de amor e paz
Nasceu Jesus, chegou o Natal

Papai Noel voando a jato pelo céu
Trazendo um Natal de felicidade
E um ano novo cheio de prosperidade
Varig! Varig! Varig!

Varig – "Seu Cabral" – Portugal

Muita gente não sabe, mas a música de abertura do Programa Silvio Santos foi composta por Archimedes Messina, em 1965. Inicialmente criada para servir de prefixo ao comunicador em seu programa que ia ao ar pela Rádio Nacional de São Paulo, logo tornou-se conhecida em todo o país, com a atração sendo apresentada também pela TV.

O sucesso do tema acabou chamando a atenção de Carlos Ivan Siqueira, diretor de comunicação da Varig, que, em 1967, convidou o compositor para criar um jingle para a linha Rio–Lisboa–Rio operada pela companhia aérea.

Messina aceitou, e logo pensou em Pedro Álvares Cabral como personagem de uma historinha em que o descobridor, simpaticamente tratado como Seu Cabral, chegava ao Brasil e – apesar de ser muito bem recebido e encontrar "uma terra linda e generosa" – acabava sentindo saudade de Portugal e, em vez de regressar de caravela, voltava em um avião da Varig. Na primeira parte, o jinglista criou a melodia como um típico folclore português, uma espécie de vira em andamento um pouco mais lento. Após uma pequena fala do personagem, a letra diz que Cabral sentiu no peito a saudade de casa. Nesse trecho, o autor teve a ideia brilhante de transformar a música em um fado; afinal, nenhum outro estilo descreve melhor a dor de estar longe de quem se gosta – e o que é melhor, também é um ritmo tipicamente lusitano.

Quem interpreta a peça é a cantora portuguesa Ilda de Castro, que, coincidentemente, fazia uma turnê pelo Brasil na época da gravação. O arranjo ficou a cargo do maestro Chiquinho de Moraes, que também trabalhava na Sonotec com Archimedes Messina. Inicialmente o jingle tocou exclusivamente no rádio, mas pouco tempo depois ganhou um comercial de TV em desenho animado que mostrava toda a aventura do Seu Cabral.

O sucesso foi tão grande que, espontaneamente, começou a ser cantado como marchinha carnavalesca e foi o grande campeão dos bailes no Carnaval de 1968.

Seu Cabral ia navegando
Quando alguém logo foi gritando:
Terra à vista!
Foi descoberto o Brasil
A turma gritava: Bem-vindo Seu Cabral!
*
Seu Cabral: Escreve aí, ó Caminha, para o nosso querido rei, que a terra é linda e generosa e com gente muito bondosa.
*
Mas Cabral sentiu no peito
Uma saudade sem jeito
*
Seu Cabral: Volto já pra Portugal. Quero ir pela Varig!

Varig – "Urashima Taro" – Japão

Em 1968, a Varig inaugurou linhas regulares para o Japão. Com o sucesso que havia feito com o Seu Cabral para a campanha do destino Portugal no ano anterior, Archimedes Messina foi convocado a criar o jingle para divulgar que agora a companhia voava para a Terra do Sol Nascente. Dessa vez, o jinglista sentiu um pouco de dificuldade para conseguir desenvolver a letra e a música juntas da maneira que estava habituado. Um dia, caminhando na praia, veio à sua cabeça uma melodia oriental e então resolveu voltar imediatamente ao trabalho para não perder a inspiração. Restava agora escrever o texto que deveria ser cantado.

Pesquisando, encontrou a lenda japonesa de Urashima Taro, um pescador que salvou uma tartaruga marinha de um grupo de garotos que a estava maltratando. Algum tempo depois, uma tartaruga maior apareceu e contou que o animal salvo era a filha do Imperador do Mar e que ele gostaria de agradecer pessoalmente ao pescador. Magicamente, brânquias surgiram em Urashima e, segurando o casco da tartaruga, ele mergulhou no fundo do mar. Foi recebido pelo Imperador, e a tartaruguinha agora havia se transformado em uma princesa linda. O pescador tornou-se hóspede de honra do palácio, onde passou a morar, sendo constantemente homenageado. Apesar de toda a alegria, ele pediu para retornar a sua terra, pois estava com saudade de tudo e de todos. Quando se despediu, a princesa o presenteou com uma arca que só deveria ser aberta quando ele se tornasse muito idoso. Assim que colocou os pés novamente em terra firme, percebeu que tudo estava completamente modificado. Os locais tinham se transformado e não conseguia reconhecer ninguém em sua vila natal. Passou a questionar se alguém conhecia Urashima Taro. Muitos disseram que tinham ouvido histórias a respeito de um pescador que tinha esse nome e que desaparecera no mar havia mais de trezentos anos. Chocado com o que descobriu, voltou para a praia com esperança de encontrar novamente a tartaruga. Como ela não apareceu, resolveu abrir a arca que havia ganhado da princesa. Então, foi envolvido por uma nuvem de fumaça e, instantaneamente, seu corpo tornou-se velho e encurvado, e uma longa barba branca surgiu. Do mar ouviu a voz da princesa dizendo: "Eu disse que a arca não deveria ser aberta. Todos os seus anos estavam dentro dela". Sem saber, Urashima Taro havia perdido a eterna juventude para sempre.

Messina resolveu adaptá-la exatamente no mesmo estilo do Seu Cabral. Trouxe Urashima ao Brasil e, quando ele sentiu saudade de casa, em vez de voltar com a tartaruga, voltou com a Varig. O jingle foi gravado na Sonotec, recebeu arranjo do maestro Chiquinho de Moraes e foi cantado por Rosa Miyake, cantora de grande destaque na comunidade nipo-brasileira e apresentadora durante mais de trinta anos do programa *Imagens do Japão*.

Assim como Seu Cabral, o jingle foi outro sucesso imediato que também virou marchinha de Carnaval, tendo ainda ganhado versão Jovem Guarda em arranjo do maestro Pocho e versão em japonês de Hidenori Sakao – sendo gravada também pelo guitarrista Poly e pela própria Rosa Miyake em seu álbum *Em Tokyo*, de 1968.

Os jingles

Urashima Taro
Um pobre pescador
Salvou uma tartaruga
E ela como prêmio
Ao Brasil o levou
*
Pelo reino encantado
Ele se apaixonou
E por aqui ficou
*

Passaram muitos anos
De repente, a saudade chegou
E uma arca misteriosa
De presente ele ganhou
*
Ao abri-la quanta alegria
Vibrou seu coração
Encontrou uma passagem da Varig
E voou feliz para o Japão

A melodia do jingle Urashima Taro inspirou nos anos seguintes dois novos jingles, também interpretados por Miyake. O primeiro, para divulgar a Expo '70, em Osaka.

Urashima Taro
Voltou para o Japão
Foi rever a sua gente
Visitar sua nação
*

A cada passo uma alegria
Em toda parte a tradição
Estará em Osaka em 70
Para ver a Exposição

O outro, para os novos voos semanais que no início da década de 1970 já eram quatro:

Agora é mais fácil voar para o Japão
Quatro voos semanais à sua disposição
Povo gentil. Povo irmão
Unidos pela Varig Brasil e Japão

Todos esses jingles foram exibidos em comerciais para TV, que contavam visualmente o que a letra da música apresentava por meio de desenhos animados criados por Ruy Perotti e produzidos pela Lynxfilm.

Volkswagen – "Besouro"

Walter Santos já era um compositor, cantor e instrumentista renomado, com discos gravados, quando foi convidado por José Bonifácio de Oliveira Sobrinho, o Boni, a participar de uma concorrência para criar um jingle de uma campanha da Alcântara Machado Publicidade para a Volkswagen.

Como nunca tinha feito nenhum trabalho para propaganda, Walter se arvorou na sua experiência como músico e compôs uma bossa nova para o Fusca – que, aliás, ainda não tinha esse nome; era chamado apenas de Sedan ou simplesmente de Volkswagen. Por conta disso, o compositor teve uma sacada ao perceber que o carro parecia um besouro, sendo por isso chamado de Beetle no exterior, e resolveu apelidá-lo de besourinho na letra, acabando por criar uma maneira simpática de se referir ao automóvel.

O jingle ganhou a concorrência e fez um grande sucesso no ar, abrindo as portas de uma nova profissão para Walter Santos – que logo em seguida criou outros jingles para toda a linha de veículos da Volkswagen, os quais, assim como este, seriam produzidos na Pauta.

Esse carrinho que parece
 um besourinho
Que tem tanto na cidade
Que é sucesso mundial
É o sedan da Volkswagen

Carro valente e popular
Besouro que vale ouro
Porque foi criado pra economizar
(Que carrega a gente pra qualquer
 lugar)

Volkswagen – Karmann-Ghia

A união da mecânica alemã com o *design* italiano deu ao mundo um dos mais belos carros já produzidos: o Karmann-Ghia. Feito também no Brasil pela Volkswagen a partir de 1962, o automóvel foi um dos mais cobiçados durante os dez anos em que foi fabricado com seu desenho original. Desejado por jovens e adultos, executivos e donas de casa, o Karmann-Ghia conseguia seduzir os mais diferentes públicos por ser um esportivo que transmitia, ao mesmo tempo, elegância e status a quem o dirigia. O único problema era que a potência de seu motor estava muito aquém do que seu *design* sugeria. Mas naquela época ninguém estava realmente muito preocupado com isso.

Com tantos pontos positivos a ressaltar, Walter Santos criou e cantou um jingle bossa nova, que exalta justamente a exclusividade procurada por quem comprava o carro. Ele conta a história de alguém que estava muito satisfeito ao comprar um Karmann-Ghia, por ser um carro elegante sem exagero e com a vantagem de contar com a mecânica Volkswagen.

Pensei, pensei, fiquei com Karmann-
 -Ghia
Eu acertei comprando Karmann-Ghia
Carro de classe, sem ostentação
E a mecânica é uma perfeição

É Volkswagen isto é garantia
É importante ter um Karmann-Ghia
É elegante ter um Karmann-Ghia
Vamos nós dois rodar de Karmann-
 -Ghia

Volkswagen – Kombi

Da mesma safra de jingles que Walter Santos criou, interpretou e produziu na Pauta para diversos modelos Volkswagen na década de 1960, a peça para a Kombi Luxo foge um pouco da fórmula dos anteriores, que utilizavam uma bossa nova suave como base. Desta vez, Santos usou uma espécie de marcha acelerada marcada no *hi-hat* da bateria e pontuada melodicamente por flauta, e escreveu uma letra que enaltece as qualidades do veículo anunciado.

E no caso da Kombi elas não faltavam. Com espaço para nove pessoas, era o veículo ideal para transportar famílias numerosas em viagens, passeios e, principalmente, para a praia, destino utilizado como tema no jingle, com destaque para a possibilidade de carregar até um barco como acompanhante. Não havia naqueles tempos carro com melhor relação custo-benefício para levar tanta gente, além de ter uma grande vantagem em relação a seus concorrentes: o motor da Kombi não fervia na subida da serra, pois era refrigerado a ar.

Domingo alegre e cheio de sol
Hoje o programa é praia, é mar
Toda família canta feliz
Pois desta vez ninguém vai ficar
Na Kombi Luxo eu posso levar

Até um barco para remar
Suavemente vamos rodar
Na Kombi Luxo há sempre lugar
Na minha Kombi há sempre lugar

Volkswagen – Teto solar

Em meados da década de 1960, a Volkswagen lançou no Brasil o Fusca com teto solar – na época, chamado apenas de Volkswagen. Para divulgar o lançamento do modelo com o novo acessório, a Alcântara Machado Publicidade encomendou a Walter Santos um jingle cuja ideia principal era contar que com o teto solar as pessoas podiam tomar sol enquanto dirigiam, os passageiros podiam apreciar o céu – enfim, um produto que tinha tudo para fazer sucesso. Mas não foi bem isso que aconteceu.

Santos criou um jingle lindo, que ele mesmo gravou na Pauta com sua inconfundível batida de bossa nova ao violão, contando com muito bom gosto tudo o que o *briefing* pedia. No entanto, como estamos no Brasil e por aqui quase tudo vira motivo de piada, um jingle excelente não foi capaz de impedir que começassem a dizer que o Volkswagen com teto solar tinha sido desenvolvido para motoristas que tinham galhos na cabeça, e logo o carrinho ganhou o apelido de cornowagen, encalhando nas concessionárias. Como pouquíssimos foram produzidos, hoje os colecionadores pagam uma nota preta por um modelo desses em bom estado.

Teto solar, teto solar
Olha o céu!
Olha o sol!
O Volkswagen tem teto solar
Tão bom!
Volkswagen agora tem teto solar
Pra gente olhar o céu

E toda a natureza mais perto de nós
Em um banho de sol dentro de um
   Volkswagen
Olha o céu!
Olha o sol!
O Volkswagen agora tem teto solar

ANOS 1970

Bala de leite Kid's
🎤 Faixa 9

Durante muito tempo, quando as produtoras iam apresentar um jingle para um anunciante, era comum levarem uma fita cassete com a prova, que nada mais era do que o tema interpretado com voz e violão, sem mais nenhum instrumento. Caso o cliente aprovasse, seria feito um arranjo e vários músicos seriam convocados para a gravação, assim como um coro de vozes, para que a versão final fosse produzida.

O uso da prova com voz e violão se justificava pela rapidez com que era gravada e, principalmente, por não desperdiçar dinheiro contratando vários profissionais sem ainda saber se a peça seria aprovada.

Foi justamente uma prova que Renato Teixeira gravou quando compôs, em 1978, um jingle para a bala de leite Kid's. Quando o fabricante do produto ouviu, gostou tanto que dispensou qualquer arranjo para vários instrumentos. Decidiu que eram o violão e a voz de Renato que deveriam ir ao ar. Produzido na MCR com a participação de Sérgio Mineiro e a direção de Sérgio Campanelli, o jingle serviu de trilha para o comercial, no qual um grupo de crianças se reunia em torno de um baleiro e, enquanto ele era girado, todos cantavam o jingle até que ele parasse e um dos garotos pegasse uma bala de leite Kid's.

Renato foi tão cuidadoso nos detalhes do jingle que no início o andamento da melodia é bem lento e aos poucos vai aumentando, a medida que o baleiro ganha velocidade. Ao se aproximar do final, entra em ralentando até parar, assim como o baleiro.

Roda, roda, roda baleiro, atenção!
Quando o baleiro parar põe a mão
Pegue a bala mais gostosa do planeta
Não deixe que a sorte se intrometa

Bala de leite Kid's
A melhor bala que há
Bala de leite Kid's
Quando o baleiro parar

Bamerindus – "O tempo passa"

Até hoje as emissoras de rádio costumam informar a hora certa a cada bloco de programação. Nos anos 1970, em uma época em que não existiam *tablets* e *smartphones*, uma grande parcela dos ouvintes ligava o rádio justamente para saber a hora e acertar o relógio. Sabendo disso, o Banco Bamerindus resolveu fazer uma ação para sua poupança patrocinando a hora certa de várias emissoras de rádio. Era uma vinheta de 15 segundos, na qual os instantes iniciais eram preenchidos pelo tique-taque de um relógio, seguidos de uma janela para o locutor informar a hora – e depois entrava o jingle.

Criada por Walter Santos e produzida no Nossoestúdio, a peça tinha uma levada de jazz e uma rima curta que facilmente grudava no ouvido, se popularizando rapidamente e fazendo grande sucesso.

Na década de 1990, após o confisco das poupanças promovido pelo governo Collor, os bancos tinham dificuldade em reconquistar os investidores escaldados com as perdas que haviam tido. Sérgio Reis, diretor de marketing do Bamerindus, resolveu reutilizar o jingle e pediu à agência Colucci que criasse uma série de filmes para que os músicos do Grupo 3 do Rio – uma escolha perfeita do diretor de comerciais Andrés Bukowinski – pudessem interpretar o tema das mais diferentes formas, do sertanejo ao jazz, da polca à tarantela, em versões adaptadas pelo próprio Walter Santos; elas ajudaram, e muito, o banco a recuperar o vigor dos depósitos na poupança em um prazo de tempo muito mais curto do que imaginavam. Houve ainda uma sustentação da campanha exclusivamente no rádio com versões do jingle em vários idiomas.

O tempo passa, o tempo voa
E a Poupança Bamerindus continua numa boa
É a Caderneta Bamerindus

Bamerindus – Poupança Programada

O Banco Bamerindus era um anunciante apaixonado pelas coisas do Brasil e encontrou em Walter Santos e Tereza Souza a parceria perfeita para reproduzir essa brasilidade em suas peças musicais, que, durante mais de 25 anos, retrataram as nuances e as características dos elementos culturais e das pessoas de cada canto do país.

Desde a campanha "Um grande abraço", na qual cada localidade que tivesse ou ganhasse uma agência do banco recebia também um tema em sua homenagem contando a história daquela comunidade, Walter e Tereza construíram uma identidade sonora que logo nos primeiros acordes fazia todos prestarem atenção – e que passou a fazer parte de toda a comunicação do banco, da espera telefônica aos comerciais de TV.

Para aproximar ainda mais o anunciante do seu público, também foram produzidas campanhas direcionadas a produtos e clientes específicos, como o caso da Poupança Programada Bamerindus, que ganhou um jingle de Walter e Tereza focado exatamente no público nordestino que migrou para as grandes cidades, prosperou e precisava fazer uma poupança para se casar. Para que a interação fosse ainda maior, o tema era um forró interpretado por Luiz Gonzaga acompanhado por Dominguinhos no acordeom.

Vem menina
Vem meu coração
A gente dessa vez vai pro altar
Com dinheiro não se avexe não
Pois nunca foi tão fácil se poupar
Essa Poupança Programada Bamerindus
Facilita a economia e a gente paga
　com carnê
É só abrir a caderneta numa agência
　Bamerindus
Depositando todo mês
E o dinheiro vai crescendo,
vai rendendo
E no fim do prazo certo a gente lucra
　de uma vez
Para o ano vamos nos casar,
　pois homem de palavra está aqui
A menina pode confiar, espalhe essa
　notícia por aí
Com a Poupança Programada
　Bamerindus, meu filho, só não casa
　quem for mole
Eu já tô casado
Poupança Programada Bamerindus

Bamerindus – Natal

Jingles de Natal, em geral, remetem a cenas das festas natalinas norte-americanas ou europeias, que pouco ou nada têm a ver com a realidade vivida em nosso país. Não faz sentido falar dos flocos de neve caindo sobre o pinheiro quando por aqui estamos em pleno verão.

Foi justamente desse clichê que Walter Santos e Tereza Souza procuraram fugir ao terem a oportunidade de criar, em 1973, um jingle de Natal para o Banco Bamerindus. Eles preferiram utilizar o sentimento de agradecimento suscitado pela data para que a época fosse marcada justamente pela gratidão, pelo amor e pela paz.

Com uma melodia marcada por uma valsa muito delicada, a letra conta que o Menino, ao chegar, traz nas mãos uma esperança e um sorriso porque é Natal, fazendo renascer em todo o mundo um sentimento de amor e paz representado por uma canção. Uma poesia e um lirismo poucas vezes encontrado em jingles, sem, no entanto, em momento algum ser piegas.

O comercial – que mostrava Yvette Zani, a própria cantora que gravou a peça, caminhando em direção à câmera com um bebê no colo – nunca foi refeito, tendo sido veiculado durante vários anos, marcando a música como o tema de Natal do Bamerindus. Hoje, ele faz parte do repertório de canções dos espetáculos de fim de ano que acontecem no Palácio Avenida, em Curitiba.

O Menino chega e por amor vai renascer
Traz nas mãos uma esperança e sorri, pois é Natal
E no mundo inteiro a mesma canção de amor e paz
Que se faz tão doce como o amanhecer

Quem me dera o ano inteiro o Natal dentro de nós
E pra toda a gente a mesma canção e a mesma voz
Pois a festa mais bonita é viver, é querer bem
O presente mais bonito é viver, é querer bem

Banco Nacional – Natal

Muitos jingles de Natal ficaram registrados para sempre na memória afetiva das pessoas pela própria emotividade evocada pela data e, principalmente, por amplificarem essas emoções, suplantando os limites da propaganda e passando a fazer parte das comemorações natalinas dos brasileiros.

Esse certamente é o caso de "Quero ver você não chorar" que, a partir de 1971, passou a ser o tema de Natal do Banco Nacional. Criado por Edison Borges de Abrantes, o Passarinho, o jingle foi encomendado por Lula Vieira, que era diretor de criação da agência de publicidade que atendia o banco. Quando Vieira procurou Passarinho, o compositor já tinha uma música pronta, que seria gravada pelo grupo vocal Titulares do Ritmo. Com algumas alterações na letra, acabou sendo finalizada e imortalizada como jingle de Natal.

O jinglista Francis Monteiro conta que participou da primeira gravação e que Passarinho, que não escrevia uma nota musical, depois da reunião com Lula Vieira, saiu correndo para a Publisol, chamou o compositor, arranjador e maestro Cido Bianchi e começou a cantar a letra para que ele tocasse e escrevesse a melodia enquanto o técnico do estúdio gravava tudo para que a ideia não se perdesse.

Desde o primeiro comercial, que trazia um grupo de crianças regidas por um maestro interpretado por Mauro Gonçalves, que mais tarde seria conhecido pelo personagem Zacarias, de Os Trapalhões, até o mais lembrado de todos, de 1988, em que um menino vence vários obstáculos com sua bicicleta para chegar a tempo de cantar as últimas palavras da letra com um coral infantil que vinha entoando o jingle, durante mais de vinte anos, "Quero ver você não chorar" ganhou inúmeras versões, passou a ser cantado em festas de fim de ano de escolas e empresas e tornou-se, para muita gente, o hino nacional do Natal.

Quero ver
Você não chorar
Não olhar pra trás
Nem se arrepender do que faz

Quero ver
O amor vencer
Mas se a dor nascer
Você resistir e sorrir

Se você
Pode ser assim

Tão enorme assim
Eu vou crer

Que o Natal existe
Que ninguém é triste
Que no mundo há sempre amor

Bom Natal
Um feliz Natal
Muito amor e paz pra você
Pra você

Banespa

Faixas 10, 11 e 12

O Banespa foi a maior e mais importante instituição financeira pertencente a uma unidade da federação do país. Símbolo da força econômica do estado de São Paulo, o banco foi responsável por financiar o crescimento paulista em praticamente todos os tipos de atividade durante mais de noventa anos.

Suas campanhas publicitárias deveriam sempre estar à altura de sua importância e, certamente, a melhor e mais inesquecível de todas teve o lindíssimo jingle criado por Theo de Barros como tema, permanecendo no ar durante mais de quatro anos.

Com versões diferentes a cada filme, o jingle foi gravado com diversos arranjos, sendo que um dos mais lembrados é o que foi utilizado em um comercial de fim de ano, no qual um coral de funcionários o interpreta nas janelas e nos terraços do Edifício Altino Arantes, o famoso prédio sede do banco.

O jingle ganhou muitos prêmios e fez tanto sucesso com o público que no Natal de 1977 o Banespa distribuiu para seus clientes e colaboradores um compacto triplo com seis versões utilizadas nas campanhas daquele ano.

Vem saber
Dê-me sua mão, vem ver
Vamos galgar as colinas da terra
Até o topo do mundo
Vem ganhar
É hora de provar
Conquistar o lugar que é mais seu
A cada segundo
O homem que luta é um forte

É o homem que faz sua sorte
Depende de sua vontade e
   determinação
Nós do Banespa acreditamos
   no homem que quer vencer
Na sua verdade, no seu futuro,
   na sua missão
Vamos lá

Bunny's

🎤 Faixa 13

Durante muito tempo, Francis Monteiro criou jingles para a Bunny's, uma rede de lojas de roupas especializada em jeans, principalmente da marca Levi's. Sempre costumava tratar diretamente com Miguelito, filho de um dos proprietários, que, por ocasião do lançamento de uma nova jaqueta da Levi's, solicitou-lhe um novo jingle.

Francis caprichou. Fez uma letra poética voltada para os jovens – que, por sinal, eram o público-alvo do produto –, gravou e levou-a para a apresentação na empresa. Chegando lá, deu de cara com Miguel, pai de Miguelito, um argentino que nunca tinha participado de nenhuma reunião relacionada à comunicação.

O jingle foi apresentado e todos adoraram, exceto Miguel, que com um charuto no canto da boca disse: "Muy mal", se retirando em seguida. Diante do clima constrangedor que se formou, Miguelito pediu desculpas a Francis, solicitando que ele guardasse o jingle para outra ocasião e criasse outro.

No dia seguinte, Francis estava lá com um novo jingle pronto e, quando acabou de reproduzi-lo, novamente Miguel disse a mesma frase: "Muy mal". Francis perdeu a paciência e perguntou qual era o problema.

O proprietário respondeu no mais castiço portunhol: "Sabes lo que pasa? Yo no voy financiar historinha, amor... Yo quiero que usted traga un jingle que só hable 'Bunny's' e 'Levi's'".

"Mas como vou fazer um jingle que só fale 'Bunny's' e 'Levi's'? Tem que ter uma história, tenho que contar alguma coisa", protestou Francis.

Miguel estava irredutível: "No voy financiar historinha... Jingle custa muy caro e no voy financiar nada disso".

"Já sei o que o senhor quer, espera só um instante", Francis disse isso, correu até o carro, pegou seu violão e quando voltou cantou de primeira:

Fui convidado pra fazer o novo jingle
   da Bunny's
Cheguei lá todo entusiasmado
Peguei meu violão e mostrei
   o novo som
A diretoria da Bunny's disse:
"*No, no*. Jingle custa *muy* caro.
   Tienes que *hacer* um jingle que diga
   somente 'Bunny's' e 'Levi's'"
Só Bunny's e Levi's, assim não dá.

Fiquei muito cabreiro, já meio
   saco cheio
Então cantei esta canção:
E Bunny's Levi's Bunny's Levi's Bunny's
   Levi's Bunny's Levi's Bunny's Levi's
Bunny's Levi's Bunny's Levi's Bunny's
   Levi's Bunny's Levi's Bunny's Levi's
Bunny's Levi's Bunny's Levi's
   Quer o endereço também?

Quando terminou, pensou que seria expulso da empresa, mas se surpreendeu com a reação do argentino: "Ah, eso está bien. És eso que yo quiero". E na hora Francis escreveu tudo o que tinha cantado para não esquecer.

Na saída, Miguel ainda sugeriu: "Quando for cantar esse jingle, cante *bien* revoltado", ao que Francis respondeu: "É só o senhor ligar para lá na hora que eu estiver gravando e me encher bastante o saco que vai sair como o senhor quer".

O jingle acabou ficando mais de um ano no ar e recebeu diversos prêmios pela criatividade.

Café Seleto

Faixas 14, 15, 16, 17, 18, 19 e 20

A fama adquirida pelo sucesso e pela qualidade dos jingles que criou para a Varig fez com que Archimedes Messina fosse um dos jinglistas mais requisitados nos anos 1970. Muitos anunciantes tinham a curiosidade de conhecê-lo e gostariam de ouvir o nome de suas empresas e de seus produtos cantados em uma daquelas músicas sensacionais que rapidamente conquistavam a todos e eram assobiadas pelas ruas.

Essa também era a vontade de Manoel da Silva, ou simplesmente Maneco, como o dono do café Seleto era chamado por todos. Quando conseguiu descobrir quem era o autor dos temas da companhia aérea, o convidou para uma reunião na sede da empresa, que ficava no bairro paulistano do Belém, e logo de cara solicitou um jingle para o seu produto. O compositor pediu um *briefing* com as informações que deveriam constar na peça, mas Maneco não passou nenhuma informação específica, deixando tudo a cargo do autor. Os tempos eram outros, e a maioria das empresas não tinha departamento de marketing – muito menos agência de propaganda – para cuidar da sua comunicação.

Messina resolveu então criar o jingle de acordo com seu *feeling* e pensou no café sob a ótica de uma criança que, após acordar e fazer a higiene matinal sentindo aquele aroma que emana do coador, encontrava na mesa o café da manhã preparado carinhosamente pela mamãe. Desenvolveu uma melodia singela para embalar o tema e gravou uma prova para apresentar ao empresário, que a aprovou empolgadíssimo no mesmo instante que a escutou.

A gravação final foi realizada na Sonotec. Theo de Barros fez o arranjo e tocou violão e a cantora Clélia Simone foi escolhida para interpretar a peça, por conseguir fazer com perfeição a voz de uma menina. Quando Maneco ouviu o jingle pronto, chorou de emoção e afirmou que seria um grande sucesso.

Inicialmente, o jingle foi veiculado apenas no rádio, mas, pouco tempo depois, ganhou um comercial produzido em desenho animado pela Lynxfilm. Essa primeira veiculação, em 1974, realmente ajudou a marca a se tornar ainda mais conhecida, mas nada comparado ao gigantesco sucesso da segunda versão do jingle, agora cantado por um grupo de crianças que passeavam por um cafezal no comercial de TV e que, até hoje, está na memória afetiva de quem vivia em São Paulo nos anos 1970 e 1980.

A identificação com o público foi tão grande que o tema foi gravado em diferentes versões para as mais distintas ocasiões, como, por exemplo, em ritmo de tango para ser veiculado durante a Copa do Mundo de 1978, que aconteceu na Argentina, em flamenco para a Copa do Mundo da Espanha, em 1982, em samba para o Carnaval e até em japonês, em uma versão feita por Hidenori Sakao para a colônia nipo-brasileira. Talvez a versão mais curiosa seja um fado, na qual ao final um locutor com forte sotaque português diz o seguinte texto: "No meu estabelecimento, eu ofereço o mesmo café que bebemos em casa: Seleto".

Apesar de a empresa ter sido vendida mais de uma vez nas últimas décadas, o jingle do café Seleto, por conta da forte identificação com o público, regularmente acaba voltando ao ar. Em 2012, uma versão produzida pela Play it Again, tocada com instrumentos musicais de brinquedo e cantada por crianças, atualizou o tema para as novas gerações. Foi ao ar também uma versão na qual a primeira estrofe foi suprimida e a parte "que a mamãe prepara" deu lugar a "que a gente prepara" – enfim, mudanças que visam manter vivo um dos jingles mais importantes da publicidade brasileira.

Depois de um sono bom
A gente levanta
Toma aquele banho
Escova o dentinho
*
Na hora de tomar café
É café Seleto
Que a mamãe prepara

Com todo o carinho
*
Café Seleto tem
Sabor delicioso
Cafezinho gostoso
É café Seleto
Café Seleto
Café Seleto

CCAA

A música sempre foi um dos maiores motivadores para se aprender inglês. Muita gente começou a se interessar pelo idioma simplesmente para poder traduzir a letra de uma canção de que gostava muito. Sabendo disso, as escolas de inglês, em um tempo em que não havia internet, utilizavam os principais sucessos de cada mês para produzir livretos que atraíam alunos em busca da tradução da música preferida.

O CCAA era uma das escolas que fazia isso, e deixou saudade em muita gente que era adolescente nos anos 1970 e 1980. Os jingles de suas campanhas também foram marcantes para essa mesma geração, sobretudo por serem antenados no som pop que rolava na época – o que ajudava a atrair para a instituição a simpatia e o interesse de quem queria aprender o idioma.

Um dos mais lembrados, criado por Tavito e com a participação da cantora Regininha, afirmava que "você vai falar inglês, e como americano" e ficou muitos anos no ar, só sendo substituído na década de 1980 – por um outro tema, também criado por Tavito.

Você vai falar inglês, e como americano
E vai ver como é gostoso saber
Tudo o que aprende
Não esquece mais (Não esquece nunca,
nunca, nunca mais)
CCAA, CCAA, CCAA, CCAA, CCAA
Eu digo CCAA, CCAA, CCAA, CCAA
CCAA, CCAA, CCAA, CCAA, CCAA

Chevrolet

Faixa 21

Quando uma montadora modifica ou atualiza sua linha de veículos, normalmente costuma divulgar os novos produtos com uma grande campanha. Foi o que fez a Chevrolet ao encomendar à McCann

Erickson uma série de peças publicitárias que transmitissem não só as mudanças, como também fixassem o novo conceito sintetizado no *slogan* que passaria a assinar todos os materiais de divulgação a partir de então: "Marca de valor".

Com a campanha contando com veiculação também no rádio e na TV, era necessário um bom jingle – assunto resolvido por Sérgio Augusto Sarapo, que em parceria com Márcio Moreira, diretor de criação da agência, e com o maestro César Camargo Mariano criou na Sonima um tema que afirmava que a mudança era para valer, que toda a linha realmente tinha sido modernizada, estava mais bonita, e que tudo fora feito pensando no cliente, afinal, a vida dele também mudaria com o novo Chevrolet. Uma letra relativamente simples que ganhou alma com uma melodia bem-construída e empolgante.

Só que é pra valer
Você não vai acreditar
Só que é pra valer
Sua vida vai mudar
Pra bem melhor
Bem mais valor
É que o Chevrolet
Era de se esperar
Também mudou
*
Só que é pra valer
Com a beleza de se ver

Só que é pra valer
Foi pensando em você
Pra ser melhor
Ter mais valor
É que o Chevrolet
Tá aí para exibir
O seu valor
*
Só que é pra valer
Não adianta resistir
Só que é pra valer
O Chevrolet só pra você

Chevrolet – Opala Comodoro

Faixa 22

Entre 1974 e 1980 o Comodoro foi o modelo de maior requinte da linha Opala, o carro mais luxuoso produzido na época pela Chevrolet no Brasil. Só perdeu esse posto quando ganhou o irmão Diplomata, cujo acabamento era ainda mais sofisticado.

Quem não viveu esse período, quando as importações de automóveis eram proibidas e os brasileiros tinham que conviver com veículos projetados muitas vezes mais de 25 anos antes, não pode imaginar o que significava ter um Comodoro na garagem.

É justamente essa emoção que o jingle criado por Sérgio Augusto Sarapo, mais uma vez com a participação de Márcio Moreira e César Camargo Mariano e produzido na Sonima, buscou transmitir – mostrando que quem sabe viver, faz escolhas certas, sabe tomar decisões e luta para alcançar destaque e projeção profissional merece um carro à altura do seu sentimento de vitória. E esse carro só poderia ser o Opala Comodoro.

Só quem sabe viver sabe escolher
Só quem sabe onde ir sabe decidir
Só quem sabe buscar sabe onde chegar
Só quem sabe lutar sabe conquistar
Um lugar, um pedaço de chão
   (Opala Comodoro)
Um sentido pra sua emoção
Sempre atento às coisas do seu coração
*

Só quem sabe viver sabe escolher
Só quem sabe lutar sabe conquistar
Um lugar, um pedaço de chão
   (Opala Comodoro)
Um sentido pra sua emoção
Sempre atento às coisas do seu coração
Opala Comodoro
Opala

Coca-Cola – "Dá mais vida"

🎤 Faixa 23

A partir de um pedido da McCann Erickson, agência de publicidade responsável pela Coca-Cola no Brasil, os irmãos Olavo e Diógenes Budney criaram, com a participação de Sergio Lima, um jingle totalmente original, sem utilizar nenhuma base musical das campanhas feitas pela matriz nos Estados Unidos e mantendo apenas a assinatura da marca, que era obrigatória.

Durante boa parte da década de 1970, o refrigerante utilizara no Brasil o *slogan* "Coca-Cola dá mais vida". A partir dele, Os Zirmão, como a dupla de compositores era conhecida, compôs um tema empolgante, pra cima, que rapidamente passou a ser identificado e cantado pelas pessoas. O sucesso do jingle foi tão grande que o tema foi exportado para vários países, ganhando gravações de versões em diversos idiomas, mas que mantinham rigorosamente a mesma melodia criada aqui.

Coca-Cola dá mais vida ao dia de curtir
(Coca-Cola, Coca-Cola)
Dia de se divertir
Coca-Cola pra acompanhar
Tanta coisa para se olhar
Coca-Cola dá mais vida a tudo
o que pintar

Coca-Cola dá mais vida ao dia de curtir
(Coca-Cola, Coca-Cola)
Dia de se divertir
Coca-Cola pra refrescar
Quanta coisa para escolher
Coca-Cola dá mais vida a tudo podes crer
Coca-Cola!

Cornetto

Lançado no Brasil em 1979 pela extinta Gelato, o Cornetto rapidamente tornou-se um sucesso de vendas. Muito desse êxito deve ser creditado à campanha criada pela McCann Erickson, agência que atendia a Gessy-Lever – hoje Unilever, proprietária da marca –, que seguia a mesma linha criativa adotada pela filial inglesa, apresentando o produto ao som de uma versão do clássico italiano "O sole mio".

No Brasil, a canção original ganhou uma nova letra. Luiz Orchestra, que era RTV da agência, conta que Milton Mastrocesario, o Cebola, escreveu procurando utilizar um italiano perfeitamente compreensível, que buscava fixar na mente do consumidor o nome do produto e suas características.

Produzido na Publisol e cantado por Murilo Alvarenga com arranjo de Rogério Duprat, o jingle serviu de trilha sonora durante mais de cinco anos para os comerciais do produto – entre eles os famosos "Gôndola", em que o ator Rubens Brito atuando como gondoleiro em Veneza roubava um Cornetto das mãos de uma moça, e "Varal", no qual a mesma situação de roubo era repetida, mas agora com o ator se pendurando em um varal para apanhar o sorvete de uma garota na sacada de um prédio.

O sucesso do jingle foi tão grande que, várias vezes, a campanha precisou ser suspensa porque o produto havia se esgotado nos pontos de venda.

Dá me um Cornetto
Molto crocante
É piu cremoso
É da Gelato

Cornetto, sei propria Italia
Io voglio tanto
Cornetto mio

D.D.Drin

Faixa 24

Presente em diversas cidades do país, a D.D.Drin é uma dedetizadora fundada em 1957, mas que se tornou conhecida a partir da década de 1970 por causa do jingle e do comercial de TV que passaram a ser veiculados desde então.

A campanha nasceu por sugestão de Maugeri Neto, que era amigo do proprietário da empresa. O empresário resolveu apostar no talento e na criatividade do jinglista e deu carta branca para que ele divulgasse o seu negócio.

Maugeri compôs um jingle já pensando diretamente no filme e convidou o desenhista Ely Barbosa para produzir em desenho animado uma festa na qual insetos formavam uma banda e faziam um show para embalar seus colegas na infestação de uma casa.

O desenho mostra exatamente cada situação descrita na letra do jingle, que funciona como uma espécie de legenda musicada de cenas como as da pulga se esbaldando ao som do iê-iê-iê, do pernilongo picando o bebê ou das traças devorando roupas e cortinas. A bagunça termina com o profissional da D.D.Drin chegando e exterminando todos, inclusive os ratos e baratas que já estavam alcoolizados na agitada balada. Cheia de humor, essa peça permaneceu no ar por mais de dez anos e está na lembrança de muita gente, que até hoje tem a letra do jingle na ponta da língua.

Uhhhhh!
A pulguinha dançando iê-iê-iê
O pernilongo mordendo o meu nenê
E o dia inteiro a traça passa a roer
Nessa festa preciso pôr um fim

Vou chamar D.D.Drin, D.D.Drin
E os passeios da barata pela casa
Vão ter fim, D.D.Drin, D.D.Drin
D.D.Drin!
D.D.Drin!

DiskTem

Faixas 25 e 26

Durante a ditadura militar no Brasil, os órgãos de imprensa, o cinema e os demais meios de comunicação viviam sob rígida censura. Entretanto, nem todo mundo sabe que a publicidade e, mais especificamente, os jingles também estiveram sob atenta fiscalização dos censores, sendo proibidos muitas vezes pelos motivos mais improváveis.

Existia em São Paulo, com o sugestivo nome de DiskTem, um serviço que se propunha a comprar e entregar qualquer coisa que o cliente encomendasse por telefone – cobrando, evidentemente, por isso. Como a empresa precisava ser divulgada, resolveram fazer um jingle. Nessa época, Thomas Roth trabalhava na Sonima e foi incumbido de criar a peça. O *briefing* pedia um jingle animado, divertido, e por conta disso ele resolveu fazer uma espécie de marchinha de Carnaval. A letra era muito criativa e procurava cobrir o amplo espectro de pedidos que podiam ser feitos para o prestador de serviço.

DiskTem tem tudo o que você precisar
Desde pó pra dentadura até aparelho
   de jantar
Seja sopa de galinha ou gasolina
   também
Basta só uma ligadinha para o DiskTem
DiskTem, DiskTem, DiskTem tem tudo
   o que você pedir
Retentor de birimbela até cama
   de faquir

Um bombom pra namorada,
   uma passagem de trem
Basta só uma ligadinha para o DiskTem
DiskTem, DiskTem, DiskTem tem tudo
   o que você quiser
DiskTem só não garante se
   pedir mulher
282-4415
282-4415

Mas a censura (ou)viu problema na última frase e alegou que era uma incitação à prostituição. Um dos diretores da Sonima chegou a ir à Brasília para tentar liberá-la, mas não obteve sucesso. Com isso, Thomas teve que substituí-la, o que fez com muita inteligência, passando rigorosamente a mesma mensagem nas duas novas frases finais do jingle.

DiskTem, DiskTem, DiskTem tem tudo o que você pensou
DiskTem só não garante a Brigitte Bardot

Duchas Corona 🎙 Faixa 27

Com experiência na criação de temas e trilhas para espetáculos e convenções, Francis Monteiro, por conta de uma música que compôs para o lançamento do Chevrolet Chevette, foi convidado a trabalhar na Publisol, na época uma das mais importantes produtoras do país.

Durante os primeiros meses atuou exclusivamente como músico nas gravações produzidas pelo estúdio, e isso só fazia aumentar cada vez mais seu desejo de criar o primeiro jingle. Depois de três meses, José Luiz Nammur, o Zelão, o chamou e pediu que ele criasse um jingle para duchas Corona.

A vontade era tanta que em menos de cinco minutos a peça estava pronta. Zelão não acreditou quando ele falou que tinha terminado, mas quando o ouviu cantar o que tinha acabado de compor teve a certeza de que o jingle seria um sucesso – e foram direto para o estúdio gravar.

Com o jingle pronto, apresentaram-no para a equipe da agência Marcels, que atendia o anunciante, e, surpreendentemente, ouviram que a peça era muito ruim e que o propósito era vender ducha e não sabonete. Mesmo diante das argumentações de Francis e de Zelão, nem cogitaram a possibilidade de apresentá-la para o cliente, e pediram que criassem outra opção.

Certo de que tinha um bom jingle em mãos, Zelão resolveu levar a gravação diretamente ao proprietário das duchas Corona, que a ouviu e aprovou na hora, afirmando que era justamente aquilo que ele queria. O jingle permaneceu 12 anos ininterruptamente no ar, voltando a ser veiculado inúmeras vezes depois desse período, sendo responsável pela popularização do produto em todo o país e por Francis começar sua bem-sucedida carreira como jinglista, compondo logo de cara um clássico da propaganda brasileira.

Apanho um sabonete
Pego uma canção e vou cantando sorridente
Duchas Corona um banho de alegria
Num mundo de água quente
*
Apanho um sabonete
Abro a torneira, de repente
a gente sente

Duchas Corona um banho de alegria
Num mundo de água quente
*
Apanho um sabonete
É Duchas Corona dando banho em tanta gente,
Duchas Corona, um banho de alegria
Num mundo de água quente

Ella

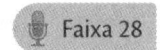

🎤 Faixa 28

Na década de 1970, quando ainda não havia restrições em relação à publicidade de cigarros e mais de 35% da população brasileira era fumante, os fabricantes procuravam colocar no mercado opções de produtos que atingissem os anseios dos mais diversos segmentos de consumidores.

Cigarros com filtro, sem filtro, mais longos, mentolados, enfim, tinha para todos os públicos, inclusive o feminino. A Philip Morris lançou, em 1979, uma marca voltada exclusivamente para mulheres, a começar pelo nome, Ella. Para a campanha publicitária, a agência responsável pela marca já tinha um tema musical pronto e encomendou a José Luiz Nammur, o Zelão, doze letras diferentes para as doze versões de comerciais que seriam produzidas.

Em busca de inspiração, Zelão foi passar alguns dias no Guarujá (SP), e durante uma semana só fazia ir à praia, tocar violão e nada de a inspiração aparecer. No último dia de prazo, a iluminação surgiu e de uma só vez ele escreveu 82 letras. Voltou para São Paulo, apresentou-as e teve dezoito delas aprovadas. Com isso, a campanha acabou tendo seis filmes a mais do que o previsto inicialmente.

Os jingles foram gravados pela cantora Alciony Menegaz, que, sob o nome de Maria, lançou uma das versões também em disco.

Ella
Que é vida e vontade
Tem a sua verdade
Ella sabe o que quer
*
Ella
É o sol que espera
Através da janela
Vê seu rosto passar

*
Ella sou eu, sou eu
Ella sou eu, sou eu
Ella sou eu, sou eu
Ella sou eu, sou eu

Fanta Limão

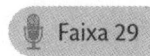

🎙 Faixa 29

Muita gente não se lembra ou sequer sabe que já existiu no Brasil a Fanta Limão, lançada em 1978. Para a campanha de estreia, a agência McCann Erickson solicitou aos irmãos Olavo e Diógenes um jingle nos moldes do que eles tinham feito para a campanha "Coca-Cola dá mais vida".

Os Zirmão, como eram conhecidos, resolveram criar um tema pop, mas com pitadas de *ragtime* percebidas a partir da harmonia ao piano e vocais típicos dos grupos de *doo-wop* dos anos 1950, perfeitos para explorar bastante a voz de baixo profundo de Diógenes.

O jingle foi um sucesso absoluto, tendo recebido diversos prêmios e contribuindo muito para popularizar o novo sabor do refrigerante – que foi comercializado até 1984, quando deu lugar ao Sprite.

Muita atenção você aí
Que estava querendo
Uma nova emoção
Fanta! Fanta!
Fanta Limão!
Fanta Limão!
Você agora vai beber Fanta Limão
Fanta Limão!

Um sabor natural
Que gostoso que é
Um sabor refrescante
Que gostoso que é
Fanta Limão
Fanta, Fanta
Um sorriso e você

Frango Sadia

Nos anos 1970, a Sadia lançou o frango defumado que já vinha pronto para servir. Francesc Petit, da DPZ, foi o responsável pela criação do personagem que simbolizava o produto, um frango que usava o capacete de piloto de Fórmula 1 e corria mais rápido que o Papa-Léguas; afinal, por vir pronto, era o mais veloz do mundo.

Por causa do enorme sucesso, o frango, que anos depois ganhou o nome de Lequetreque, passou a ser utilizado nos comerciais de toda a linha de produtos da empresa. Sempre produzidos em desenho animado, em um deles o personagem aparece tomando banho em uma banheira, se preparando para o chamado da dona de casa na hora de ir para a panela.

Enquanto se ensaboava, cantava o jingle criado por Tavito, que usou uma rumba para embalar a divertida letra, a qual enfatizava que frango limpinho e gostoso só podia ser Sadia.

Um frango limpinho tão cheirosinho só pode ser Sadia
Eu sou frango Sadia, frango Sadia é que é
Que frango gostoso, delicioso, só pode ser Sadia
Sou limpinho, Sadia. Eu sou mesmo bom
*

Técnica: Toc. Toc. Toc.
Locução: As panelas já estão no fogo. Só falta você.
*
Que frango lindo que eu sou. (Frango Sadia!)
Aiiii... Eu sou demais (Frango Sadia!)

Groselha Milani

Quem foi criança na década de 1970 certamente se lembra da groselha Milani. Presença constante na TV, com comerciais animados com as três carinhas que eram a marca registrada do rótulo do produto, seu sucesso se deve, e muito, ao jingle que ficou anos no ar e contribuiu para que a marca tenha se tornado a mais conhecida do país.

Criado por Edison Borges de Abrantes, o Passarinho, e produzido na Sonima, o jingle, em sua primeira versão, foi cantado pelo também jinglista Zelão. É ele que faz o "iahhuú" entre os versos. Sua voz, ao contrário do que possa parecer, é bastante grave; para que soasse fina e aguda, foi gravada em uma velocidade mais lenta e depois reproduzida em velocidade normal.

Por conta do sucesso, durante mais de três décadas, a cada nova versão do comercial o jingle ganhava uma regravação. Na década de 1980, a letra sofreu duas alterações, feitas por autor desconhecido: "merenda" deu lugar a "escola" e, possivelmente por conta de questões legais, a palavra "vitaminada" foi substituída por "vitalizada", que, em tese, não fazia sentido algum, mas mantinha a métrica do verso original.

Groselha Vitaminada Milani (Iahhuú!)
É uma delícia (Iahhuú!)
No leite (Iahhuú!)
No refresco
No lanche (Iahhuú!)
Pra tomar a toda hora
Na sua casa

Na festinha
Na merenda (Iahhuú!)
Tudo fica uma delícia
Guarde o nome não se engane
Groselha Vitaminada Milani (Iahhuú!)
Também com sabor morango e framboesa (Iahhuú!)

Guaraná Brahma

Muita gente jovem não sabe, mas Brahma também já foi marca de guaraná. Produzido até 2001, o refrigerante só foi descontinuado porque, com a fusão da empresa com a Antarctica, não fazia sentido disputar mercado com seu concorrente mais direto – que agora era produzido pelo mesmo grupo.

Essa disputa, porém, ocorria de forma bastante acirrada na década de 1970, quando as duas marcas competiam com *players* como o Guaraná Skol, que há muito já deixou o mercado.

Eram tempos de calças bocas de sino, meias lurex e discotecas – que por sinal foram uma verdadeira febre e inspiraram o jingle do Guaraná Brahma, criado por Tavito em parceria com Eduardo Souto, levando para a campanha do produto a mesma atmosfera das pistas de dança.

Quando a sede bater forte
E o seu coração mandar
Prove o gosto da alegria
Com o melhor guaraná

*

Gostoso, nosso Guaraná Brahma
Você bebe sem parar
O guaraná da gente

Jumbo Eletro Radiobraz

Faixa 30

A Eletroradiobraz era uma grande rede paulista de lojas de eletrodomésticos e supermercados que, em 1976, foi adquirida pelo Grupo Pão de Açúcar – o qual, por sua vez, a integrou ao Jumbo, sua marca de hipermercado.

Passando a utilizar a nomenclatura Jumbo Eletro Radiobraz, a rede dobrou de tamanho e intensificou seus investimentos em comunicação. Como é comum em peças de grandes varejistas, os apelos sempre recaem sobre liquidação, promoção, economia, crédito fácil etc. No entanto, a partir de uma ideia presente no *briefing*, que solicitava um jingle para a próxima campanha dos hipermercados, a música deveria se assemelhar às canções típicas dos festivais de MPB.

Utilizando como referência sucessos vencedores como "Disparada" e "Ponteio", os irmãos Olavo e Diógenes Budney criaram um jingle muito original, que transmite totalmente o clima dos festivais, mas que foge completamente do lugar-comum e da gritaria sempre presente nesse tipo de peça para varejo, informando a respeito da liquidação do Jumbo e motivando seus consumidores a irem até uma das várias lojas espalhadas pela cidade, por meio de uma música que fica facilmente na cabeça.

Minha gente, vamos lá
Está na hora de comprar
Em qualquer ponto da cidade
Crédito imediato e qualidade
Você vai encontrar

Na grande liquidação
Da economia popular
Economia a gente faz
No Jumbo Eletro Radiobraz

Kolynos

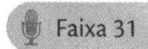

🎙 Faixa 31

No fim da década de 1970, a McCann Erickson encomendou um jingle aos irmãos Olavo e Diógenes Budney para o creme dental Kolynos. Sérgio Lima criou um esboço para a letra e o enviou com o *briefing*, que pedia que a frase "O gosto da vitória", de autoria do próprio Lima, seguida da assinatura musical "Kolynos! Ah!", criada por José Luiz Nammur, o Zelão, estivessem na peça. A dupla incluiu os elementos solicitados em uma nova letra, embalada por uma melodia dinâmica e pra cima, que foi aprovada na hora. O jingle, que ficou no ar por cerca de dez anos, criou uma identificação tão grande com o público que mesmo quando a marca Kolynos foi descontinuada voltou a ser veiculado.

Em 1995, a Colgate-Palmolive comprou as operações da Kolynos e, por determinação do Cade, a marca foi proibida de ser comercializada no Brasil por quatro anos. Juntas, Colgate e Kolynos possuíam aproximadamente 79% do mercado brasileiro de cremes dentais. Para não caracterizar monopólio, Kolynos foi substituída por Sorriso, que tinha embalagem e logotipo semelhantes e era voltada para o mesmo público.

Após o período de proibição, Kolynos poderia ter voltado ao mercado, mas preferiram manter a nova marca e utilizaram novamente o jingle criado por Olavo e Diógenes, com pequenas alterações para adequá-lo à Sorriso.

Vai, vai, vai, vai, vai em frente
Vai buscar sua glória
Você vai sentir um novo gosto
O gosto da vitória
Kolynos! Ah!
*

Uma refrescante sensação
O gosto da vitória
Kolynos! Ah!

Martini

🎤 Faixas 32 e 33

Imortalizado pelo cinema nos filmes de James Bond, Martini é um vermute produzido na Itália há mais de 150 anos, ingrediente principal de vários drinques e, por isso mesmo, comercializado e reconhecido em todo o mundo.

Famoso mundialmente também é o belíssimo tema musical que o maestro e compositor inglês Christopher Gunning criou para o Martini no início da década de 1970, a pedido da McCann Erickson de Londres, e que foi veiculado em vários países durante trinta anos, ganhando três Clio Awards e sendo gravado em disco por orquestras e pianistas.

No Brasil, o jingle recebeu algumas versões ao longo dos anos, das quais destacam-se duas delas. A primeira foi realizada por Archimedes Messina e gravada na Sonotec.

O sabor de Martini	Em qualquer situação ou lugar
É o sabor mais gostoso do mundo	Você vai descobrir que Martini
É Martini, este sim	Faz o mundo
É Martini	Mais gostoso
*	É Martini

Já a segunda, para Martini Bianco, foi escrita por Sérgio Augusto Sarapo e produzida na Sonima. Em ambas, a essência da letra original foi mantida por conta de traduções praticamente literais – sendo que as bases também são as mesmas veiculadas internacionalmente.

Hoje é dia de viver	Bianco... Só Martini Bianco
Ontem ficou pra trás	Qualquer hora
O que importa é o sabor	Em qualquer lugar
Que só Martini traz	É Martini
Bianco... É Martini Bianco	

Pepsi

🎙 Faixas 34 e 35

Até o início dos anos 1970, os jingles tinham sua concepção focada exclusivamente para funcionar como peças publicitárias e já nasciam com as qualidades e limitações que o formato impõe.

Não que isso fosse um problema – pelo contrário, há jingles belíssimos que se transformaram em clássicos da propaganda brasileira e que foram criados antes dessa década. No entanto, a partir dos temas da campanha "Só tem amor quem tem amor pra dar", criados em 1972 para a Pepsi por Guttemberg Guarabyra e Luiz Carlos Sá, o jingle avançou a uma nova categoria, passando definitivamente a fazer parte da cultura popular.

Compostos como canções, suas estruturas fugiam dos moldes dos jingles tradicionais. Antenados com as tendências musicais curtidas pela juventude da época e criadores do chamado rock rural, Sá e Guarabyra trouxeram para a publicidade todos os elementos presentes nas músicas que compunham.

Apesar de assinado pela dupla, o primeiro jingle a ser veiculado foi escrito por Guarabyra e o segundo por Sá, mas a identidade sonora e a proximidade de ambos torna difícil a identificação sem essa ressalva, mesmo porque, possivelmente, um deu sugestões à obra do outro durante a criação.

Guarabyra, em relato ao site Almanaque da Comunicação, em 2010, afirma que naquela época havia um acordo informal para que as novas composições fossem assinadas em nome do trio Sá, Rodrix e Guarabyra. Ele conta também que a agência não aprovou inicialmente o seu jingle e encomendou opções para outros autores. Só depois de esses outros também haverem tido seus trabalhos recusados é que o dele foi aprovado. Quando perguntou o porquê da mudança de ideia, ficou sabendo que todos os jingles estavam sendo ouvidos seguidamente na agência e percebeu-se que, de forma espontânea, a faxineira passou a cantar o dele todos os dias enquanto fazia a limpeza.

Os jingles foram gravados com os vocais do Goldenrança no coro, uma brincadeira que se fazia quando se juntavam os Golden Boys com o Trio Esperança, e fizeram um sucesso tão grande que o primeiro foi lançado em um compacto gravado pelo próprio Guarabyra, tendo vendas muito expressivas. Sua letra propagava sobretudo o pensamento *hippie*, traduzido a partir do lema paz e amor, e de certa maneira pegava carona nos duros tempos de ditadura – quando qualquer tipo de manifestação que fugisse dos parâmetros tradicionais de moda e comportamento era reprimido –, dando voz aos jovens que queriam se manifestar com liberdade. No comercial para TV isso era evidenciado logo no início, quando um rapaz salta uma grade em um show.

Hoje existe tanta gente que quer nos modificar
Não quer ver nosso cabelo assanhado, com jeito
Nem quer ver a nossa calça desbotada, o que é que há?
Se o amigo está nessa, ouça bem: não tá com nada!
Só tem amor quem tem amor pra dar
Quem tudo quer do mundo sozinho acabará

Só tem amor quem tem amor pra dar
Só o sabor de Pepsi te mostra o que é amar
Só tem amor quem tem amor pra dar
Só o sabor de Pepsi te mostra o que é amar
Só tem amor quem tem amor pra dar
Nós escolhemos Pepsi e ninguém vai nos mudar
Só tem amor quem tem amor pra dar

O segundo jingle mantinha o mesmo refrão que evocava o amor, mas possuía uma letra mais contestadora, chamando o jovem para mudar de lado numa metáfora que podia ser entendida como uma alusão à concorrência entre Pepsi e Coca-Cola – pois agora ele podia escolher a Pepsi.

Saia daí
Venha pro lado de cá
Pro lado que pode escolher
A gente te espera aqui
Ande conosco por aí
Sabendo por onde andar
De braços abertos a quem quiser
   nos seguir
Só tem amor quem tem amor pra dar

Só o sabor de Pepsi te mostra o que
   é amar
Só tem amor quem tem amor pra dar
Só o sabor de Pepsi te mostra o que
   é amar
Só tem amor quem tem amor pra dar
Nós escolhemos Pepsi e ninguém vai
   nos mudar
Só tem amor quem tem amor pra dar

Pullman – Rocambole

Faixa 36

Em 1977, a Pullman, empresa cujo nome no Brasil é sinônimo de pão de forma, começou a produzir bolos prontos recheados e enrolados, mais conhecidos como rocamboles.

Um amigo do jinglista Archimedes Messina que trabalhava na agência de propaganda que atendia a conta do fabricante o procurou na Sonotec e solicitou que ele criasse um jingle para a campanha de lançamento.

Ao começar a trabalhar na peça, Messina percebeu que a sonoridade das duas últimas sílabas do nome do produto poderia render uma brincadeira musical. Talvez, inconscientemente, o que o levou a isso foi a "Dança do bole-bole", de João Roberto Kelly, muito tocada nos bailes de Carnaval, cuja letra perguntava: "Gatinha que dança é essa / Que o corpo fica todo mole?". E respondia: "É uma dança nova, que bole bole bole bole...".

É ou não é um prato cheio como referência para vender rocambole? E Archimedes soube utilizá-la com maestria, chamando atenção para o nome do produto e repetindo-o diversas vezes, como é desejável no caso de um lançamento, sem, no entanto, transformar o jingle em algo chato – pois a brincadeira com o "bole, bole, bole" tornava o sambinha agradável e divertido de ouvir. E o mais importante, criando algo totalmente original, sem nenhuma alusão melódica, harmônica ou lírica à canção já existente.

Rocambole, bole, bole, bole
Rocambole, rocambole Pullman
A garotada come, come, come
Rocambole Pullman
A novidade que chegou
E todo mundo aprovou

*

Rocambole, bole, bole, bole
É gostoso, é delicioso
Rocambole, rocambole Pullman
A novidade que chegou

Rexona

Rexona surgiu na Austrália, no início do século XX, como uma marca de sabonete e pomada para problemas de pele. A partir de 1930, foi adquirida pela hoje denominada Unilever e gradativamente o desodorante da marca passou ser a comercializado em diversos países.

No Brasil foi lançado em 1967, e a partir da década de 1970 se popularizou rapidamente. Um dos principais responsáveis pelo sucesso da marca nesse período foi o jingle criado por Tereza Souza e Chiquinho de Moraes e produzido no Nossoestúdio, que ficou no ar durante vários anos, sendo veiculado em toda a América Latina e ganhando mais de 15 versões diferentes.

A letra transmitia a sensação de liberdade e confiança que só um bom desodorante pode oferecer. Afirmava que, apesar de todas as agitações do dia a dia, o produto anunciado garantia sua eficácia, dando tranquilidade para o consumidor. Enfim, tudo o que todas as marcas de desodorante gostariam de afirmar, sem, no entanto, soar forçado; pelo contrário, Tereza Souza sabia como ninguém lapidar as frases de maneira inteligente, nas quais, além de dizer tudo a respeito do produto, ainda conseguia transmitir um clima de otimismo, incentivando as pessoas a abraçarem o que a vida tem de melhor.

Solte-se
Liberte-se
Abrace nessa vida o que ela tem
    de melhor
Solte-se
Liberte-se
Levando o dia inteiro o cheiro bom
    da manhã

Em sua volta o mundo se agita e você
    também
E Rexona protege e garante o seu vai
    e vem
Solte-se com Rexona
Liberte-se com Rexona
No mundo inteiro a pessoa mais livre
    é você

Sanador

Faixa 37

Muitas vezes a melhor opção para se escrever um jingle é contar diretamente os benefícios que o produto anunciado oferece, sem muitos rodeios. Foi justamente esse o caminho escolhido por Francis Monteiro quando recebeu a solicitação para criar um jingle para o Sanador, um analgésico e anti-inflamatório muscular.

O *briefing* pedia também que o tema destacasse a versão do produto em aerosol, que estava sendo lançada na mesma ocasião. Em uma melodia animada, Francis descreveu inicialmente os tipos de lesão que o medicamento tratava e depois, ao apresentar o nome do produto, já indicava a existência da nova forma de aplicá-lo, por meio da onomatopeia "tsss".

A segunda parte da letra, que aliás foi cantada pelo próprio autor, destaca exclusivamente a rapidez no alívio das dores que Sanador promove, voltando a utilizar o "tsss" duas vezes entre a locução que informava as opções em que o remédio era apresentado.

Com versos fáceis de cantar e rápidos de memorizar, Francis Monteiro conseguiu fazer um jingle que cumpriu perfeitamente sua função e que até hoje é lembrado por muita gente – mesmo o produto não estando mais no mercado.

Torcicolos, contusões, dores lombares
Distensões musculares, passe logo
    Sanador
Sanador! Tsss... Tsss...
A gente passa um pouquinho
E num instantinho a dor se vai
Com Sanador não se ouve mais aquele
Ai, ai, ai... Tsss... Tsss...

Sanador é alívio imediato
Você quer alívio a jato?
Passe logo Sanador
Sanador! Tsss... Tsss...
*
Locução: Em pomada ou aerosol
*
Sanador! Tsss... Tsss...

U.S. Top

Antes de abrir a produtora MCR, Sérgio Campanelli trabalhou durante alguns anos na DPZ como RTV. Nessa época, a agência atendia a conta da Levi's, e Campanelli conta que encomendou a Sérgio Mineiro e Beto Ruschel um jingle para o anunciante. Por algum motivo, o jingle não foi aprovado, não sendo, portanto, utilizado.

Algum tempo depois, Joaquim Gustavo, que era redator da DPZ quando a campanha foi apresentada, se transferiu para a J.W. Thompson e resolveu utilizar o tema para a U.S. Top, que era cliente da agência. Para isso, entrou em contato com Campanelli, que o encaminhou para a dupla de compositores. Estes adaptaram a letra do jingle e substituíram Levi's por U.S. Top, produzindo a peça na produtora Prova.

De certa maneira, a peça retrata o cenário daqueles anos 1970, quando o máximo de liberdade que os jovens podiam ter era utilizar uma calça velha azul e desbotada. Outro aspecto que também merece destaque é a frase "Desbote e perca o vinco", em contraponto a uma famosa campanha veiculada na década anterior segundo a qual as calças de Nycron, um tecido sintético similar ao Tergal, "Não amarrotam nem perdem o vinco" – o que identifica a evolução na moda e no comportamento da sociedade em um espaço de tempo relativamente pequeno.

Liberdade é uma calça velha, azul e desbotada	Desbote e perca o vinco
Que você pode usar do jeito que quiser.	Delírio índigo blues
Não usa quem não quer	U.S. Top!
U.S. Top!	Seu jeito de viver

Varig – "Conheça o Brasil"

Já consagrado com os sucessos "Seu Cabral" e "Urashima Taro" para as linhas da Varig para Portugal e para o Japão, respectivamente, na década de 1970, Archimedes Messina foi convocado para aquele que considera seu trabalho mais desafiador e também o que lhe deu o maior prazer: criar 12 jingles para a campanha "Conheça o Brasil pela Varig".

A ideia era promover 12 destinos domésticos da empresa em estados diferentes. Para isso, Messina foi enviado a cada um deles a fim de conhecer os pontos turísticos e os costumes locais, além de captar referências musicais. Os jingles foram produzidos na Sonotec, inicialmente para serem veiculados no rádio e, posteriormente, ganharam comerciais para TV, nos quais o tucano, personagem símbolo da companhia criado por Francesc Petit nos anos 1950, visitava cada um dos estados retratados. A campanha fez tanto sucesso que versões instrumentais dos jingles foram gravadas pela orquestra de Silvio Mazzucca e lançadas em disco.

Os jingles

Amazonas 🎙️ Faixa 38

    Com sua primeira parte remetendo diretamente aos filmes e seriados de ação da época, o jingle para o Amazonas começa em ritmo de aventura. Em determinados momentos, as imagens do comercial nos fazem lembrar, de alguma forma, a abertura do desenho animado Johnny Quest, muito popular naqueles anos. Na segunda parte, a música surpreendentemente nos sugere "O que é que a baiana tem?", de Dorival Caymmi, e então é finalizada com a tradicional assinatura musical da empresa.

Uma aventura espetacular
O Amazonas vamos conhecer
Ouvir passarada cantar
Ver de perto esse rio que é um mar
O Amazonas dos igarapés
Vitória-régia quase aos nossos pés
A selva tão grandiosa
*

E também vamos a Manaus, a capital
Ver o teatro, tradicional
Museu do Índio e o Mercado Municipal
Na Zona Franca fazer as compras é natural
*
Varig. Varig. Varig. Cruzeiro, Cruzeiro

Bahia 🎙️ Faixa 39

    Para a Bahia, Messina criou um samba que, como não poderia deixar de ser, é introduzido pelo inconfundível toque de berimbau, e então traz a letra que enaltece as belezas, as personalidades, a culinária e o povo baianos. É praticamente um hino de amor ao estado.

Bahia, Bahia bonita
Bahia de Salvador
Bahia, Bahia querida
Bahia feita de amor
*
Terra de Rui, de Caymmi
De Castro Alves também
Mil encantos, mil belezas

Minha Bahia é que tem
*
Itapuã tão famosa
Lagoa do Abaeté
Lindas praias e igrejas
Ai que bonito que é!
*
Ver a Feira de Santana

Comer um bom vatapá
Gente boa, gente amiga
Você encontra por lá
*
Bahia, Bahia bonita

Bahia de Salvador
Bahia, Bahia querida
Bahia feita de amor
*
Varig. Varig. Varig. Cruzeiro, Cruzeiro

Brasília

Faixa 40

As circunstâncias atravessadas pelo Brasil na década de 1970 por conta do governo militar certamente não passaram despercebidas na hora da criação do jingle que incentivava o turismo em Brasília. Uma marcha, que em determinados momentos ganhava contornos quase militares, foi escolhida como ritmo, que contrastava com a letra, a qual por sua vez discorria sobre o arrojo e a modernidade da capital. A beleza da melodia, de certa forma, ameniza esse paradoxo e reafirma o propósito da peça.

Veja hoje o mundo de amanhã
Veja Brasília!
Moderna, monumental
Orgulho de um povo inteiro
Brasileiro mostra ao mundo sua
   nova capital
Brasília! Brasília!

As modernas superquadras
Os palácios colossais
Brasília! Brasília!
É prova do que um povo é capaz
*
Varig. Varig. Varig. Cruzeiro, Cruzeiro

Ceará

Faixa 41

Para cantar os encantos naturais das praias cearenses, da capital Fortaleza e de suas opções de lazer, Archimedes escreveu um xaxado que fazia o turista entrar no clima do estado antes mesmo de comprar a passagem da Varig.

Agora eu vou
Me divertir um bocado
Eu vou dançar o xaxado
Eu vou dançar o baião
No Ceará!

Terrinha boa tá lá
*
A gente deita na rede
E deixa o tempo passar
Toma um caju geladinho

Nas praias do Ceará
Iracema, Futuro, Mucuripe
Pescador, jangada, rede
Bate-papo ao luar
*
Em Fortaleza

Quanta beleza!
Nem dá tempo de contar
Ceará, Ceará, Ceará, Ceará!
Terrinha boa tá lá!
*
Varig. Varig. Varig. Cruzeiro, Cruzeiro

Minas Gerais

🎤 Faixa 42

Ainda presente em tantas cidades do interior do Brasil, sobretudo em Minas Gerais, o coreto, que hoje anda em desuso, abrigava as bandas civis e militares que apresentavam, aos domingos e em dias de festa, marchas, dobrados, sambas e suas variações para deleite da população. Foi justamente nas músicas que alegravam as pracinhas das cidades mineiras que Messina buscou inspiração para contar num maxixe os pontos turísticos, a culinária e os personagens históricos do estado.

Que vida boa que a gente leva
   em Minas Gerais
Comendo o queijo e o doce de leite
   de Minas Gerais
Em Belo Horizonte, quanta atração
Pampulha, Maquiné e o futebol do
   Mineirão
*
Pra descansar tem Caxambu, Poços

e Araxá
O tutuzinho de feijão você vai saborear
Tem Ouro Preto, tem Sabará
A obra de Aleijadinho lá está
Berço de Tiradentes, Santos Dumont
   e tantos mais
É a querida Minas Gerais
*
Varig. Varig. Varig. Cruzeiro, Cruzeiro

Paraíba

🎤 Faixa 43

Bahia e Paraíba são os dois únicos estados femininos do Brasil. Santa Catarina não entra nessa conta porque todo mundo fala "em" Santa Catarina ou "no estado de" Santa Catarina. Por causa dessa característica e das questões políticas que a Paraíba enfrentou, Humberto Teixeira e Luiz Gonzaga compuseram "Paraíba" ("Paraíba masculina / Mulher macho, sim senhor"), música que se tornou uma espécie de hino do estado. Messina encontrou nesse tema a referência perfeita para escrever seu jingle – utilizando, inclusive, a expressão "sim, senhor", que dá veemência a cada uma das afirmações feitas em relação às características e atrações do estado.

Quem vai pro norte não pode deixar de ver
A Paraíba, sim, senhor! A Paraíba!
Tem tanta coisa diferente
É pra frente, sim, senhor!
A Paraíba! A Paraíba!
*
Lá você vai ver João Pessoa
Eta cidade boa!
Paisagem sem igual

Campina Grande muito avançada
Vamos comer uma peixada
Vamos ver os coqueirais
*
A praia de Tambaú parece um sonho
O povo é gentil, é risonho
Na Paraíba, sim, senhor!
*
Varig. Varig. Varig. Cruzeiro, Cruzeiro

Paraná

Faixa 44

Para descrever a amplitude das atrações paranaenses, Archimedes Messina criou uma toada, em que enumerou as principais cidades, começando por Foz do Iguaçu, mais importante polo turístico do estado, passando pela capital e pela gastronomia de Santa Felicidade, pelo litoral e, também, pelas cidades do norte e por seus cafezais, na época ainda fundamentais para a economia local.

Lá, lá, lá, lá, lá.... Vou pro Paraná
Quanta coisa linda no Paraná
  (No Paraná!)
Foz do Iguaçu é uma maravilha
Vale a pena ver o Paraná
Curitiba sempre hospitaleira
Vamos visitar
Vila Velha, Santa Felicidade
Londrina, Maringá

Camarão gostoso em Paranaguá
Vale a pena ver os cafezais, os pinheirais
Lá do Paraná
*
Varig. Varig. Varig. Cruzeiro, Cruzeiro

Os jingles

Pernambuco

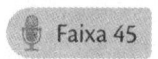

Faixa 45

Recife foi o grande destaque do jingle para o estado de Pernambuco – e, como não poderia deixar de ser, embalado por um contagiante frevo; afinal, foi lá que o ritmo nasceu. Como de praxe, Messina exalta as belezas locais e cita uma lista de pontos turísticos, sem se esquecer de destacar a felicidade e o orgulho do povo pernambucano.

Quem chega em Recife logo fica apaixonado
É beleza por todo lado
Recife é linda demais
O frevo é quente
Alegria de toda essa gente contente
Com muito orgulho de lá
Praia de Boa Viagem, Capibaribe, Pontes
Históricos montes Guararapes
Igreja de São Pedro, museus e monumentos
Olinda e sua tradição
Visite Recife e leve Recife pra sempre no seu coração
*
Varig. Varig. Varig. Cruzeiro, Cruzeiro

Rio de Janeiro

Faixa 46

Nada descreve melhor o Rio de Janeiro do que sol, calor, praia e, é claro, samba. Mas a cidade tem tantas atrações e encantos naturais que não caberiam em apenas uma música. É exatamente esse o mote que Messina escolheu para criar este lindo jingle, em que afirma que um samba só não dá para descrever tudo – só mesmo indo lá. Muito mais do que uma peça publicitária, é uma verdadeira ode ao Rio.

Rio... Rio de Janeiro
Pra cantar tua beleza
E a tua natureza
Um samba só não dá
*
Pra cantar Copacabana
Corcovado e Pão de Açúcar
Um samba só não dá
*
Pra falar de Ipanema
Botafogo e Paquetá
Um samba só não dá
*
As belezas do meu Rio
É preciso ver de perto
Pra você acreditar
*
Pra contar tudo de lindo

Que existe no meu Rio
Um samba só não dá
Só mesmo indo lá (bis)

*
Varig. Varig. Varig. Cruzeiro, Cruzeiro

🎤 Faixa 47

Rio Grande do Sul

O jingle para o estado mais meridional do Brasil, se comparado aos outros que compõem a campanha, possui várias curiosidades – a começar por ser executado uma vez na íntegra de maneira instrumental, com um típico acordeom solando e botas com esporas batendo no chão para marcar o ritmo como na chula, para só então começar a ser cantado. Com uma melodia tipicamente gaúcha, a peça, originalmente, assim como todas as outras onze, só não era veiculada no estado que ela promovia. No entanto, como a Varig era do Rio Grande do Sul, Carlos Ivan Siqueira, diretor de comunicação da empresa, teve a ideia de homenagear a terra natal da pioneira colocando o jingle no ar durante uma semana naquele estado. O sucesso foi tão grande que a peça acabou ganhando uma versão para o Carnaval; nela, Archimedes Messina acrescentou, ao final, a frase "Pra ver a gaúcha sambar". O autor, aliás, por causa deste jingle, recebeu o título de cidadão porto-alegrense em uma bonita cerimônia, na qual lhe foi entregue também a chave da cidade.

Um povo alegre que dança, que canta
Está no Rio Grande do Sul
O churrasco, o vinho, o mate gostoso
Estão no Rio Grande do Sul
O meu Guaíba

Quem vê não esquece jamais
Porto Alegre cidade moderna bonita demais
*
Varig. Varig. Varig. Cruzeiro, Cruzeiro

🎤 Faixa 48

Santa Catarina

Para divulgar o estado com a maior colônia germânica, Messina criou um jingle que é uma típica polca alemã, para acentuar as diferenças culturais e gastronômicas de Santa Catarina em relação ao restante do país. O tema, interpretado por um cantor com forte sotaque alemão, tem detalhes no arranjo que, embora possam passar despercebidos para ouvidos desatentos, remetem a outros elementos simbólicos daquela nação europeia – como o canto tirolês dos trechos que mencionam o Vale do Itajaí e o litoral ou a famosíssima "Rosamunde Polka", conhecida no Brasil como "Barril de chope", citada de maneira incidental ao final do jingle.

Lá, lá, lará, lá, lá
Lá, lará, lá, lá, lará, lá, lá
Um pedaço do Brasil que a gente sente
Que é fascinante, que é diferente
É Santa Catarina
Lá, lá, lará, lá, lá, lá
É Santa Catarina
O chope é delicioso, a salsicha especial
Lá, lá, lará, lá, lá, lá

Na encantadora Blumenau
Vá ver o Vale do Itajaí
Florianópolis é a capital
Vá ver que lindo é o litoral
Em Joinville um mundo de flor
Santa Catarina é o amor
*
Varig. Varig. Varig. Cruzeiro, Cruzeiro

São Paulo

Faixa 49

Para falar da pujança de São Paulo, Messina criou um jingle cuja primeira parte é uma marcha de andamento bastante acelerado, e o coro que a interpreta canta velozmente cada palavra, justamente com o intuito de transmitir o rápido e constante crescimento da capital paulista. Já na segunda parte, o tema transforma-se em uma marcha-rancho, para falar com mais tranquilidade e simpatia dos pontos turísticos da cidade e da Baixada Santista. Uma peça com as características criativas e o cuidado com os detalhes típicos da obra de Archimedes Messina – e que fecha o belíssimo conjunto de jingles da campanha "Conheça o Brasil pela Varig".

Viadutos, pontes
Novas avenidas
Edifícios, construções

A cada minuto que passa
São Paulo mais cresce
Não para mais

É o coração do Brasil que pulsa
É o progresso industrial
São Paulo! São Paulo!
*
O Ipiranga glorioso
Museu tão famoso
Ibirapuera, Butantã
A vida noturna

As praias de Santos
Guarujá!
O cafezinho, o sorriso
Uma gente de fibra
Uma gente feliz
São Paulo! São Paulo!
*
Varig. Varig. Varig. Cruzeiro, Cruzeiro

Varig – Cruzeiro

Faixa 50

Todos sabem que a Varig foi a primeira companhia aérea brasileira e, por isso, durante os quase oitenta anos que se manteve em operação era chamada de "a pioneira". No entanto, o que muitos ignoram é que por muito pouco a merecedora dessa distinção não foi a Cruzeiro do Sul, que, como a Varig, também foi fundada em 1927, mas só começou a operar efetivamente no ano seguinte com o nome de Condor.

Nos anos 1940, já sob a denominação de Serviços Aéreos Cruzeiro do Sul, fazia voos internacionais, e seu crescimento foi constante nas décadas seguintes. Apesar disso, a Varig continuava a voar em céu de brigadeiro, enquanto a Vasp, a Transbrasil e a própria Cruzeiro competiam arduamente pelo segundo lugar. Essa competição levou a Cruzeiro do Sul a um grande endividamento, pela compra de aeronaves e pelo valor do combustível necessário para mantê-las no ar, sobretudo durante a crise do petróleo no início da década de 1970. Aproveitando-se da situação, a Varig a adquiriu em maio de 1975 e passou a liderar com mais folga ainda o mercado de aviação civil brasileiro.

Para comunicar a fusão, mais uma vez Archimedes Messina foi convocado para criar um jingle que apresentasse ao público a nova configuração da companhia. Ele escreveu e produziu na Sonotec uma toada que tinha como ideia principal frisar bem que agora a Varig e a Cruzeiro voavam juntas, além de destacar que a simpatia e o carinho só iriam aumentar, ou seja, os passageiros só teriam vantagens. Os jingles que vieram após a união das duas marcas passaram a receber, além da clássica assinatura "Varig, Varig, Varig", o sufixo "Cruzeiro, Cruzeiro".

Varig e Cruzeiro voando juntas vão
   levar você pra ver nosso país
Você merece um sorriso muito amigo
Aquele amor antigo crescendo
   sempre mais
Feliz de quem abre as asas pra voar

Com quem sabe de voar
Mais do que ninguém
Varig e Cruzeiro voando juntas
Varig e Cruzeiro voando juntas
Varig e Cruzeiro voando juntas

Vasp – "Viaje bem, viaje Vasp"   🎤 Faixa 51

Em 1972, quando ainda trabalhava na Sonotec, Theo de Barros criou um tema para a Vasp que foi utilizado durante um período relativamente curto. Alguns anos depois, já na Publisol, Theo escreveu uma nova primeira parte para aquele mesmo jingle e acabou criando um sucesso imediato, que foi premiado no Brasil e no exterior e ficou mais de dez anos no ar.

O jingle basicamente descreve, de forma muito inteligente, as etapas que um passageiro percorre desde a escolha do destino, a confirmação do voo, a chamada para o embarque e as sensações agradáveis proporcionadas pela experiência de voar com a Vasp. Tudo isso com uma melodia empolgante, que rapidamente gruda nos ouvidos, mas que não incomoda por isso – pelo contrário, nos faz lembrar constantemente e de maneira prazerosa que quem viaja bem, viaja Vasp. Só mesmo o imenso talento de um gênio como Theo de Barros para fazer algo assim.

Theo conta que anos mais tarde criou na Naipe, sua produtora, um novo jingle para a Vasp que considera ainda mais bonito do que este, mas que ficou pouco tempo no ar e só foi veiculado no rádio. Diante de sua competência e do padrão de qualidade de toda a sua obra, isso não só é possível como também altamente provável.

Atenção! (Viaje bem, viaje Vasp)
Céu azul! (Viaje bem, viaje Vasp)
Atenção!
Você com essa ficha na mão
Dirija-se ao portão
Embarque nesse avião. (Boa viagem!)
Largue o chão
Escolha uma direção
Aperte seu cinto e solte a sua

imaginação. (Voe Vasp!)
Céu azul, leste, oeste, norte ou sul
Você livre pelo ar
Com quem gosta de voar
A Vasp abre suas asas, sua ternura
Pra você ganhar altura
Viajar... Voar!
Viaje bem, viaje Vasp

ANOS 1980

Caderno 2 – O Estado de S. Paulo 🎙 Faixa 52

Planejado durante todo o ano de 1985, finalmente em 6 de abril de 1986 circulava pela primeira vez o Caderno 2, caderno diário de cultura e entretenimento do jornal *O Estado de S. Paulo*, criado não só para fazer frente à Ilustrada, da concorrente *Folha de S.Paulo*, como também para atrair um público mais jovem e moderno ao austero *Estadão*.

Inicialmente cotado para se chamar ETC, nome que acabou sendo dado a uma de suas colunas internas, o Caderno 2 tinha como proposta ser leve, irreverente e arrojado, e para que isso fosse transmitido aos seus leitores era necessária uma campanha publicitária à altura.

A criação do jingle ficou a cargo de Luiz Orquestra, que conta que, quando foi chamado para ir até a Rádio Eldorado, emissora que faz parte do mesmo grupo do jornal, para uma reunião de *briefing* sobre o lançamento, resolveu ir a pé com o amigo Camilo Magalhães. No caminho, Orquestra começou a cantarolar "Tereza da praia", de Tom Jobim e Billy Blanco, com a seguinte letra: "Ô Camilo, você conhece o novo *Estadão*?", ao que Camilo respondeu: "Tá todo bonito. Que diagramação!", e seguiram improvisando pelo caminho até que, quando chegaram à Eldorado, já tinham a ideia formatada – só faltava encaixar uma nova letra para o caderno. Resolveram isso na própria rádio.

Na música original, o dueto era entre Lúcio Alves e Dick Farney, mas, como o Caderno 2 pretendia ter uma visão mais de vanguarda dentro de um jornal tão tradicional, optaram por contrastar a voz de

Lúcio com um cantor de perfil mais jovem. Convidaram inicialmente Cazuza, mas ele recusou porque não estava interessado em fazer publicidade. Acabaram fechando com Roger, do Ultraje a Rigor, que gravou o jingle e fez com Lúcio Alves um dos duetos mais interessantes e originais da publicidade brasileira.

Lúcio: Ô Roger, você precisa ler
   o *Estadão*.
Tá tão atrevido, que diagramação!
Com dicas, programas e badalação...
   Tão bom
*
Roger: Ô Lúcio, o *Estadão* tá com
   um novo caderno
Usando bermuda por baixo do terno
Mostrando pra gente seu lado
   moderno
*
Roger e Lúcio: Então vamos!
Não podemos deixar pra depois
O que aconteceu deu no Caderno 2
*
Roger: Teatro, cinema
Lúcio: Um feijão com arroz
Roger: Curtir os buchichos
Lúcio: E dar nome aos bois
Roger: *O Estado de S. Paulo*
Lúcio: Deu no Caderno 2

Caixa
    🎙 Faixa 53

Uma das mais antigas instituições financeiras do país, a Caixa Econômica Federal há muito tempo é conhecida popularmente apenas como Caixa. Com a intenção de assumir essa nomenclatura difundida espontaneamente, a partir dos anos 1980 suas campanhas publicitárias passaram a suprimir os dois complementos nominais, tornando a comunicação mais direta e natural.

Com a criação do *slogan* "Vem pra Caixa você também", isso ficava ainda mais evidenciado, e se popularizou de vez a partir do jingle criado por Luiz Carlos Sá. Por meio de um ritmo dançante, ele descrevia vários serviços oferecidos pela instituição e ao final assinava com o *slogan*-convite.

Uma das versões do jingle ensejou um comercial em que funcionários e clientes em uma agência dançavam de forma coreografada ao som da peça e voltavam normalmente aos seus afazeres quando a música terminava – algo que posteriormente seria conhecido como *flash mob*.

Nos anos 2000, Sá, em parceria com Tavito, voltou a criar novas versões para o tema, que constantemente volta ao ar e que já se transformou em uma assinatura sonora "eterna" da Caixa.

Se você poupa na Caixa tá com tudo
Tá com tudo o que a Caixa tem
Financiamento de carro, casa própria
Cheque Azul e conta corrente também
*
Locução: Quem está na Caderneta da Caixa Econômica Federal está mais perto de tudo o que a Caixa tem.

*
Também...
*
Locução: A Caderneta da Caixa está com tudo, venha pra cá
*
Vem pra Caixa você também

Caldo Maggi

Faixa 54

Uma galinha azul sempre foi o elemento visual utilizado para identificar os tabletes de caldos de galinha da Maggi. Nos anos 1980, a personagem deixou de aparecer exclusivamente nas embalagens e passou a estrelar as campanhas publicitárias do produto.

Seu carisma ajudou a aumentar a simpatia das consumidoras e conquistou um novo público: as crianças, que recebiam brindes como revistas em quadrinhos e até miniaturas da Galinha Azul que botavam ovos.

Faltava dar voz para uma figura tão querida. A Norton, agência de publicidade que atendia a marca, encomendou ao New Zeláo Estúdio, de José Luiz Nammur, o Zelão, que já havia criado a assinatura musical "o caldo nobre da Galinha Azul", um jingle para o caldo Maggi. Os irmãos Olavo e Diógenes foram incumbidos de compor a peça e tiveram uma ideal genial. Melhor do que colocar alguém para cantar uma música para a personagem, puseram a própria Galinha cantando, ou melhor cacarejando o tema.

Na hora de gravar, chamaram a cantora Nadir Gargano, que se assustou quando disseram que ela ia fazer a voz de uma galinha. Mas, ao final, o resultado ficou muito bom e deu ainda mais personalidade à tão charmosa Galinha Azul.

Caldo Maggi. O caldo nobre da
    Galinha Azul
Có có có có có có có có có có

Có có có có có có có có có có
Caldo Maggi. O caldo nobre da
    Galinha Azul

Campari

Faixa 55

No fim dos anos 1980, o fabricante de Campari, uma das bebidas mais conhecidas do mundo, queria uma música que estivesse fazendo sucesso no momento para utilizar em sua nova campanha e solicitou à Cardan algo que se encaixasse neste pedido. Edgard Gianullo, que trabalhava na produtora, escolheu "Stand by me", de Ben E. King, na gravação solo de Maurice White, integrante do Earth, Wind & Fire.

Para que o comercial não se transformasse simplesmente em um novo videoclipe da música, Edgard escreveu uma letra em português e chamou o cantor William Santana, da banda Placa Luminosa, que tinha timbre de voz muito parecido com o de White, para interpretá-la. O arranjo é praticamente o mesmo do álbum de 1985 de Maurice, apenas reduzido para se adequar à duração da peça.

O jingle ficou tão legal e tão bem-feito que, embora a música base seja muito conhecida, até hoje tem gente que não percebe que se trata de uma versão de "Stand by me".

Quando o sol se vai
E a noite vem
Largo tudo, só pra ter você pra mim
Campari, Campari, Campari, Campari, Campari
Campari, Campari, Campari, Campari
E sua cor, gosto de olhar
Beijos de amor lembrar

Largo tudo, só pra ter você pra mim
Campari eu quero
Campari, mais, sempre mais
Campari, Campari sempre pra mim
Quero você, quero um momento mais
Não posso ficar sem você Campari, Campari
Campari, Campari quero pra mim

CCAA

Após o sucesso do jingle que criou na década de 1970 para CCAA – e que ficou no ar durante vários anos –, Tavito foi novamente convocado, em 1988, para compor um novo tema para a rede de escolas de inglês, visando, sobretudo, atualizar a comunicação para as novas gerações de estudantes.

O tema da campanha era "O mundo é seu", e Tavito, em parceria com seu sócio na produtora RTS, Ricardo Magno, criou um jingle pra cima, otimista, que buscava mostrar ao jovem que sua vida realmente poderia mudar com o domínio do inglês, e, como consequência, metaforicamente, ele estaria preparado para conquistar o mundo.

O jingle inicialmente foi veiculado em português, como trilha de um comercial feito em animação, mas ganhou também uma versão estendida em inglês, cujo filme contou com a dupla de compositores como atores.

Existe um sonho
E a chance de fazer a sua vida mais feliz
É só querer
Junte-se a nós
CCAA

A hora é essa
O mundo é seu
CCAA
The world is yours

Chevrolet

Faixa 56

Certo dia, em 1987, Zé Rodrix estava em sua produtora e recebeu um telefonema chamando-o com urgência para uma reunião na McCann Erickson. Chegando lá, ficou sabendo que estavam precisando de um jingle para a Chevrolet e que já o haviam solicitado a várias produtoras – e nenhuma delas tinha conseguido acertar. Durante a conversa, Zé começou a perceber que eles não tinham ainda muita certeza do que queriam e talvez esse fosse o problema. Resolveu aceitar o desafio, mas quase se arrependeu quando descobriu que deveria entregar o jingle naquele mesmo dia até às 15:00 horas. Quando saiu da sala o relógio já passava das 11:30 horas. Da portaria da agência ele ligou para sua secretária e pediu que já fossem convocando os músicos para a gravação do jingle que ainda não havia sequer sido iniciado.

Apesar do receio de não conseguir cumprir a encomenda, ele se trancou em seu estúdio e começou a tamborilar os dedos nas teclas do piano, pensando em como começar a música. Na reunião haviam dito que ele deveria usar a frase "Meu coração bate mais forte dentro de um Chevrolet" e que gostariam de alguma coisa na linha do que ele produzia nos tempos do trio Sá, Rodrix e Guarabyra. Letras que falassem de estrada... Não era muita coisa, mas podia ser um bom caminho.

No mesmo instante, ele se lembrou de que sua esposa, Julia, tinha um automóvel da marca e que o carro era muito silencioso. Pegou um papel e escreveu: "É no silêncio de um Chevrolet". Refletiu que nesse silêncio realmente era possível ouvir o coração batendo e continuou: "que o meu coração bate mais forte". Lembrou que quando o carro estava na estrada as árvores, as construções e tudo o mais pareciam perder a forma por causa da velocidade e prosseguiu: "enquanto o mundo perde a forma". Ele lembrou também que quando viajava sua mente também viajava em pensamentos. Não teve dúvida, e acrescentou: "eu me encontro em mim e é aqui que eu vou seguir". Mas seguir o quê? Só podia ser seu coração. Que por sinal batia mais forte num Chevrolet.

Assim, sem perceber, Zé Rodrix conseguiu criar a letra de que precisava para o seu jingle. Desse jeito mesmo, sem rimas e sem preocupação exagerada com a métrica. Para a melodia, tratou de marcar o tempo com batidas que lembram a de um coração; afinal, a letra dizia que ele batia mais forte. Tudo isso resultou num jingle lindíssimo, certamente o mais importante de sua carreira.

Quando estava finalizando o trabalho, seu sócio, Tico Terpins, o alertou para o fato de que a palavra "forte" está historicamente ligada a campanhas da marca Ford. Por isso, a letra foi alterada e o coração, ao invés de bater mais forte, passou a bater mais alto.

A Chevrolet gostou tanto do resultado que pediu à McCann Erickson que alterasse o filme e acrescentasse cenas dos cantores gravando o jingle no estúdio, – inclusive com imagens do próprio Zé Rodrix ao piano, o que transformou o comercial num verdadeiro videoclipe que mostrava toda a linha de veículos da marca para o ano de 1988.

É no silêncio de um Chevrolet
Que o meu coração bate mais alto
Enquanto o mundo perde a forma
Eu me encontro em mim
E é aqui que eu sempre vou seguir...

Meu coração
Bate mais alto dentro de um Chevrolet

Coca-Cola – "É isso aí"

A partir da década de 1970, as campanhas publicitárias da Coca-Cola passaram a ter seus conceitos unificados em todo o mundo. *Slogan*s como "Coke adds life" e "Have a Coke and smile" tornaram-se, no Brasil, "Coca-Cola dá mais vida" e "Coca-Cola e um sorriso", respectivamente.

Quando, em 1983, o brasileiro Márcio Moreira, então diretor mundial de criação da McCann Erickson em Nova York e responsável pela conta da Coca-Cola, reuniu sua equipe para desenvolver uma nova assinatura para o refrigerante, descobriu, em uma campanha criada para o Canadá pelo redator Ken Shulman e pelo diretor de arte Tony Di Gregorio, a seguinte frase para responder a uma ofensiva da Pepsi: "The real taste of Canada. Coke is it". Ele percebeu na hora que "Coke is it" era o que estava procurando e pediu que os departamentos de criação da agência em diversos países adaptassem o *slogan*. Ao receber o retorno, notou que a assinatura era forte em todos os idiomas, inclusive em português.

No Brasil, o *slogan* passou a ser "Coca-Cola é isso aí" e foi lançado em um comercial que era a exata refilmagem do original norte-americano, no qual um grupo de bailarinos fazia uma pausa no ensaio e então eles passavam a cantar o jingle da campanha enquanto se refrescavam com a bebida.

Com melodia original de Tom Dawes e letra de Ginny Reddington, o tema por aqui ganhou letra de Sérgio Lima e Fernando Leite, mantendo a mesma base melódica da versão em inglês.

É isso aí!
O jeito de viver
Com sabor que é pra valer
Coca-Cola é que faz
Tudo mais ser assim
Alegria pra você e pra mim

Coca-Cola é isso aí!
Não tem sabor como esse aqui
É demais!
Refresca muito, muito mais
É demais!
Pra sede logo desistir

Os jingles

É isso aí!
É um sorriso que vem
Lá de dentro e tem
Uma força pra dar
Seja em qualquer lugar
Seja a hora que for

Isso que é sabor
É isso aí!
Não tem sabor como esse aqui
É isso aí!
Coca-Cola é isso aí!

Em 1986, buscando manter a campanha em ascensão, Márcio Moreira fechou um acordo com Tom Jobim para utilizar a música "Águas de março" como base para os novos jingles, que mantinham o mesmo conceito, mas ganhavam um reforço e tanto do ponto de vista melódico – o que avalizava a mensagem "Coke is it" em mais de vinte idiomas e em 190 países.

No Brasil, uma das versões foi cantada por Sylvinha Araújo e tinha a seguinte letra:

É a garra, é o gesto, é o jeito de ser
É experimentar o prazer de viver
É luz, é festa, é gostar por gostar
É um tipo de vida, é um modo de amar
É a cidade no fundo, é o encontro na rua

É o que vai pelo mundo, é a fase da lua
É o mundo, é o tempo, é o mar, é amor
É o sorriso no rosto, é o presente na mão
É o gostinho gelado que lembra o verão
Coca-Cola é isso aí!

Uma outra versão foi gravada por Walter Montezuma, com uma base mais voltada para o rock:

É o sol, é o dia, é o balanço do mar
É o dom de saber aprender a sonhar
É um giro no ar, é unir, é vencer
É curtir quem se ama, é o prazer
É um chute no ar, é viver, é lutar
É estar sempre pronto pra recomeçar
É experimentar o prazer de viver
É um jeito de amar e tentar pra valer
É o Tom, é o mar, é o sorriso sem jeito

É o calor, é o suor, é o amigo do peito
É a transa do corpo, é o vigésimo andar
É um abraço apertado, é um brilho
  no olhar
É experimentar o prazer de viver
É um jeito bem solto de ser e se dar
  pra valer. (Pra valer!)
Coca-Cola é isso aí!

E no comercial de fim de ano, em 1986, o próprio Tom Jobim se encarregou de dar sua mensagem de Natal junto da versão natalina do jingle, que tinha a assinatura "Coca-Cola é isso aí" executada apenas de forma instrumental.

Tom Jobim: E pra você, o que que é o Natal? Pra mim é amor, reunião, alegria, carinho, amizade...

É festa, é luz, é saber escolher
É experimentar o sabor de viver
É o momento, é o carinho
Tempo de acontecer
É sonho presente
É o prazer

É aquela saudade
É saber conquistar
É uma grande amizade
É surpresa no olhar
É um enorme prazer
É um jeito bem solto de amar e de ser
De se dar pra valer
*
Tom Jobim: Feliz você, neste Natal.

Creme de leite Nestlé – "Picadinho" Faixa 57

Poucos pratos têm um sabor tão brasileiro quanto o picadinho. Certamente por isso foi o tema escolhido pela McCann Erickson para uma campanha de creme de leite Nestlé. Luiz Orquestra, diretor de criação para áudio da agência, logo sacou que um chorinho tinha tudo a ver com a comida. Assim, ele resolveu criar um jingle construindo uma letra que ensinava que para fazer um picadinho incrementado, e que todos elogiassem, nada melhor do que acrescentar o produto anunciado. Orquestra foi ainda mais longe e resolveu colocar uma pitada de Carmen Miranda na música, escolhendo uma cantora que carregasse nos erres e nos maneirismos vocais como a cantora fazia.

Apesar de no comercial a adição do creme de leite emprestar ao prato uma aparência de estrogonofe, o jingle conseguiu amenizar essa impressão ritmando de maneira harmoniosa os movimentos das mãos da cozinheira que preparava a receita.

Eu vou fazer um picadinho incrementado
Rapidinho, temperado
Todo mundo vai gostar
*
Refogadinho assim
Caprichadinho assim
Meu picadinho vai ficar mais do que bom
Porque eu coloco nesse molho comportado
Aquele toque caprichado
Creme de leite Nestlé
*
É elogio aqui
É elogio ali
Toda a família vai comer e repetir
Creme de leite Nestlé
Creme de leite Nestlé
Meu picadinho todo mundo vai querer

Cremogema

Desde a década de 1950, Cremogema é um dos ingredientes preferidos pelas crianças nos mingaus e papinhas. Fabricado à base de amido de milho e aromatizado com diversas opções de sabores, até hoje é vendido e adorado por várias gerações, que se recordam com nostalgia de seu sabor e de suas campanhas publicitárias.

De todas elas, a mais lembrada foi criada nos anos 1980 e tinha um jingle que acabou se tornando um ícone na propaganda brasileira. Poucos sabem que o tema era uma adaptação de um jingle norte-americano feito para uma marca de Donuts – e que ela foi realizada por Mariozinho Rocha, Renato Corrêa e Tavito.

O jingle foi veiculado durante vários anos e ganhou algumas releituras; no entanto, na primeira versão, foi cantado por Marya, filha de Zé Rodrix e afilhada de Tavito, que, com apenas quatro anos de idade, interpretou a música de maneira perfeita, praticamente de primeira.

Crem, Cremo, Cremo, Cremogema
É a coisa mais gostosa desse mundo
Eu esqueço a boneca
Eu esqueço a minha bola
Quando tomo, tomo, tomo, tomo, tomo, tomo, tomo

Crem, Cremo, Cremo, Cremogema
Tem um gosto que a gente gosta muito
A mamãe agora só vai comprar pra gente
Crem, Cremo, Cremo, Cremo, Cremo, Cremo, Cremo, Cremogema!

Danoninho – "O bifinho"

Faixa 58

Até meados dos anos 1980 todas as peças publicitárias de Danoninho vinham com a assinatura "Aquele que vale por um bifinho". No entanto, a possível sugestão que a frase trazia poderia levar mães a trocarem uma refeição de seus filhos por um potinho do produto – e isso fez com que a Danone mudasse o *slogan*.

Uma mudança como essa pedia uma nova campanha. Já que não se podia falar mais em bifinho, era preciso encontrar uma ideia inteligente para resolver a questão. Luiz Orquestra, que quando trabalhava na McCann já havia feito, a pedido de Christina Carvalho Pinto, diretora de criação na época, uma adaptação da peça para piano "O bife" para uma campanha do creme de leite Nestlé ("Agora eu vou fazer / Um bife gostoso / Pra gente comer / Ele é diferente do bife comum / Todo mundo gosta / Não sobra nenhum"), teve a sacada de utilizar novamente a melodia como base para o novo jingle do Danoninho. Como todo mundo já havia assimilado que era aquele que valia por um bifinho, resolveu assinar a peça apenas com "Aquele".

A maior dificuldade foi acertar a letra de maneira que todas as informações descritas como obrigatórias no *briefing* fossem citadas. Organizar lipídios, glicídios, protídios, cálcio, ferro, fósforo e vitamina A em uma ordem cuja divisão permitisse adequar a métrica foi o mais complicado.

Tanto é que na gravação, de maneira quase imperceptível, é cantado "fosfre vitamina A". Foi o jeito que Orquestra deu para a letra funcionar. Ele dizia para as crianças do coro: metade canta "fosfre" e metade canta "fosfro". Ficou tão bem-feito que se ele não contasse esse segredo ninguém perceberia.

Dá, Danoninho dá
Me dá Danoninho
Danoninho já
(Danoninho tá?)
Danoninho dá
Toda proteína que eu vou precisar
Já, já
*
Me dá, me dá, me dá
Me dá Danoninho
Danoninho já
Me dá Danoninho
Danoninho dá

Cálcio e vitamina pra gente brincar
Me dá
Lipídios, glicídios, protídeos, cálcio, ferro, fósforo e vitamina A
Me dá mais saúde, mais inteligência, me dá Danoninho
Danoninho já
Me dá!
*
Locução infantil: Você acabou de ouvir "O bifinho". Oferecimento, Danoninho. Aquele.

Dan'up

Faixa 59

Nos países de língua inglesa é comum quando alguém quer saber quais são as novidades perguntar a um amigo *What's up?*. Inspirando-se na expressão, Edgard Gianullo tinha a resposta perfeita para a pergunta no nome do produto para o qual precisava criar um jingle, o iogurte para beber Dan'up.

Com uma melodia empolgante e um ritmo cadenciado no melhor estilo pop-reggae, Edgard conseguiu criar um tema que caiu na boca dos jovens e passou a ser cantando espontaneamente, fazendo grande sucesso e trazendo um *recall* enorme para o anunciante.

Hey, what's up?
Dan'up
A vida tem que ser pra cima
Com saúde, alegria e amor
Hey, what's up?
Dan'up
A vida tem que ter sabor
*
O povo se alimentando

Do que é gostoso, puro e natural
What's up?
Dan'up
Dan'up agitou geral
*
Locução: Tome uma atitude que alimenta. Beba Dan'up.
*
Abriu, bebeu. Dan'up

Doriana

Faixa 60

João Derado conta que certa vez foi chamado para uma reunião de criação na Lintas, agência que atendia a Doriana. Apresentaram para ele uma fita com um tema gravado que, tudo indicava, deveria servir como referência para o novo jingle da margarina.

Ao retornar para a MCR, onde trabalhava, Derado pensou que em um jingle para esse tipo de produto a mãe deveria ser a estrela principal, uma vez que é ela quem sempre tem o cuidado de não deixar faltar Doriana na mesa. Por conta disso lhe ocorreu a seguinte frase: "Aqui tem Doriana, a gente logo vê e os elogios são pra você". Crispin Del Cistia e Sérgio Mineiro participaram do processo de criação desenvolvendo a melodia, que foi gravada pelo próprio Mineiro.

Ao voltar à agência para apresentar o resultado, Derado percebeu que o pessoal não gostou muito; mas, depois de conversarem um pouco, acabaram por aprovar e a campanha foi um sucesso. Algum tempo depois, João ficou sabendo que aquela gravação que ouviu era o tema de um concorrente e referência do que não deveria ser feito.

O jingle ficou mais de dez anos no ar e recebeu diversas regravações. Crispin conta que durante esse tempo o estúdio foi sendo modernizado, mas o equipamento em que o jingle havia sido gravado não podia ser substituído, pois sazonalmente novas versões eram produzidas, sendo necessário adequar e recantar algumas frases. Coisas da era pré-digitalização dos estúdios.

Mais recentemente, o jingle foi resgatado pela agência WMcCann para uma nova campanha da margarina, ganhando uma nova letra e um novo arranjo, o que levou Crispin e sua turma de volta ao estúdio para refazê-lo.

Quem é que acorda todo dia bem cedinho
E faz tudo com carinho pra você despertar?
Põe a mesa, faz o lanche e o cafezinho
E ainda sobra tempo pra de todos cuidar
Quem é que faz tudo com amor
E põe na mesa o melhor sabor?
Aqui tem Doriana, a gente logo vê
E os elogios são todos pra você.
   (Com Doriana)
O sabor que a gente logo vê.
   (É Doriana)
E os elogios são pra você

Brinquedos Estrela – "Bolinha de sabão"

Quem foi criança no fim dos anos 1980 certamente se lembra da boneca Bolinha de Sabão, fabricada pela Estrela, que, como o nome sugere, fazia bolhas de sabão enquanto caminhava. Tão popular quanto a boneca era o seu comercial, que mostrava uma garotinha sentada na calçada brincando com sua bonequinha, como descrevia o jingle que servia de trilha sonora para a peça.

O que nem todos sabiam é que não se tratava de um jingle, e sim de uma canção composta, em 1963, por Orlandivo, cantor e percussionista do legendário conjunto de Ed Lincoln, em parceria com Adilson Azevedo, e que já havia feito grande sucesso em várias gravações – como a do próprio compositor e também a do Trio Esperança.

Para o comercial foi utilizada apenas a parte inicial da melodia original, com pequenas alterações na letra.

Sentada na calçada de canudo
   e canequinha
Tuplec, Tuplim
Eu vi uma bonequinha

Tuplec, Tuplim
Fazendo uma bolinha
Tuplec, Tuplim
Bolinha de sabão

Já a música tinha a letra mais longa e contava a história de um adulto que encontrava um garotinho fazendo bolinha de sabão e voltava à infância ao ser convidado por ele para brincar.

Sentado na calçada de canudo
   e canequinha
Tuplec, Tuplim
Eu vi um garotinho
Tuplec, Tuplim
Fazendo uma bolinha
Tuplec, Tuplim
Bolinha de sabão

Eu fiquei a olhar, eu pedi para ver
Quando ele me chamou
E pediu pra com ele ficar
Foi então que eu vi como era
   bom brincar
Com bolinha de sabão
Ser criança é bom, agora vou passar
A fazer bolinha de ilusão

Brinquedos Estrela – "Estrelas da Estrela" 🎙 Faixa 61

Escrever um jingle já é difícil, mas conseguir a proeza de colocar toda a linha de produtos do anunciante na letra e ainda criar uma melodia empolgante que marcou para sempre toda uma geração de crianças que viveu na segunda metade da década de 1980, definitivamente, não é para qualquer um.

A agência SGB, que atendia a conta da Manufatura de Brinquedos Estrela, precisava de um jingle especial para o Dia das Crianças de 1987. Deveria ter dois minutos de duração inicialmente, com reduções de trinta e sessenta segundos. Para isso, convidou para a empreitada Luiz Orquestra, que, mesmo sabendo que tinha um prazo apertadíssimo para entregar a peça, resolveu aceitar o desafio.

Dois anos antes, havia estourado com grande sucesso mundial a gravação de "We are the world", de Michael Jackson e Lionel Ritchie, com estrelas da música norte-americana cantando para o projeto USA for Africa. Orquestra conta que teve a ideia de fazer alguma coisa no mesmo estilo, mas cantada individualmente por crianças. Depois de algumas alterações, a ideia evoluiu para uma espécie de coral infantil, como pôde ser visto no comercial. Para a gravação do jingle, um grupo de crianças cantou o tema e as vozes depois foram dobradas para ganhar corpo, num recurso conhecido como *overdub*.

O mais incrível neste jingle é o grau de dificuldade que Luiz Orquestra conseguiu superar ao encaixar cada brinquedo fabricado pela Estrela com métrica e rima perfeitas, sem deixar nenhum de fora. O sucesso foi tão grande que o jingle ficou no ar por mais de dois anos e continua na cabeça de muita gente até hoje.

A Estrela é nossa companheira
Nossa brincadeira
Nossa diversão
A Estrela entende a gente
Traz sempre pra gente
Uma nova invenção
*
Todo o segredo
De um brinquedo
Vive na nossa emoção
Toda criança
Tem uma Estrela
Dentro do coração
*
Meu Querido Pônei

Sapeca e Bambina
Moranguinho e sua coleção
Ponte Car, Ping Porc
Comando em Ação
O Jogo da Operação
He-Man, Tremelique
Escolinha da Moda
Chuquinha, Trombada e Dragão
E os Super Powers protegem a Barbie
A estrela da constelação
*
Todo o segredo
De um brinquedo
Vive na nossa emoção
Toda criança

Tem uma Estrela
Dentro do coração
*
A Estrela estrelando
Brincando com a gente
E a gente brincando feliz
A vida é um sonho
E o sonho é da gente

Criança estrelando feliz
*
Todo o segredo
De um brinquedo
Vive na nossa emoção
Toda criança
Tem uma Estrela
Dentro do coração

Gelatina Royal – "Bocão"

O segmento de gelatinas em pó se assemelha de certa forma ao mercado de *commodities*, com várias marcas competindo e com raríssimos diferenciais entre elas – isso quando existem. Atenta a esse fato, a filial carioca da J. Walter Thompson desenvolveu, em 1988, uma campanha para a gelatina Royal que aproximava o produto de seus consumidores principais: o público infantil.

A partir do *slogan* "Abre a boca, é Royal", a agência criou o Bocão, um personagem em animação que parecia feito de gelatina e que passou a dividir com crianças os comerciais da sobremesa.

Para deixar os filmes ainda mais divertidos, foi encomendado um jingle à produtora Norte Magnético, de Luiz Roberto Oliveira. Apesar de não ter sido possível precisar exatamente seu autor, a peça ficou excelente. Ela brinca justamente com expressões como "nham, nham, nham" e "faça uma boquinha com a gelatina do Bocão", deixando ainda mais divertido o comercial.

Nham, nham, nham, nham. (Bauummm!)
Fa-faça uma boquinha. (Olha o Bocão!)
A-a-a-a-abre a boquinha. (Lá vem Bocão!)

Fe-fe-feche a boquinha
Que gostosinho
Tem mais, Bocão. (Baummm, Baummm, Baummm)

Os jingles

A alegria da boquinha
É alegria do Bocão
Tem todas as boquinhas
A gelatina do Bocão

Fa-faça uma boquinha
Com a gelatina do Bocão
A-a-a-a-abre a boca, é Royal
Abre o Bocão, é Royal

Gelol

Faixa 62

Quando José Luiz Nammur, o Zelão, recebeu a encomenda de criar um jingle para o anti-inflamatório muscular Gelol, procurou pensar em quais tipos de lesões as pessoas utilizavam o produto. A partir daí, não foi difícil imaginar os acidentes que provocavam esses traumas, e ele desenvolveu seu jingle descrevendo justamente essas situações. O comercial para TV foi inteiramente roteirizado em cima da letra, casando perfeitamente as imagens com o que era cantado.

O que Zelão não podia imaginar era que o sucesso de sua criação seria tão grande que permaneceria dezoito anos ininterruptamente no ar. Cada vez que ele apresentava ao fabricante de Gelol um novo jingle, a peça era ouvida, muito elogiada, mas a que estava no ar era mantida. Talvez por isso pessoas de todas as idades se lembrem da frase que inicia o jingle, transformando-a em uma espécie de *slogan* informal de Gelol até hoje.

Tropeçou, caiu, machucou
Tem que ser Gelol
Trombou, dividiu, foi no futebol
Tem que ser Gelol
Não há dor que não se cure
Torcicolo que perdure
Tem que ser Gelol
Caiu, bateu, escorregou...
Tem que ser...

Tem que ser (olha o breque) Gelol!
*
Locução: É, tem que ser Gelol.

Goodyear – "O importante é chegar bem" 🎙 Faixa 63

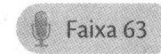

Na década de 1980, a fábrica de pneus Goodyear tinha sua conta publicitária atendida no Brasil pela McCann Erickson, que para uma nova campanha recebeu um jingle pronto da matriz norte-americana. Como evidentemente não faria nenhum sentido veicular a peça em inglês, encomendou ao maestro Murilo Alvarenga uma adaptação para o tema, que tinha a frase "Take me home, Goodyear. Take me home" como conceito principal.

Apesar de a campanha nos Estados Unidos seguir um tom totalmente emocional, por aqui os comerciais ganharam toques de humor. Contudo, Alvarenga escolheu manter os componentes originais em sua releitura – no que foi muito feliz, pois resultou em um jingle belíssimo, que consegue externar a certeza de que a marca de pneus vai garantir a condução do automóvel com segurança ao seu destino, ideia corroborada pela frase "O importante é chegar bem", precedida de "Goodyear vai me levar". Além da nova letra em português, o arranjo também foi escrito por ele e a gravação, realizada na Matrix, teve o cantor Dudu França como intérprete.

Na janela do meu carro
Vejo o mundo passar
Grand Prix S da Goodyear
Me ajuda a chegar
Encontrar as minhas coisas
Meu lugar e mais alguém
Grand Prix S
O importante é chegar bem
Vou chegar
Goodyear vai me levar

Tenho tudo pra chegar
Goodyear vai me levar
O importante é chegar bem

Guaraná Antarctica

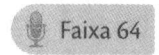

Faixa 64

Atendendo a uma solicitação que a Progress, a *house agency* da Antarctica nos anos 1980, fez à MCR, Crispin Del Cistia criou um jingle para o Guaraná Antarctica, pegou o violão e o apresentou a Sérgio Campanelli, diretor da produtora. Campa aprovou a peça e perguntou quem iria cantá-la. Como ele não tinha pensado nisso, respondeu que o pessoal de sempre, os cantores que costumavam gravar no estúdio.

Como Sérgio sempre foi um profissional constantemente em busca de novidades musicais, retrucou: "De novo? Eles esperam algo diferente". Pensando em surpreender, Del Cistia sugeriu despretensiosamente Sandra Sá (na época seu nome ainda era grafado assim). Campanelli respondeu de primeira: "Tá bom, vou chamar". Sem botar nenhuma fé, Crispim riu achando aquilo impossível, já que a apresentação do jingle seria naquela tarde e o orçamento estava apertado.

Campa provocou: "Quer apostar?". "Topo! Quanto?", perguntou Del Cistia. A resposta veio direta: "Um Guaraná Antarctica. Pode gravar o *playback*", disse Campanelli. Crispin foi para o estúdio e Campa saiu para almoçar. Cerca de uma hora depois, ele coloca meio rosto pela porta da técnica e fala: "Crispin, você me deve um Guaraná!". Ao abrir a porta, Sandra de Sá estava lá, pronta para gravar. Até hoje, Del Cistia não sabe como ela apareceu tão rápido.

Guaraná Antarctica
Brasileira Antarctica
Todo mundo um dia vira um guaraná
Guaraná Antarctica
Vira e mexe a gente vira um guaraná

Eu fico na minha, vira e mexe eu fico no meu guaraná
Guaraná Antarctica!

Hellmann's – Maionese

Faixa 65

Até a reforma ortográfica da língua portuguesa ocorrida em 1971, era possível diferenciar, através de um acento circunflexo, o substantivo masculino "gosto" da conjugação do verbo "gostar" na primeira pessoa do indicativo. Com a mudança, essa distinção ficou a cargo do contexto em que a palavra se apresenta.

Sem se preocupar especificamente com isso, e muito mais ligado na sonoridade que as palavras proporcionavam, Sérgio Augusto Sarapo, com a participação de Célia Money, criou uma das letras mais inteligentes e bem-sacadas para um jingle de gênero alimentício.

O produto em questão era a Maionese Hellmann's. Sérgio Augusto resolveu brincar com o substantivo "gosto" somado ao verbo "gostar" e ao adjetivo derivado "gostoso", compondo um jingle genial, de rápida memorização, facilmente cantável e que não deixava espaço para mais nenhuma marca de maionese sequer tentar pensar em dizer que era mais saborosa do que a Hellmann's. Além de tudo isso, Sarapo conseguiu o que todo anunciante sonha: ter o nome de seu produto repetido diversas vezes no decorrer da peça. Nesse caso, oito vezes em trinta segundos, e, o que é mais incrível, sem parecer forçado ou chato. Ao final, ainda é apresentada a famosa assinatura musical somente de forma instrumental, fazendo todo mundo lembrar que se trata da "verdadeira maionese".

Eu gosto do gosto gostoso
   de Hellmann's
O gosto que eu gosto é o gosto
   de Hellmann's
Gosto de quem gosta do gosto
   de Hellmann's
Quem gosta de Hellmann's só pode
   ter gosto

Dá gosto o gosto de Hellmann's
*
Quem gosta de Hellmann's só pode
   ter gosto
Não tem quem não goste do gosto
   de Hellmann's
Gosto do gosto de Hellmann's

Itaú – "Cante com a gente"

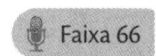

Muitas vezes a ideia para um jingle surge quando o jinglista menos espera e não tem encomenda específica de nenhum cliente. Foi o que aconteceu com João Derado, que conta que, indo para o trabalho um dia pela manhã, pegou o trânsito completamente engarrafado, com todas as pistas paradas. Sem ter o que fazer, procurou se distrair e, ao olhar para o carro ao lado, viu uma jovem motorista cantando, muito alegre. Quando ela percebeu que estava sendo observada parou na hora.

Foi quando ele sacou que seria muito interessante se fizesse um jingle que estimulasse as pessoas a cantar sem se envergonhar. No carro mesmo, pensou que poderia fazer algo assim para o Itaú e já começou a pensar na letra. Quando chegou à Cardan escreveu uns esboços; no mesmo dia, Edgard Gianullo criou a melodia, Vitché fez o arranjo e o jingle foi logo gravado.

No dia seguinte, apresentaram o trabalho para Emílio Carrera, então diretor de RTV da DPZ, que o aprovou na hora, e a peça virou um grande sucesso, com vários desdobramentos para outras mídias, recebendo muitos prêmios. Sem querer, estava inventado o jingle-caraoquê.

Locução: Um momento. Neste final de ano o Itaú oferece a você um serviço extra. Com violinos, sopros, percussão e as vozes que atendem você o ano inteiro. Você entra só com a sua vontade de cantar. A melodia é muito simples. Só tem quatro letras. I, T, A, U. E é assim:
*
Pegue o I e cante I... I... I...
Pegue o T e bata Tá... Tá... Tá...
Pegue o A e faça A... A... A...
Diga Ú pra quem não quer cantar
*
Locução: Viu como é fácil? Você só repete I... I... I..., Tá... Tá... Tá..., A... A... A... e Ú. Vamos lá. É sua vez.
*
Pegue o I e cante...
Pegue o T e bata...
Pegue o A e faça...
Diga... pra quem não quer cantar
*
Pegue o I e cante I... I... I...

Pegue o T e bata Tá... Tá... Tá...
Pegue o A e faça A... A... A...
Diga Ú pra quem não quer cantar

*

Locução: Itaú. O banco eletrônico que afina bem com você o ano inteiro.

Johnson & Johnson

Faixa 67

Certa vez, Sérgio Campanelli, sócio da produtora MCR, foi chamado à agência Lintas para lhe apresentarem um comercial norte-americano da Johnson & Johnson em que uma mãe recebe da enfermeira seu bebê recém-nascido pela primeira vez.

Campanelli não gostou da trilha sonora e, como o comercial seria refilmado com uma atriz com o perfil mais brasileiro, aproveitou e sugeriu que uma nova opção fosse composta por Tom Jobim. O pessoal da agência pensou que ele tivesse enlouquecido. Campa explicou que tinha curiosidade de trabalhar com ele e que tinha certeza de que o maestro faria um trabalho perfeito para aquele filme. Mesmo incrédulos, resolveram deixá-lo tentar.

Depois de conseguir o telefone de Tom em Nova York, Campanelli ligou, se apresentou e explicou sobre o comercial. Jobim ficou interessado e pediu que ele o encontrasse dentro de alguns dias no Rio de Janeiro. O maestro o recebeu em sua casa, ouviu mais detalhadamente sobre o trabalho e pediu 15 dias para fazê-lo. Ao fim do prazo, Sérgio voltou e, depois de ouvir, meio sem jeito, disse que não era aquilo que eles precisavam. Tom perguntou se ele não tinha gostado e Campa afirmou que a questão não era essa. O problema era que a música não se adequava ao propósito que eles tinham. Tom achou uma pena, mas Campanelli pediu que ele não desistisse e que compusesse uma nova música.

Na mesma hora Tom começou a mostrar uma outra canção: "Venham todos, meus amigos, vamos todos festejar o neném mais bonitinho que acaba de chegar..." Ana, sua esposa, que passava pela sala nesse momento, protestou: "Tom, essa não, Tom!". Ele continuou cantando e encaixou na letra: "Esse é o apartamento que você quer comprar".

A música era perfeita, ao mesmo tempo que mostrou, Tom já dava a dica de quanto queria ganhar por ela. Ana entendeu o recado e Campanelli também. O protesto da esposa se deu porque a canção tinha sido composta especialmente para o nascimento de Maria Luiza, a filha deles. O cachê foi acertado e o tema foi o primeiro de vários que Sérgio produziu com Tom Jobim.

Venham todos, meus amigos
Vamos todos festejar
O neném mais bonitinho
Que acaba de chegar
É bem-vinda se é Maria

É bem-vindo se é João
Tenho todo o meu amor, meu carinho
Na palma da minha mão
A linguagem do amor, do carinho
Na palma da minha mão

Lollo – Lançamento

Um dos chocolates mais amados por quem viveu nos anos 1980 é o Lollo. Recheado com leite maltado, o que lhe dava uma textura diferenciada, o Lollo foi lançado em 1982 como o chocolate fofinho da Nestlé.

Para a campanha de lançamento, a Norton Publicidade convidou Edison Borges de Abrantes, o Passarinho, para compor o jingle dos comerciais. Talvez inspirado em sua própria gagueira, Passarinho brincou com o nome do produto com muita criatividade para contar que todo mundo estava "lo-lo-louquinho por Lollo", além de exaltar sua fofura e repetir o nome do produto oito vezes em trinta segundos, num tipo de letra que os anunciantes sonham e que só quem domina a arte de criar jingles consegue fazer.

Dificuldade maior foi conseguir reproduzir, em uma época em que não se encontravam efeitos sonoros com facilidade, o som das barrinhas caindo na tina de chocolate num outro comercial de Lollo. Para que isso fosse possível, foi colocado óleo para motor de automóveis em um recipiente, e depois peças como porcas e parafusos foram sendo mergulhadas nele. O problema era posicionar o microfone próximo o suficiente para captar o som e longe o bastante para não ficar sujo de óleo. Depois de gravados, os sons foram reproduzidos em velocidade mais lenta para garantir a veracidade do ruído aplicado à cena.

Olha, pessoal, tem novidade
Tem nova fofura na cidade
Lollo, Lollo, Lollo, Lollo chegou
Macio, fofinho, feito com muito carinho
E o puro chocolate Nestlé

Lollo é recheado, delicioso
Com leite maltado, saboroso
Estou lo... lo... louquinho por Lollo
Estou lo... lo... louquinha por Lollo
Lollo qualidade Nestlé

Mappin

O Mappin foi a mais importante loja de departamentos de São Paulo de todos os tempos. Fundada em 1913, atravessou o século XX sendo a grande referência em compras para várias gerações de paulistanos. Inicialmente instalada na Rua 15 de Novembro, sua matriz se mudaria em 1939 para o endereço mais famoso: a Praça Ramos de Azevedo. Frequentado em suas primeiras décadas pela elite, o Mappin se popularizou por ações inovadoras, tais como ser um dos pioneiros em introduzir o crediário e também por ficar aberto até a meia-noite.

Havia algo que ocorria regularmente e era aguardado por seus clientes fiéis: as liquidações. Eram quinzenas de preços baixos em seções inteiras de produtos. E um acontecimento como esse precisava de uma divulgação à altura. Fernando Vieira de Mello, diretor de comunicação do Mappin, um profissional com larga experiência no rádio, solicitou a Tereza Souza um jingle para utilizar a cada liquidação. No *briefing*, pedia que a peça frisasse bastante o fato de a loja só fechar à meia-noite e também evidenciasse que o Mappin tinha de tudo, mas que o cliente deveria ir rápido porque os preços estavam tão baixos que logo o estoque iria acabar. E mais, ele queria uma peça vigorosa, animada, com balanço e que fosse "chiclete" – ou seja, que grudasse no ouvido.

Tereza, com uma visão muito acurada da necessidade do anunciante, escreveu uma letra que a rigor era o *briefing* cantado, mas de um jeito que só ela sabia fazer. Sem se preocupar com rimas forçadas, repetindo várias vezes as informações sem cansar o ouvinte, cumprindo plenamente o que foi pedido e atingindo em cheio a atenção dos consumidores. Nelson Ayres criou uma marchinha que deu um ritmo carnavalesco para o jingle, o qual virou patrimônio da loja e permaneceu quase duas décadas no ar, sendo gravado em inúmeras versões. Se havia duas coisas em que o Mappin não mexia nunca, uma era o tradicional relógio de sua fachada e a outra era o jingle de liquidação.

Mappin, venha correndo, Mappin!
Chegou a hora, Mappin!
É a liquidação!
*
Mappin, tem tudo aqui no Mappin!
Muitos descontos, Mappin!

É a liquidação!
*
Mappin, venha correndo, Mappin!
Chegou a hora, Mappin!
É a liquidação!
Liquidação do Mappin!

Marisa

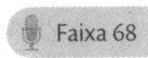

Paris é uma das principais capitais do mundo da moda. Ao longo dos anos, estilistas como Chanel, Dior, Saint Laurent, Cardin e Gaultier tornaram-se referências de elegância e estilo. Lojas de vestuário em vários países se inspiram nos modelos lançados nos desfiles parisienses e buscam reproduzi-los.

Quando a rede de lojas Marisa solicitou a Archimedes Messina um jingle para uma campanha institucional, ele resolveu ouvir a ideia do amigo e também jinglista Neneco e criar uma música com temática francesa para remeter ao *prêt-à-porter* das grandes grifes parisienses. Com uma letra simples, mas muito precisa, Messina criou uma verdadeira *chanson*, em que um acordeom conduz a melodia e o próprio Neneco canta a elegância da mulher que se veste em Marisa.

Ela está sempre bonita
Ela está sempre feliz
Anda sempre na moda
Última moda de Paris
*

Ela está sempre elegante
Esteja onde estiver
Ela se veste em Marisa
Marisa, moda mulher

McDonald's

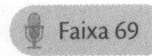

A rede de *fast food* McDonald's chegou ao Brasil em 1979. Sua primeira unidade foi inaugurada no bairro de Copacabana, no Rio de Janeiro, e dois anos depois o segundo restaurante foi aberto na Avenida Paulista, em São Paulo. Desde então a marca não parou mais de se expandir, e hoje está presente em mais de 190 cidades do país.

Para que se tornasse conhecida, durante a década de 1980 a marca investiu maciçamente em comunicação, visando principalmente apresentar ao público sua linha de produtos, os diferenciais que tinha em relação às opções de alimentação fora de casa da época e como uma refeição no McDonald's poderia ser um momento especial de confraternização com a família ou os amigos.

Nesse período, muitos jingles para a rede foram produzidos pela A Voz do Brasil. Eles eram versões dos temas originais criados nos Estados Unidos, que ganharam novas letras e novos arranjos feitos por Zé Rodrix. Há inclusive uma história curiosa sobre o McFish. Para uma Semana Santa, Rodrix criou um jingle para o lanche de filé de peixe que ajudou muito o produto a se difundir e, principalmente, ser mais consumido. O jingle que dizia que "Sexta-Feira Santa o McDonald's tem o McFish pra você" cumpriu tão bem sua função que o sanduíche se esgotou nos pontos de venda por falta da matéria-prima principal: o peixe. A empresa teve que conseguir, em pleno feriado, que o fornecedor abrisse sua câmara frigorífica para abastecer as lojas com o produto.

Mas o que marcou mesmo essa fase foi a campanha que tinha como tema "Esse é o momento, que gostoso que é", uma tradução livre do *slogan* original "It's a good time for the great taste" – que pelas mãos de Rodrix ganhou várias releituras do jingle original norte-americano, ficando muitos anos no ar. Uma das versões mais lembradas foi cantada pela inesquecível e afinadíssima Sylvinha Araújo.

Esse é o melhor momento do dia	Esse é o momento
Um momento de muito prazer	Que gostoso que é
Essa é a hora	McDonald's!
McDonald's!	Vem viver emoções
Vem viver com a gente	McDonald's!
Essa grande emoção	Esse é o momento de alegria e sabor
McDonald's!	Vem viver com a gente

Essa grande emoção
Esse é o momento

Que gostoso que é
McDonald's!

Amortecedores Monroe

Faixa 70

Aproveitando a coincidência entre o nome do fabricante de amortecedores e o da famosa atriz Marylin Monroe, Edgard Gianullo criou um jingle que comparava o conhecimento dos mecânicos em relação às mulheres ao conhecimento sobre amortecedores.

Produzida na Cardan, a peça traz várias frases que suscitam de forma muito inteligente um duplo sentido, como em "me atiro no chão, quero olhar pra você" ou "tira, tira depressa que eu quero ver", que tanto podem indicar a alusão à troca do amortecedor como ao *striptease*.

Para realçar ainda mais os contrastes, o jingle alterna momentos em jazz com outros em samba, remetendo ora a Marylin, ora ao Monroe.

Locução: Quem mais entende de mulheres neste país são os mecânicos. Nas oficinas haja parede pra tanta folhinha.
*
Olha o tamanho do avião!
Marylin, Marylin!
Nunca vi tão boa assim!
Marylin, Marylin!
*
Locução: E ninguém entende mais de amortecedores que os mecânicos. Eles sabem que Monroe é o melhor do país.
*
É isso aí
Monroe! Monroe!
Sem você fica chato

A vida vira um buraco
Por isso na hora do vamo vê
Eu me atiro no chão
Quero olhar pra você
Tira, tira depressa que eu quero ver
*
Locução: Tire os amortecedores velhos e instale Monroe no seu carro.
Breque: Se o que está por baixo é Monroe, então tá tudo em cima.
Locução: Amortecedores Monroe. Famosos no mundo inteiro.

Pão de Açúcar

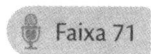

🎙 Faixa 71

A agência de propaganda do Pão de Açúcar solicitou a Archimedes Messina um jingle que contasse como era um prazer comprar no supermercado, pois lá os clientes eram sempre bem-atendidos e tratados com carinho. Além disso, era necessário frisar bem o nome da rede para que esses diferenciais ficassem ligados diretamente a ela e para que não existisse espaço para que fossem confundidos com a concorrência.

Messina percebeu que se explorasse a sonoridade da palavra "pão" repetida algumas vezes poderia chamar a atenção e criar uma expectativa para o que viria na sequência, na qual, inteligentemente, revelou o nome completo do anunciante e abriu caminho para apresentar as características listadas no *briefing*. Para dar mais dinamismo, utilizou um recurso típico dos conjuntos vocais dos anos 1950, no qual um líder "puxa" a música através da repetição de sílabas e os outros integrantes do grupo entram em seguida com o restante da letra. Para que o tema ficasse ainda mais empolgante, nada melhor do que embalar tudo em ritmo de twist.

Pão, Pão, Pão, Pão, Pão de Açúcar
É um prazer o Pão de Açúcar
Pão de Açúcar é um prazer pra quem serve
Pão de Açúcar é um prazer pra quem compra

Atende sempre docemente
Carinhosamente
É lá que a gente compra com prazer
Pão, Pão, Pão, Pão, Pão, Pão de Açúcar
   (bis)

Pirelli P4 e P44

🎙 Faixa 72

Quando a Pirelli passou a fabricar a linha de pneus P4 e P44, resolveu incluir o meio rádio no plano de mídia da campanha de lançamento. Nessa época, Mário Lúcio de Freitas trabalhava na produtora Avant Garde e foi o responsável pela criação do jingle.

Seria só mais uma peça entre tantas outras, mas Freitas resolveu fazer algo diferente. Inspirado pela nomenclatura dos produtos, teve o *insight* de escrever um tema com a maioria das palavras começadas pela letra P, como na famosa brincadeira. Se criar um jingle de qualidade já não é tarefa fácil, imagine com um limitador léxico como esse.

Mas Mário Lúcio conseguiu. Fez um jingle empolgante e que ainda contava com muita criatividade todas as qualidades dos pneus, além repetir inúmeras vezes o nome do fabricante e dos produtos anunciados.

Pneu que prova que pega a parada pesada é Pirelli
P4 e P44!
O privilégio de prosseguir sem problema
Pra piso pedrado ou pavimentado a pedida é Pirelli
P4 e P44!
O privilégio de parar mais perto

E pé principia com quê? (Pê!)
E Pirelli principia com o quê? (Pê!)
Pê de Pneu Pê de Pirelli
P4 e P44!
Pede um Pneu, pede um Pirelli
P4 e P44!
P4 e P44!
É Pirelli!
Pi-re-lli

Polenguinho

Fundada por imigrantes italianos em 1947, a Polenghi fabrica desde então queijos das mais diferentes especialidades. Seu produto mais conhecido é o Polenguinho, um queijo processado acondicionado na tradicional embalagem quadradinha, sucesso entre adultos e principalmente entre crianças desde seu lançamento em 1955.

Com tanto apelo junto ao público infantil, Polenguinho, naturalmente, é um dos campeões das lancheiras. Tão certa quanto o sinal da hora do recreio é a presença do queijinho no lanche da garotada. Unindo esse momento com a ligação que a marca tinha com a Itália, a agência de propaganda que atendia a Polenghi criou um comercial em que um grupo de crianças, no intervalo das aulas, saboreava o Polenguinho ao som de uma versão de "Funiculí, funiculá", tradicional canção italiana que virou um jingle delicioso com uma nova letra criada por Edison Borges de Abrantes, o Passarinho, que aproveitou o tema para sugerir outras situações em que o queijinho poderia ser consumido.

Vou mostrar para vocês como se come
  o Polenguinho
Como se come o Polenguinho
No café, pela manhã
Na merenda escolar
No lanche ou no escritório
Polenguinho!
É bom em qualquer lugar
*

Polenghi, Polenghi
Inventou o Polenguinho
O queijinho macio
Gostoso e natural
Polenguinho é da Polenghi
Polenguinho a gente adora
Polenguinho é o queijinho
Pra comer a toda hora

Pudim Royal – "Colherinhas"

🎙 Faixa 73

    Que pudim é uma sobremesa deliciosa todo mundo concorda, mas com a correria do dia a dia nem sempre se tem tempo para preparar o doce que faz a alegria não só das crianças como da família inteira.
    Sabendo disso, a Royal há várias décadas mantém uma linha de mistura para pudins de fácil preparo que, em 1986, ganhou uma campanha publicitária muito criativa. No comercial, várias colherinhas de sobremesa dançavam entre pudins, quindins e manjares enquanto cantavam o cativante jingle criado por Edgard Poças e produzido pela Norte Magnético.

A peça, que foi gravada com um coro feminino cantando bem lento para que depois com a mudança de rotação se obtivesse o efeito de "voz de colherinha", tinha sacadas muito inteligentes na letra, como pudim de leite, puro deleite ou sobremesa que não sobra sobre a mesa – recursos que Poças domina com maestria e que estão sempre presentes em suas obras.

Royal que delícia de pudim. (Dim, dim, dim, dim)
Tá pra mim, Tá pra mim. (Royal)
Tem pudim de leite
Puro deleite
Flan, flan, flan. (Royal)

Dim, dim, dim, dim
Tem manjar, tem quindim, que delícia de pudim. (Vários sabores)
Sobremesa que não sobra sobre a mesa. (Uau!)
Abra a boca é Royal!

Rede Zacharias

Faixa 74

Com uma voz aveludada e um toque de piano sofisticado e sem exageros, Nat King Cole construiu uma carreira de grande sucesso sob a frondosa árvore dos *standards* da música norte-americana, em um período que dava frutos como "Blue moon", "Star dust", "When I fall in love" e "Unforgettable". Seu sucesso foi além dos Estados Unidos e conquistou o mundo, principalmente as outras duas Américas.

A fim de aumentar a popularidade na região, Cole andou gravando boleros em espanhol e em sua passagem pelo Brasil, em 1959, deixou *A meus amigos*, disco que, além de clássicos da dor de cotovelo latina, contava também com sambas e com a participação de nomes brasileiros como Sylvia Telles e Trio Irakitan. Sua última faixa era "Não tenho lágrimas", um samba composto por Milton de Oliveira e Max Bulhões, em 1937, que voltou a fazer sucesso por conta dessa gravação.

Foi justamente "Não tenho lágrimas", na interpretação de Nat King Cole, que serviu de inspiração para a versão que Sérgio Augusto Sarapo fez, transformando a música em jingle para a Rede Zacharias de Pneus, a qual, como o nome sugere, era uma cadeia de lojas especializadas em pneus e serviços afins. O cantor, com exatamente a mesma interpretação e o mesmo português cheio de sotaque americano, por vezes trocando os gêneros, gravou na Sonima essa paródia cheia de humor.

Quero chorar
O meu pneu furou
E não tenho macaco
Pra me socorrer
Se eu chorasse
Talvez desabafasse

Não passei no Zacharias
Pra trocar o meu pneu
Só a rede Zacharias é que entende
  de pneu (bis)
A já famosa!

Riachuelo – "Baratotal"

Faixas 75, 76 e 77

Em 1986, a Riachuelo era atendida pela agência Guimarães e Giacometti, que criou para o anunciante uma campanha que tinha a expressão "Baratotal" como tema principal.

O jingle para o comercial foi produzido pela Cardan e a criação ficou a cargo de Edgard Gianullo, que teve a ideia sensacional de criar uma música inspirada nos grupos vocais da década de 1950. Isso possibilitou que "Baratotal" fosse repetido diversas vezes ao longo da letra sem cansar, contando os tipos de produtos que a rede de lojas oferecia, o tamanho do desconto, a duração da promoção – e tudo isso com um toque de humor, que no comercial foi amplificado pela interpretação de um quarteto propositalmente bem canastrão.

Bara, Bara, Bara, Bara...total!
(Baratotal) Cama, mesa, banho
  e confecção
(Baratotal) Na Riachuelo tem um
  descontão
(Baratotal) Até 50%, moleza sem igual
Nove dias de Baratotal!
Bara, Bara, Bara... total!

Tchuba, Tchuba, Ba, Ba,
(Baratotal) Riachuelo, chu, chu
Chu, chu, chu, chu
Baratotal Riachuelo é mais valor pro
  seu dinheiro
Baratotal, au, au
Riachuelo!

O sucesso do "Baratotal" foi tão grande que para a campanha de fim de ano a agência encomendou a Edgard um novo jingle com o mesmo estilo, mas agora com o tema Natal. Utilizando sacadas geniais como transformar "Baratotal" em "Nataltotal", rimar "Natal" com "snow fall" e chamar Papai Noel de "babão" por conta dos preços baixos, Gianullo conseguiu fazer um jingle ainda mais surpreendente que o primeiro.

Natal, Natal, Natal, Nataltotal
Já é tempo de Natal
É Natal, é Natal
Na Riachuelo. (*Snow fall*)
Vem agora, vem comprar
Tudo, tudo pro seu lar
Pra vestir ou para decorar

Tanta coisa linda pra presentear
Até Papai Noel vai babar. (Que babão!)
Com pouco dinheiro você faz a festa
  na Riachuelo
Tum dum dum uau au au
Nataltotal!
Riachuelo. (Blim blaum)

Com a chegada do Carnaval, o quarteto canastrão precisava de um outro jingle para cantar no novo comercial. Edgard mais uma vez conseguiu se superar, utilizando a mesma fórmula do primeiro jingle da campanha – mas dessa vez com uma melodia típica das músicas que animam os bailes carnavalescos e uma letra mais livre em relação a *policies* do *briefing*.

Bara, Bara, Bara... total
Olha nós aqui de novo

Tá na hora meu povo
Do Baratotal. (Ô abre alas)

Agora tudo que eu preciso
É ver o teu sorriso
Pra fazer meu Carnaval
Chega pra cá meu bem
Perto do meu coração
Eu e você juntinhos

Barateando no salão. (Que baratão!)
Baratotal noite e dia. (Alegria!)
É hora de rasgar a fantasia
Bara, Bara, Bara... total
Riachuelo. (Oba!)

Rimula

Faixa 78

Certo dia, Luiz Guilherme Favati, profissional de atendimento e um dos sócios da produtora Matrix, recebeu uma encomenda de jingle da Standard Propaganda para o óleo Rimula, produzido pela Shell, que era cliente da agência. O maestro Murilo Alvarenga se encarregou de criá-lo e procurou nas características do público-alvo do produto as referências necessárias para começar a desenvolver o tema.

Como o Rimula é voltado especificamente para motor de caminhão, Murilo buscou retratar o passar da vida na visão do caminhoneiro, contemplando seu universo de valores e, principalmente, seu amor pelo ofício. Disso resultou um jingle belíssimo conduzido, por uma melodia sertaneja que não faz concessões a modismos ou modernismos, tocando fundo a alma desses profissionais.

Na época em que o jingle foi criado, Alvarenga fazia muitos arranjos para o programa "Som Brasil", da TV Globo. Um dia, o ator e apresentador Lima Duarte sugeriu que ele escrevesse uma nova letra sem conteúdo publicitário para o tema, pois a música era realmente muito linda. Murilo gostou da sugestão. Tomara que um dia a concretize.

Eu dirijo a minha vida
Dentro do meu caminhão
A batida do motor

É batida do meu coração
Rimula é o óleo
Que me dá satisfação

Jingle é a alma do negócio

Segurança na estrada
É mais lucro e proteção
Rimula é da Shell

Na Shell a gente confia
Rimula é o óleo do meu dia a dia

Ruffles

Faixa 79

As batatas fritas Ruffles foram lançadas no Brasil em 1986. Como maior diferencial, apresentaram o corte ondulado que deixava cada lado da fatia com sulcos semelhantes a pequenas ondas. Era o mote perfeito para as campanhas publicitárias.

Naquela época, quando era necessário algum jingle para a marca, uma concorrência internacional era realizada, justamente pelo fato de a peça ser veiculada em vários países. Eram convocados compositores dos Estados Unidos, México, Espanha e Brasil. Trabalhando na Avant Garde na época, Mário Lúcio de Freitas foi convocado para criar o jingle que seria o representante brasileiro. Mesmo não acreditando que poderia ganhar, criou um jingle antenado com as tendências pop-rock dos anos 1980 e, para sua surpresa, foi o grande vencedor.

Por conta disso, o jingle ganhou versões em diversos idiomas e foi veiculado em todo o mundo.

Essa é a onda, onda de sabor
Pegue essa onda, é Ruffles. (Ruffles!)
Essa é a onda, um gosto que é demais
Ruffles crocantes muito mais!
*
Hoje a onda é Ruffles. (Ruffles!)
Essa onda é sua. (Um gosto que é
   demais!)

Hoje a onda é Ruffles. (Ruffles!)
É uma loucura. (Crocantes muito mais!)
É sua onda, Ruffles!

Soda Limonada Antarctica

Faixa 80

Em publicidade, na maioria das vezes, as melhores ideias são também as mais simples. Quando a Progress, *house agency* da Antarctica nos anos 1980, solicitou à MCR um jingle para a Soda Limonada, enviou um *briefing* que trazia expressões e predicados comuns a todos os refrigerantes, como refrescante, borbulhante, verão e sede, entre outros.

Sérgio Mineiro, Sérgio Campanelli, Crispin Del Cistia, com a participação de Márcio Werneck Muniz, irmão de Mineiro, quebraram a cabeça procurando um diferencial específico na bebida e concluíram que ele estava no nome do produto. A partir dessa constatação, criou-se um jingle cuja letra se compõe somente do nome do refrigerante – o que pode não fazer muito sentido quando impresso, mas ganha uma dimensão comunicacional gigantesca quando é cantada, explorando a sonoridade e o triplo sentido que a expressão "Soda Limonada Antarctica" transmite quando interpretada de maneira adequada.

Uma sacada de gênio, que até hoje é referência em faculdades de publicidade e propaganda sobre como o "menos" pode ser muito mais.

Soda Limonada Antarctica
Soda Limonada Antarctica
Soda Limonada Antarctica
Soda Limonada Antarctica

Soda Limonada Antarctica
Soda Limonada Antarctica
Soda Limonada Antarctica

Sonrisal – "Receitas"

Faixas 81 e 82

Certa vez, Edgard Gianullo criou uma série de jingles para o cigarro Continental que tinham como ideia principal colocar *chefs* de cozinha de diferentes etnias dando receitas em várias localidades do Brasil.

Cada uma delas ganhava um tema no ritmo típico de cada região e ao final sugeria sempre um cigarro para fechar a refeição – mas as peças não foram aprovadas.

Algum tempo depois, Sonrisal encomendou um jingle para a Cardan e Gianullo percebeu que seria uma excelente oportunidade de adaptar a ideia – só que agora o encerramento da receita seria com o antiácido. Dessa vez, o jingle não só foi aprovado como também ganhou diversos prêmios.

Só mesmo a genialidade de Edgard para criar um jingle cheio de humor e com sacadas *nonsense*, em que um português ensina a fazer uma receita de bacalhoada em Pernambuco cantando um forró.

Bom dia, dia
Bom dia, gente
De Pernambuco para o Brasil
A receita da minha bacalhoada arretada
Ai Jesus, dá-me água na boca
Um quilo de batatas em pedaços
Azeitonas sem caroços
Tomates e pimentões
Ovos e cebolas cozidas em água quente
Não se esqueça o ingrediente evidente
   principal
O bacalhau. (Oxente!)
Ai, ai, ai...
Bacalhoada arretada, ai que *sabore*!
Um prato brasileiro com certeza,
   sim *senhore*!
Sal e pimenta? Botas a gosto
Mesmo que seja em janeiro ou
   dezembro
Em meia hora o bacalhau corando
E você babando que loucura,
   que cheirinho
Apronta o prato, olha o garfo
Tens um encontro marcado
Com o bacalhau arretado (*Everybody*)
Ai, ai, ai...
O segredo da receita está no final
Ai, ai, ai...
Não esqueça de tomar um copo d'água
   e Sonrisal
Azia, má digestão e dor de cabeça,
   tome Sonrisal
*
Locução: Sonrisal. O som do bem-estar.

A campanha teve ainda um outro jingle criado por Edgard. Dessa vez um árabe ensinava a receita de esfirra, em Minas Gerais, cantando uma toada cheia de referências a canções tipicamente sertanejas, como "Menino da porteira" e "Chuá, chuá".

Em Minas Gerais tem esfirra Ouro Fino, *habib*!
Farinha de trigo branquinha, carne moída, salsinha, cebola e sal
Não esquecer pimenta síria que é pro gosto não mudar
Uai, uai, *habib*. Uai, uai
Até o menino da porteira vai comer e vai gostar

Não esquecer o limãozinho, o azeitinho especial
Bon Apéttit!
Mas tomei um Sonrisal, habib
Chuá, chuá
*
Locução: Azia, má digestão e dor de cabeça, tome Sonrisal.

Sorveteira elétrica Arno

Faixa 83

Sempre que um produto totalmente inédito é colocado no mercado, a campanha publicitária de lançamento ganha uma dupla função. Além de, evidentemente, motivar o consumidor a comprá-lo, tem ainda que informar as principais características do objeto, mostrando como ele funciona.

Quando a Arno resolveu lançar sua sorveteira elétrica, em 1984, não havia nada similar no mercado brasileiro. Piero Fioravante, diretor de marketing da empresa, chamou o amigo Sérgio Augusto Sarapo, que habitualmente já fazia peças para todos os produtos da marca, e solicitou o jingle para o comercial de lançamento.

Sérgio Augusto tinha a árdua tarefa de contar em uma música de trinta segundos que o produto produzia um sorvete delicioso e fácil de preparar – e, ao mesmo tempo, fazer uma espécie de manual de instruções cantado para explicar como a sorveteira funcionava. Difícil, né?

Mas a coisa complicou um pouco mais quando ele soube que o jingle seria cantado por um grupo de crianças que no comercial auxiliavam a atriz Berta Loran – muito popular na época pelo papel da empregada Frosina na novela *Amor com amor se paga* – a preparar o sorvete.

Diante da situação, Sérgio Augusto criou uma melodia alegre e cativante em que a primeira parte da letra falava sobre o sorvete delicioso que a máquina produzia e a segunda parte explicava o funcionamento dela. Para que a fórmula ficasse ainda melhor, deixou que as crianças cantassem primeiro, e o "manual de instruções" viesse na voz de Berta, depois. Tudo foi produzido na Sonima e o resultado final funcionou perfeitamente.

Agora você mesmo pode preparar
Um sorvete delicioso que você vai gostar
Consistente, saboroso demais
O sorvete natural que você preferir
Sorveteira elétrica Arno
*

Economia que a Arno vai fazer pra você
Faça a massa, ligue já, ponha para congelar
Gira, gira, gira a pá
Está pronto quando a luz se apagar
Sorveteira elétrica Arno
Hummmmm! Arno!

Suflair

Buscando inovar sua linha de produtos, a Nestlé lançou em 1981 o Suflair, que rapidamente passou a ser um dos chocolates mais vendidos do país. De inspiração francesa, o nome vem da união de *souffle* e *air*, que significa algo como "soprar ar" ou "aerar". Não poderia haver nome melhor para traduzir a principal característica do produto, que é ser aerado. Ao ser lançado, não havia no mercado nenhum produto sequer parecido com Suflair. Ele era realmente um chocolate diferente de tudo.

Chocolate diferente, aliás, foi o conceito desenvolvido pela Norton Publicidade, que encomendou a Edison Borges de Abrantes, o Passarinho, o jingle para a campanha de lançamento. Para marcar bem o diferencial, o jinglista buscou repeti-lo várias vezes na letra, mas precisava encontrar algo que comunicasse a sensação que as pequenas bolhas de ar conferiam ao chocolate. De forma muito inteligente, Passarinho começou o jingle esticando o nome do produto, que, ao ser cantado pela atriz em um dos comerciais, fazia a embalagem de Suflair levitar, transmitindo claramente o efeito de leveza desejado.

Suuuuuuuuflair
Chocolate diferente
Chocolate diferente
Novidade da Nestlé
*
Suuuuuuuflair
Some na boca da gente

Realmente é diferente
Realmente só Nestlé
*
Diferente, diferente, diferente
Suflair, Suflair
Novo chocolate Nestlé

Tabacow

Faixa 84

Na década de 1980, Emilio Carrera era RTV na agência DPZ. Certo dia, foi chamado ao departamento de criação por Ricardo Freire para ver alguns *outdoors* que ele havia criado para a Tabacow, fabricante de tapetes e carpetes. As peças tinham títulos como "Me pisa", "Me usa", "Me joga no chão", entre outras frases no mesmo estilo. Freire perguntou se essas expressões davam um jingle.

É claro que davam. Na hora, Carrera teve uma ideia que poderia transformar aqueles *outdoors* em uma peça muito interessante.

Emílio, que já havia convidado músicos famosos para uma campanha sensacional para o mesmo anunciante, na qual em cada peça um deles executava seus instrumentos e ao final dizia "No saxofone, Hector Costita. No solo, Tabacow", desta vez se inspirou em guitarristas como Barney Kessel e em cantoras como Julie London para criar um jingle no melhor estilo jazzístico. Sob a produção de Armando Mihanovich na Avant Garde – e com um belíssimo tema criado e interpretado pelo seu filho, o excelente guitarrista Alexandre Mihanovich –, uma cantora se derretia com a letra escrita por Emilio, surpreendendo ao se revelar no final.

Com uma estrutura incomum e extremamente criativa, este jingle concorreu, em 1988, com 1.200 peças de 25 países diferentes e venceu o Grand Prix de Rádio do Festival de Nova York.

Me pisa
Me usa
Me bate
Me beija
Me suja
Me molha
Me esfrega
Me enrola
Deita e rola

Me roça
Me amassa
Me joga no chão
Me chama daquilo que sou
Me chama de Tabacow
*
Locução: Tabacow. Uma base de carinho.

Tylenol

Lançado no Brasil em 1974, até o início da década seguinte o Tylenol ainda não era exatamente um medicamento popular entre os brasileiros. Incumbida de mudar esse cenário, a agência Young & Rubican lançou uma campanha, criada pela redatora Lorine Solomonescu, que utilizava linguagem simples e direta para atingir justamente todos os segmentos de público.

O jingle ficou a cargo de Thomas Roth, que, atento ao propósito de popularizar o produto, criou um samba como base e investiu fortemente nas rimas, por acreditar que elas sejam um forte instrumento para que as mensagens se fixem mais rapidamente na cabeça das pessoas.

E fez isso com muita perspicácia em toda a peça, sobretudo na repetição das frases finais que pedem "não esqueça, Tylenol na cabeça" – nas quais a genialidade de Thomas permitiu a feliz associação de termos de forte duplo sentido por meio de uma rima tão simples e fácil de ser assimilada.

Contra dor de cabeça
Não acredite em inventos
Não troque gato por lebre
Tome Tylenol 500
Meu melhor companheiro é Tylenol
Faça chuva ou faça sol
O mais forte e potente é Tylenol

Não esqueça
Tylenol na cabeça
Não esqueça
Tylenol na cabeça
Não esqueça
Tylenol na cabeça

Unibanco – Poupança

Faixa 86

A poupança é um produto oferecido por todos os bancos e não há nenhum diferencial importante que destaque uma ou outra instituição, uma vez que as regras de remuneração são ditadas pelo governo federal.

Por conta da inflação avassaladora da década de 1980, o ato de investir em poupança, até mesmo para proteger o dinheiro da desvalorização, era imperativo para quem conseguia fazer sobrar algum no fim do mês. Sabendo disso, os bancos passaram a criar elementos de comunicação que diferenciassem seus produtos – os quais, a rigor, eram igualzinhos entre si.

O Unibanco criou uma chave que tinha a sua marca em uma das extremidades, para materializar a ideia de que investir no banco abriria muitas portas no futuro financeiro dos clientes. Sem dúvida um bom conceito, que chegou até a levar o banco a ser conhecido como "Banco da Chave" na época. Aliado a isso, os comerciais da instituição ainda acrescentavam que poupar era um belo gesto, valorizado pelo movimento que os atores faziam com a mão chamando os clientes para poupar.

Diante desse cenário, Sérgio Augusto Sarapo, com a participação de Claudio Carillo, criou um jingle com uma levada pop que contava todas as vantagens que o cliente teria investindo no Unibanco. O coro escolhido para a gravação na Sonima garantiu o pique pra cima da peça, com destaque para a voz de Sylvinha Araújo, que deu ainda mais brilho ao tema.

Quanta gente rindo
Já chegou a hora
Já chegou a hora de ganhar
  (Belo gesto)
*
Faça um belo gesto, vem poupar
  na chave
Para seu futuro clarear
Faça um belo gesto, vem poupar agora
A chave do Unibanco vai lhe dar

Juros, correção e renda mensal
Faça um belo gesto e vem ganhar
*
Um belo gesto é poupar todo mês
Ver seu dinheiro crescer
Um belo gesto é saber que valeu
Multiplicar o que é seu
Poupança Unibanco. (Com renda
  mensal)
Belo gesto!

Varig – Destinos internacionais

No início dos anos 1980, a Varig decidiu que era necessário produzir novas campanhas para seus principais destinos internacionais. Novas campanhas pedem novos jingles. Para isso chamaram o jinglista oficial da companhia, Archimedes Messina, que havia mais de uma década vinha produzindo na Sonotec pequenas obras-primas em forma de música para anunciar as rotas da empresa no Brasil e no exterior. Como já tinha ocorrido na campanha "Conheça o Brasil pela Varig", quando o autor visitara 12 estados brasileiros para conhecer os pontos turísticos e colher informações para escrever uma dúzia de jingles, desta vez ele iria fazer o mesmo, só que em cada um dos países a serem divulgados.

As viagens fizeram muito bem para a criatividade de Messina – que, se já era ótima, voltou ainda mais oxigenada pelos novos ares e nos brindou com jingles maravilhosos, como veremos a seguir.

Estados Unidos

Faixa 87

A Varig voava sem escalas para três destinos nos Estados Unidos: Los Angeles, Miami e Nova York. Para divulgar as rotas, o jinglista criou uma peça inspirada nos musicais da Broadway, formando uma espécie de suíte em três partes; nela, cada cidade era destacada individualmente. O mote principal era informar que os voos da Varig eram diretos – o que foi feito inúmeras vezes, inclusive em inglês. Mas há outros detalhes no jingle que talvez um ouvido mais desatento não perceba – como o locutor com a mesma entonação e com o mesmo timbre de voz de Aloysio de Oliveira, que durante muitos anos foi o narrador oficial para o Brasil de todos os filmes e desenhos animados produzidos pela Disney, para destacar justamente os parques da Disney. Ou então um cantor com as mesmas características e maneirismos vocais de Cauby Peixoto para cantar "New York, New York", música que era marca registrada de seu repertório.

Non stop, non stop, non stop to America
Wonderful America
Vá direto pra Miami
A fabulosa Miami
*
Locução: Vá conhecer o mundo encantado de Walt Disney.
*
New York, New York
Vá direto pela Varig
Vá direto pra New York

*
Locução: New York, monumental! Fantástica!
*
Los Angeles, o mundo do cinema
Los Angeles, um mundo de atrações
Vá direto pra Los Angeles
Vá direto pela Varig
Vá de Varig e voe feliz

Itália

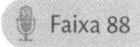

🎙️ Faixa 88

Criada como uma típica *canzone* e interpretada por Tony Angeli, cantor italiano radicado no Brasil cujo repertório é formado exclusivamente por músicas de seu país de origem, o jingle é uma verdadeira declaração de amor à Itália e ao seu povo, podendo tranquilamente ser apresentado como música convencional, pois em nenhum momento cita o nome do anunciante. A peça fala basicamente que na Itália há muitas coisas boas e bonitas para se ver, comer e amar, e que o povo está sempre cantando e oferecendo o coração para aqueles que o visitam. Apenas ao final o acordeom que conduz a melodia encerra o tema com os três acordes que, apesar de não serem cantados, fazem todo mundo ouvir Varig. Varig. Varig.

Tante cose belle per vedere
In Italia
In Italia
Tante cose buone per mangiare
In Italia
In Italia
E che la gente sempre sempre a cantare
E l'amore

E l'amore
E che la gente sempre sempre a offrire
Tutto il cuore
Tutto il cuore
E tante cose belle per amare
In Italia
In Italia

Japão

🎙️ Faixa 89

A introdução não deixa dúvida. Estamos ouvindo um típico tema japonês. Desta vez Messina optou por falar a respeito das belezas e encantos do Japão, em vez de recorrer a uma lenda do folclore daquele país. No entanto, o sucesso alcançado por "Urashima Taro" não foi esquecido, e o autor fez questão de que fosse Rosa Miyake a interpretar o jingle, como havia feito em 1968. A peça também foi veiculada em uma versão em japonês, feita por Hidenori Sakao.

Japão
É tão belo e exótico o Japão
E mantém aquela tradição
Milenar
*
Japão
Em cada canto uma emoção
É tão bom a gente conhecer

Os encantos do Japão
*
Uma paisagem sem igual
O sol nascente, o Monte Fuji
Povo gentil, povo irmão
Unidos pela Varig
Brasil e Japão

Londres

Faixa 90

A cidade de Londres ganhou um jingle exclusivo dentro da campanha de destinos internacionais da Varig. Para interpretá-lo, Archimedes Messina escolheu Terry Winter, pseudônimo de Thomas William Standen, que, apesar da ascendência inglesa era brasileiro e, como muitos cantores de sua geração, se passava por estrangeiro. No comercial, imagens da capital inglesa eram mostradas e intercaladas com *takes* de Winter cantando em um português propositalmente cheio de sotaque britânico. A letra fala, evidentemente, das belezas e atrações de Londres e tem seu ponto alto no refrão "My beautiful London", que, de maneira incomum, é usado para abrir a peça e volta a ser repetido no meio dela.

London, London
My beautiful London
Eu vivo sonhando
Sempre, sempre com você
Sonhando com tua magia
Por onde quer que a gente vá
Descobre os encantos de Londres
Uma aventura sem par

London, London
My beautiful London
Seus mistérios é bom desvendar
Castelos que contam histórias
De um passado de lutas e glórias
É bom te ver outra vez e meu sonho
realizar (bis)

Paris

Faixa 91

A exemplo da capital inglesa, Paris também ganhou um jingle exclusivo, ou melhor, uma típica valsa parisiense interpretada por Gilbert, cantor e ator egípcio radicado no Brasil desde a década de 1960, cujo repertório é composto basicamente de canções francesas. Messina inicia a letra declarando em francês o amor pela cidade e por sua boemia e, na sequência, chama atenção para suas atrações e encantos, emoldurando esse cenário por um acordeom que conduz singelamente a melodia. Um jingle como poucos.

Paris, *bonjour*, Paris
Je vous aime
Paris, *bonsoir*, Paris
Vous êtes bohème
Vale, vale a pena ver as belezas da minha cidade

Em cada canto emoções, atrações, novidades
A arte, a moda, perfume, champanhe
A noite alegre, feliz
Tudo acontece, tudo acontece em Paris

Portugal

Faixa 92

Para o jingle de Portugal, Messina escreveu um fado que contava as lembranças de cada detalhe da Terrinha descritos por alguém que retornava ao país depois de um longo tempo. O tema ficou realmente muito bonito, fez grande sucesso e, como não havia nenhuma alusão à Varig em sua letra, acabou ganhando vida própria. Certo dia, o jinglista recebeu um telefonema do cantor português Roberto Leal, que faz grande sucesso com a colônia luso-brasileira, solicitando a autorização para gravar a música em seu próximo álbum. Archimedes não só autorizou, como também criou uma segunda parte para a letra – uma vez que, por ser um jingle, originalmente só tinha um minuto de duração – e deu-lhe o nome de "Rever Portugal".

Rever Portugal
Parentes e amigos
As ruas da infância
Prazeres antigos
A escola, a igreja

Que me viram criança
E desde que parti
Não me saem da lembrança
*
O queijo da serra

O fado, a guitarra
O caldo e o vinho
A turma da farra
Rever Portugal

Com a alma contente
Rever Portugal
Abraçar minha gente

Varig – Sessenta anos

🎙 Faixa 93

Archimedes Messina, o jinglista que mais criou peças para a Varig em toda a sua história, tendo recebido inúmeros prêmios no Brasil e no exterior por esses trabalhos, não poderia deixar de compor o jingle que comemorou os sessenta anos da empresa, em 1987. Por isso, Carlos Ivan Siqueira, diretor de comunicação da companhia, o convocou para comandar mais esse voo.

Messina optou por escrever uma balada que celebrasse as conquistas da pioneira durante essas seis décadas. Basicamente, o jingle destaca que em todo esse período a empresa nunca deixou de voar, sempre operando voos nacionais e internacionais com muita dedicação – o que, obviamente, era uma grande vitória que deveria ser festejada. Siqueira aprovou a ideia, e a versão final foi gravada com arranjo do maestro Chiquinho de Moraes. O jingle foi muito veiculado no rádio e em comerciais para TV, marcando o ano festivo da Varig.

Sessenta anos voando
Voando sem parar. (Varig. Varig. Varig)
Sessenta anos de vitórias
Vitórias pelo ar. (Varig. Varig. Varig)
Sessenta anos de dedicação
Cruzando a nossa nação

Cruzando o mundo inteiro
É hora de festejar
Da pioneira, comemorar
Sessenta anos de vitórias pelo ar
Varig. Varig. Varig

ANOS 1990

Bonna

Faixas 94 e 95

Muitas vezes o segredo para se conseguir produzir um jingle inesquecível e vencedor de prêmios está onde menos se espera. Em 1992, Fábio Fernandes, que na época era redator na Young & Rubican, criou um jingle para a margarina Bonna que foi produzido na Play it Again. No dia da gravação ele foi para o estúdio acompanhá-la, mas logo surgiu um problema: já tinham feito testes com dez cantores e nenhum interpretava da maneira que ele gostaria. A grande dificuldade estava em cantar com a boca cheia, mastigando bolachas.

Para tornar tudo mais dramático, a peça tinha que ser apresentada no dia seguinte para o cliente. Já desgastado pelas dez tentativas infrutíferas no estúdio, Tula Minnassian teve um *insight* e disse que quem deveria cantar era o próprio Fernandes. Apesar dos protestos do publicitário, Tula argumentou que essa era a única chance de saírem dali com o jingle cantado como ele queria. Depois, com calma, escolheriam outro cantor para a versão definitiva.

Foi duro, mas Fábio foi convencido e cantou o jingle. A apresentação foi um sucesso, com o cliente aprovando a peça de primeira; a única ressalva era que de maneira alguma trocassem o cantor. Na época, Fernandes pediu a Minnassian que nunca contasse a ninguém que era ele cantando. No entanto, depois de tanto tempo, apesar de ainda pouca gente saber disso, segundo Tula, ambos já liberaram o assunto.

No comercial, que foi finalizado posteriormente e montado em cima do jingle, a câmera em primeira pessoa mostrava vários alimentos com Bonna sendo mordidos enquanto o jingle era cantado. A criatividade da peça e a insistência na gravação perfeita do tema lhe garantiram o Leão de Ouro no Festival de Cannes.

Vida
É bom poder estar assim
Sem nada pra se fazer
A não ser o que bem entender

Feliz à toa
*
Bonna. Hummm...

Brahma Chopp

Faixa 96

Existem alguns signos criados para campanhas publicitárias que de tão fortes acabam se confundindo com a marca e tornando-se sinônimos do produto que representam. Seguramente este é o caso do "número 1", *slogan* criado para a cerveja Brahma que, na época, passou a ser incorporado ao vocabulário popular e era usado por muita gente que nos bares e restaurantes, em vez de pedir uma Brahma, pedia a número 1. Esse comportamento era reforçado pelos comerciais da marca, em que os atores pediam a cerveja levantando o dedo indicador.

Para embalar musicalmente a campanha criada pela agência Fischer & Justus, Sérgio Augusto Sarapo foi buscar inspiração em "Liechtensteiner Polka", um clássico do folclore alemão, e a utilizou como base para o jingle, que criou com a participação de Claudio Carillo. O mais curioso é que a mesma música já havia sido utilizada na década de 1960 em um jingle composto por Chico Oliveira para a cerveja Niger, o que demonstra claramente o aspecto germânico evocado por ela – sobretudo quando o assunto é a bebida típica daquele país.

Com dezenas de versões diferentes, o jingle transmitia o jeito alegre e festivo de reunir os amigos para tomar uma cervejinha e caiu no gosto popular rapidamente, permanecendo no ar por mais de cinco anos – até quando a Cervejaria resolveu inexplicavelmente modificar seu *slogan*. Mesmo que ela não fosse mais a número 1 em vendas, poderia ser considerada a número 1 em outros quesitos subjetivos, como sabor, por exemplo. O conceito número 1 era forte demais para ser abandonado.

Pensou cerveja, pediu Brahma Chopp
 (Um!)
Brahma Chopp. (Um!)
Brahma Chopp. (A número 1!)
*
Pensou cerveja, pediu Brahma Chopp
Cerveja é Brahma Chopp
Levante o dedo que vem outra

Brahma Chopp
É Brahma Chopp, a número 1
*
Pensou, pediu!
Pediu, pensou!
Pensou cerveja, pediu Brahma Chopp
Cerveja é Brahma Chopp
A número 1!

Brahma – "Hino da Copa"

Faixa 97

Em 1994, o Brasil já estava há 24 anos sem levantar uma Copa do Mundo. Desde o tricampeonato conquistado no México em 1970, a seleção alternava momentos de brilhantismo – como na Espanha em 1982 – com outros de futebol medíocre – como na Itália em 1990 –, sem, no entanto, resultado concreto algum. Aliás, a lembrança desta última Copa ainda estava bem viva na cabeça dos torcedores, que, depois de uma classificação só obtida no último jogo das eliminatórias, não estavam nem um pouco otimistas com o Mundial que se aproximava.

Apesar da falta de entusiasmo da torcida, a agência Fischer & Justus, acreditando no potencial da seleção, criou uma grande campanha para a cerveja Brahma, que teve início em dezembro de 1993, seis meses antes do torneio.

Dividida em várias fases, com farto material para a mídia impressa e diversos comerciais para TV em que as estrelas eram os jogadores Bebeto, Raí, Romário e Zinho, o ponto alto da campanha estava mesmo no empolgante jingle criado por Sérgio Augusto Sarapo para a letra escrita por Claudio Carillo. Mesmo sem citar nenhuma vez a marca da cerveja, ele não deixava dúvidas sobre quem era o anunciante, apenas pelas menções ao número 1, o *slogan* já fortemente assimilado pelo público.

Para a música, Sérgio Augusto construiu uma linha melódica crescente que se repetia até chegar à estrofe final – a qual, de maneira inteligente, remetia à "Liechtensteiner Polka", base do jingle original da cerveja Brahma. Realmente era impossível não fazer a associação.

Desde que entrou no ar até o dia em que o Brasil conquistou o tetracampeonato, dezenas de versões dos jingles, que eram produzidas na Cardan, foram veiculadas no rádio, na TV, nos carros de som, nos trios elétricos, no sambódromo no Carnaval e, é claro, nos estádios, onde os torcedores as cantavam espontaneamente, exibindo o número 1 com mãos gigantes de papelão que tinham os indicadores fazendo o tradicional gesto usado para pedir a cerveja. Inesquecível.

Mais 1! Mais 1! Mais 1!
Vai Brasil dá um show
Mete a bola na rede
E mata minha sede de gol. (Mais 1! Mais 1!)
*
Vamos lá, Seleção
Enche o meu coração
Quero ser o tetracampeão. (Mais 1! Mais 1!)
*
Pra sentir o prazer
E o sabor de querer
De ser campeão. (Mais 1!)
*
A Copa é pátria de chuteira no pé
E cerveja na mão
Vamos lá, Seleção!

Levantar o dedo e gritar: Brasil!
Você é o número 1!
*

Torcendo para a nossa seleção
Fazer de novo do Brasil
O número 1!

Casa das Cuecas

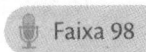

Campanhas publicitárias de varejo normalmente são um desfile de produtos com seus preços anunciados quase aos gritos, sendo que quase sempre são desprovidas de criatividade ou qualquer tipo de inovação.

Quando a mídia é rádio, o problema se acentua e o que se ouve são *spots* que trazem no início o título de uma promoção qualquer, na sequência apresentam praticamente uma lista de preços e ao final o nome do anunciante assina a peça. Jingles então, são raríssimos.

Felizmente, a Casa das Cuecas, uma rede de lojas que, apesar da obviedade que seu nome sugere, vende também outras peças do vestuário masculino, resolveu apostar no talento e na criatividade de Zé Rodrix e encomendou um *spot* com várias ofertas para o fim de ano.

Rodrix surpreendeu o cliente e criou um jingle genial, com o bom humor que é uma das características principais da sua obra, cheio de tiradas *nonsense*. Nele, um trio batizado de Los 3 Elegantes anunciava em ritmo de bolero que, além de cuecas, a Casa oferecia também outros tipos de produtos, apresentava as ofertas solicitadas pelo *briefing* e ainda fechava o tema com um refrão cuja rima ficava a cargo da imaginação do ouvinte.

Locução: A Casa das Cuecas apresenta Los 3 Elegantes.
*
Para andar assim bacana
A gente compra muito

E gasta muito pouca grana
Se é verdade que elas gostam dos carecas
Elas amam quem se veste lá na Casa
   das Cuecas
Lá tem gravatas e cuecas

Pijamas e cuecas
Tem meias e cuecas
Camisas e cuecas
E além de tudo isso você sabe o que é que tem?
Tem cuecas também
*
Locução: Querida ouvinte, para vestir o Papai Noel da sua vida, gravata javanesa modelo Aperta que Eu Grito, oito reais.

Locução: Short de algodão estilo Eu Sou mais Eu, 10,70 reais.
*
Seja baixinho, feio, gordo e até corcunda
A Casa das Cuecas cobre bem a sua...
*
Locução: Casa das Cuecas tem cuecas em todos os estilos, do samba-canção ao heavy metal.
*
Casa das Cuecas

Cerveja Antarctica – "Neste calor você merece uma cerveja"

Faixa 99

No início dos anos 1990 um novo ritmo invadiu o Brasil. O balanço do reggae misturado à batida dos tambores do grupo baiano Olodum deram origem ao que se chamou inicialmente na época de samba-reggae.

A cantora Daniela Mercury, com *hits* como "Swing da cor" e "Canto da cidade", foi uma das principais expoentes desse movimento, que posteriormente integrou outras correntes musicais baianas transformando-se na axé music.

Inspirada pelo sucesso do gênero, a DM9 criou uma campanha de verão para a cerveja Antarctica e encomendou à produtora MCR um jingle para agitar TVs, rádios e trios elétricos. Sérgio Mineiro, Sérgio Campanelli, Maurício Novaes e César Brunetti criaram uma música sob medida para Daniela Mercury interpretar pelas ruas de Salvador ao som dos tambores do Olodum, no comercial de cerveja que poderia ser considerado um minivideoclipe e que fez enorme sucesso.

Locução: Antarctica. Uma paixão nacional como Daniela Mercury.
*
Você merece uma Antarctica, melhor pra você
Você merece uma Antarctica, melhor pra você
Onde quer que esteja você festeja, você deseja
Cerveja Antarctica, melhor pra você

Bem-vinda, bem chegada, bem gelada, bem suada
Cerveja Antarctica, melhor pra você
Neste calor merece uma cerveja
Neste calor merece uma Antarctica
Neste calor merece uma cerveja
Neste calor merece uma Antarctica
Melhor pra você
Neste calor merece uma Antarctica
Melhor pra você

Cerveja Antarctica – Copa de 1994   Faixa 100

Com o sucesso dos comerciais (e dos jingles) da cerveja Antarctica interpretados por Daniela Mercury, em 1993, a cantora foi novamente convocada, agora para participar da campanha alusiva à Copa do Mundo de 1994, que seria disputada nos Estados Unidos. Justamente por esse motivo, as peças deveriam também ter a participação de algum artista do país anfitrião, e o escolhido foi Ray Charles.

Uma grande equipe se deslocou até Los Angeles, não só para filmar os comerciais mas também para gravar o já famoso jingle da cerveja criado por Sérgio Mineiro, Sérgio Campanelli, Maurício Novaes e César Brunetti – que agora ganhava nova letra e um empolgante arranjo de Armando Ferrante ao unir a batida do Olodum aos metais das *big bands* de jazz. Aliás, esse arranjo foi alvo de incontáveis elogios do próprio Ray Charles, que dizia nunca ter ouvido nada igual.

Gravado nos estúdios da Capitol – onde um dia antes Frank Sinatra havia gravado um disco – e mixado no West Lake Studios – onde Michael Jackson, também um dia antes, tinha produzido um de seus álbuns –, o jingle era precedido de bons presságios em relação ao seu sucesso. O que se confirmou quando o comercial – gravado em São Francisco, onde o Brasil jogaria suas primeiras partidas naquela Copa, com Daniela e Ray cantando, acompanhados do Olodum e mais de duzentos figurantes – entrou no ar.

Ray Charles: *All right, now! Uhh, I love it! Come on, darling. Let's go, Daniela!*
Axé, Brasil! O show vai começar
Deixa a bola rolar
E traz uma Antarctica, melhor pra você
Por ela o coração bate um bolão
É a nossa paixão, cerveja Antarctica
Best for you. (Oh yeah!)
No futebol você merece uma cerveja
Nessa emoção você merece uma Antarctica
Melhor pra você
No futebol você merece uma cerveja
Nessa emoção você merece uma Antarctica
Axé! *Oh Yeah!*
Essa paixão merece uma Antarctica
Melhor pra você

Cerveja Antarctica – Feijoada   Faixa 101

Possivelmente motivada pelo sucesso da campanha do Guaraná Antarctica com "Pizza", "Pipoca" e "Sanduíche", a DM9, agência que também atendia a cerveja Antarctica, encomendou à MCR, mesma produtora dos temas do refrigerante, jingles para comerciais que apresentavam a cerveja ao lado de pratos como churrasco e feijoada.

Fazer jingle realmente não é uma atividade para qualquer um. Não basta somente ter um vasto conhecimento musical ou ser um especialista em publicidade; é preciso ter talento capaz de conseguir envolver a atenção, comunicar a respeito de algo, fixar isso na memória e, se possível, fazer a pessoa lembrar e cantar espontaneamente a mensagem. Tudo isso em poucos segundos.

Agora imagine ter que fazer tudo isso e ainda conseguir passar uma receita de feijoada. Foi exatamente o que César Brunetti, Maurício Novaes,

Sérgio Mineiro e Sérgio Campanelli conseguiram ao criar o jingle solicitado. Ao som de um samba, cada ingrediente vai sendo apresentado e explicado como deve ser seu preparo, tudo para ao final reafirmar que, assim como a cerveja anunciada, o prato também é uma paixão nacional. Coisa de mestre.

Feijoada é paixão de brasileiro
Brasileiro adora feijoada
Carregar na pimenta e no tempero
E mexer com o calor dessa moça
Arroz branco, linguiça e carne seca
Couve bem fininha, refogada
Laranja tem que tá amarelinha
Bisteca tem que tá bem-passada
Costela, torresmo, pururuca
Farinha de mandioca torrada

Feijãozinho fervendo na cumbuca
E cerveja Antarctica gelada
Brasileiro adora feijoada
E cerveja Antarctica gelada
Brasileiro adora feijoada
E cerveja Antarctica gelada
*
Locução: Antarctica. Uma paixão nacional como feijoada.

Chevrolet Silverado

Faixa 102

Toda campanha publicitária deve ter como propósito principal atingir diretamente seu público-alvo. Para isso, um dos caminhos é retratar seus hábitos e comportamentos de maneira que seja possível perceber que o produto anunciado satisfaz plenamente suas necessidades, fazendo com que ele seja desejado.

Quando a McCann Erickson encomendou ao Echo's Studio um jingle para o Chevrolet Silverado, o *briefing* trazia situações descritas por Adalberto D'Alambert que traduziam perfeitamente o perfil do público do veículo. Nicola Lauletta procurou desenvolver a letra costurando essas cenas e adequando-as à música, que foi composta por Marcos Possato. Em alguns trechos havia espaços que foram preenchidos com "Pedra, pau, poeira, cavaleiro e cidadão" – o que, além de alavancar o refrão que vem a seguir com o nome do produto, ao mesmo tempo descrevia o dia a dia de quem tem a picape.

A peça foi considerada um dos melhores jingles já feitos especificamente para um automóvel da marca. Além de muito bem-construído musicalmente, contou ainda com a interpretação de Eduardo Araújo, que se encaixou muito bem por ser um cantor de repertório country. Por conta da gravação, a montadora cedeu, em comodato, uma Silverado para Araújo por um período determinado. Na hora de escolher a cor, ele não teve dúvida: ficou com o vermelho, eternizado por ele nos anos 1960 nos versos "Meu carro é vermelho, não uso espelho pra me pentear", que abriam "O bom", um de seus maiores sucessos.

Locução: Tem coisas na vida de tirar o chapéu.
*
O sol despontando na serra
Bezerro futuro campeão
Colheita milagre da terra
A vida, a fazenda, o chão
Pedra, pau, poeira, cavaleiro e cidadão

Silverado Chevrolet (bis)
*
O jogo da vida é na raça
O pó levantou no estradão
As moças bonitas na praça
A vida, a cidade e o chão
Pedra, pau, poeira, cavaleiro e cidadão
Silverado Chevrolet (bis)

Coca-Cola – "O Natal vem vindo"

Em 1995, a McCann Erickson Worldwide criou uma campanha de Natal para a Coca-Cola em que os elementos principais eram uma caravana de caminhões da empresa, enfeitados e iluminados com temas alusivos à data, desfilando por várias cidades do mundo.

O comercial, produzido pela Industrial Light & Magic, de George Lucas, foi veiculado em diversos países e trazia o jingle "Holiday is coming" cantado no idioma de cada um deles.

No Brasil, a McCann – Rio encomendou à produtora Norte Magnético, de Luiz Roberto Oliveira, a gravação da versão em português com a letra já fornecida pela agência.

Com o acréscimo de um ou dois instrumentos na trilha original e um coro de primeiríssima linha, com vozes selecionadas pelo próprio Luiz Roberto, "O Natal vem vindo" transformou-se no tema daquele e dos Natais subsequentes da Coca-Cola, permanecendo no ar por alguns anos.

Desde então, tradicionalmente nos finais de ano, a empresa promove caravanas em muitas cidades do Brasil com seus caminhões enfeitados como no comercial – e nessas ocasiões, invariavelmente, a trilha sonora é a versão brasileira do jingle.

O Natal vem vindo	Sempre Coca-Cola
Vem vindo o Natal	Refresca a nossa festa e coração
O Natal vem vindo	Essa magia é sempre uma emoção
Vem vindo o Natal	O Natal vem vindo
O Natal vem vindo	Vem vindo o Natal
Vem vindo o Natal	O Natal vem vindo
Comemore essa festa	Vem vindo o Natal
O Natal está chegando	Sempre Coca-Cola
Chegando na sua cidade	O Natal vem vindo
Sempre Coca-Cola	Vem vindo o Natal
É mágica, na noite	Abra o seu coração
Muitas luzes brilham mais	

Credicard

🎙 Faixas 103, 104 e 105

Pioneira no Brasil no setor de cartões de crédito, nos anos 1970, a Credicard rapidamente tornou-se líder do segmento na década seguinte – e até virou sinônimo do dinheiro de plástico, sendo comum ouvir na época: "Pode colocar no Credicard".

Os jingles

Com a concorrência mais acirrada nos anos 1990, sobretudo após o Plano Real, a empresa, por meio de sua agência, a Fischer & Justus, resolveu investir maciçamente em várias mídias, visando a conquistar o público que ainda não contava com cartão e que havia melhorado o padrão de vida após a estabilidade trazida pela nova moeda.

Os jingles foram encomendados a Sérgio Augusto Sarapo, que criou várias peças, nas quais a mesma letra e a mesma melodia ganhavam interpretações nos mais diferentes estilos musicais. As gravações aconteceram na Cardan, onde Carmen Miranda, duplas sertanejas, bandas de jazz e até mesmo os Demônios da Garoa foram homenageados por um time de cantores de estúdio craque em fazer vozes caricatas que reproduziam com perfeição os timbres e as características vocais de cada um dos artistas.

Essa amplitude de ritmos e estilos ajudou muito a levar aos mais diferentes perfis de clientes a mensagem de que o Credicard era o cartão de crédito mais aceito do país; afinal, como dizia o jingle, com ele todo o mundo quer você.

O Credicard quer você com a gente
Quer você contente quando for pagar
Compras, jantar e presentes
Tem tanta gente usando Credicard
*
O Credicard quer você de dia
Quer você de noite
Em qualquer lugar
O Credicard quer você feliz
Todo o mundo diz

Quero Credicard
*
Quer ajudar a ir
Ajudar a vir
O Credicard quer lhe acompanhar
E na hora de pagar
Todo o mundo quer
O seu Credicard
Todo o mundo quer você

Esplanada Grill

Faixa 106

Eventualmente, no mercado publicitário ocorrem permutas entre fornecedores e anunciantes em negociações nas quais o trabalho é trocado por produtos ou serviços, sem que valores financeiros façam parte da transação comercial.

Foi com esse intuito que o pessoal da MCR resolveu produzir um jingle para a churrascaria Esplanada Grill. Com letra criada por César Brunetti e Sérgio Mineiro e música de Maurício Novaes, o jingle ganhou um arranjo açucarado, criado pelo próprio Maurício, para casar perfeitamente com a ideia de Sérgio Campanelli de convidar Cauby Peixoto para cantá-lo.

Para conseguir o aval do cantor, Campanelli foi até o 150 Night Club do Maksoud Plaza, onde Cauby estava se apresentando e ao final do show o convidou, explicando que se tratava de uma permuta com a produtora, mas que ele deveria dizer quanto era seu cachê caso aceitasse – uma vez que, evidentemente, não iria querer consumir tudo em churrasco.

Cauby aceitou e, depois de tudo acertado, foi para o estúdio gravar. A gravação saiu perfeita, como era a praxe, por sinal, das interpretações de Cauby. A nota curiosa fica registrada pela pronúncia "Grél", em vez de Grill, que ele insistia em fazer e que precisou de algumas tentativas até ser acertada.

Você já sentiu
Como o garfo entra macio
Na carne saborosa
Do Esplanada Grill?
Bem-passada, malpassada
Bem-me-quer ou malmequer

No Esplanada o encontro é no ponto
Que você quiser
Você já sentiu
A carne no ponto certo
Do Esplanada Grill
Bom apetite, professor

Fininvest

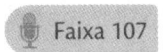

🎤 Faixa 107

Instituições financeiras nem sempre são anunciantes fáceis de se divulgar. Seus produtos em geral são muito semelhantes entre si e os custos para o consumidor são sempre lembrados, mesmo quando "esquecidos" pelas campanhas publicitárias.

Grandes profissionais, no entanto, conseguem tirar de letra situações impostas pela própria natureza do mercado e transformam *briefing*s complicados em jingles cheios de otimismo, que grudam na cabeça das pessoas e as fazem repetir uma música de maneira inconsciente por muito tempo. Esse é o caso de Zé Rodrix, que criou para a Fininvest um dos jingles mais conhecidos dos país.

Com uma melodia cativante e uma letra que mostra como é descomplicado contar com o apoio da financeira, Rodrix conseguiu, além de resolver o *briefing* com maestria, criar uma identidade sonora para a empresa.

Quem disse que não dá?
Na Fininvest dá
Quem precisa de dinheiro
Não precisa mais sofrer
Fininvest rapidinho
Dá dinheiro pra você
Quem disse que não dá?
Na Fininvest dá

Não precisa papelada
Não precisa confusão
Sem espera, sem demora
O dinheiro tá na mão
Quem disse que não dá?
Na Fininvest dá
Fininvest dá

Guaraná Antarctica – "Pizza", "Pipoca" e "Sanduíche"

🎤 Faixas 108, 109 e 110

No início dos anos 1990, guaraná era uma bebida com um perfil de público pediátrico-geriátrico – ou seja, era consumido, principalmente por crianças e idosos. Preocupado com isso, em julho de 1991, Nizan Guanaes criou a campanha "Guaraná Antarctica sabores". Inicialmente composta por dois comerciais, tinha como apelo principal explorar a associação dos sabores dos alimentos com o refrigerante.

Os filmes foram magistralmente produzidos pela Film, da diretora Flávia Moraes, que utilizou com habilidade os closes tipo *appetite appeal* e contou com a fotografia do norte-americano Michel Chevalier.

Entretanto, o que tornou a campanha inesquecível foram os jingles produzidos pela MCR. O primeiro a ser criado foi "Pizza com Guaraná". A partir de algumas sugestões de Nizan, que nessa época estava sempre presente em almoços na produtora, participando do processo de produção e dando ideias como o trecho da letra que cita os tipos de pizza, Sérgio Mineiro, César Brunetti, Maurício Novaes e Sérgio Campanelli criaram um jingle fortemente calcado no estilo dos grupos vocais dos anos 1950, que faziam os famosos *doo-wops*. Isso é facilmente percebido na primeira sílaba, na qual Maurício incluiu a *gag* "E... Eu" antes de iniciar a frase. Também é ele quem canta o jingle.

E... Eu não vejo a hora
De te cortar
Te ver mais uma vez
Te saborear
Meia mozarela, meia aliche ou calabresa

Romana, quatro queijos, marguerita
  e portuguesa
Como é bom te ver
Você chegou na hora H
Adoro pizza com Guaraná

Depois do estrondoso sucesso de "Pizza", em menos de um mês estourou "Pipoca com Guaraná". Criado pela mesma equipe genial, e contando com a participação de Lino Simão, o jingle utilizou o estilo vocal já consagrado, foi cantado por Lucinha Lins e teve uma performance ainda mais espetacular, popularizando-se rapidamente e chegando até a

Os jingles

ganhar uma versão para o Carnaval que entrou no repertório de bandas e trios elétricos nos dias de folia.

Pipoca na panela
Começa a arrebentar
Pipoca com sal
Que sede que dá
Pipoca e Guaraná que programa legal
Só eu e você e sem piruá, que tal?
Quero ver pipoca pular. (Pipoca com Guaraná)
Quero ver pipoca pular. (Pipoca com Guaraná)
Quero ver pipoca pular, pular
Soy loca por pipoca e Guaraná
Gua-ra-ná!

Em 1992, a campanha – que já havia entrado para a história da propaganda no Brasil pelo êxito e pela identificação do público com "Pizza" e "Pipoca" – ganhou "Sanduíche", um comercial e um jingle com a mesma alta qualidade dos antecessores, criado pelo mesmo time de profissionais, mas menos lembrado por ter tido veiculação menor.

Um bom sanduba
Nesse verão
Com um sabor
Bem natural
Sanduba vai legal com Guaraná
Assim que eu gosto. (Dá mais sabor. Dá! Dá!)
Pra refrescar. (Nham, nham, nham, nham.)
Esse calor. (Antarctica)
Sanduba tem sabor com Guaraná
Antarctica... Gua-ra-ná.

Kaiser Bock 🎙 Faixa 111

Quando a Kaiser Bock voltou ao mercado em 1994, para sua segunda temporada de vendas, o diretor Julinho Xavier pediu a Edgard Gianullo um jingle para o comercial, o qual teria vários grupos de jovens cantando e tomando a bebida num bar durante uma fria noite de inverno.

Ele queria uma música que fosse contagiante e que conseguisse transmitir o espírito do produto. Pensando nisso, Edgard recorreu a "Clementine", uma canção tradicional norte-americana, e fez uma releitura dela, transformando-a em um verdadeiro *spiritual* como os cantados nos bares e clubes de jazz dos Estados Unidos na primeira metade do século XX.

Com letra fácil, que repetia o nome do produto diversas vezes, o jingle pegou rapidamente e voltou a ser veiculado nos anos seguintes em novas versões.

Oh, Kaiser Bock
Oh, oh, oh, Kaiser Bock
Pra alegria não esfriar
Todo mundo vai tomar
Oh, oh, oh, Kaiser Bock

Oh, Kaiser Bock
Oh, oh, oh, Kaiser Bock
Pra alegria não esfriar
Todo mundo vai tomar
Oh, oh, oh, Kaiser Bock

Leite Moça – Carnaval

Faixa 112

No início dos anos 1990, percebeu-se que o público consumidor de leite Moça estava envelhecendo e utilizava o leite condensado basicamente para preparar sobremesas. Por isso, era necessário um rejuvenescimento da marca, para que ela conseguisse alcançar também uma faixa etária mais jovem.

A McCann Erickson, agência que a atendia, resolveu propor a utilização do produto no preparo de batidas e frapês e criou uma campanha com o *slogan* "Bateu, tomou!". Como o grupo Olodum despontava e fazia muito sucesso nessa época, sua batida típica foi escolhida como trilha – que foi produzida por Zé Rodrix para o comercial.

Em 1995, ao criar um comercial com o mesmo mote, mas específico para o Carnaval, a agência encomendou um jingle para o Echo's

Studio. Para ele, Nicola e Fernando Lauletta, em parceria com Marcos Possato, criaram um samba-enredo como pedia o *briefing*, mas com o cuidado de desenvolver uma letra bastante orgânica, ao estilo dos jinglistas que criavam batucando na caixinha de fósforos. Dessa forma, contando com versos simples, que rimam legal com Carnaval, o jingle atingiu plenamente seu objetivo – que era grudar no ouvido.

Olha o leite Moça aí, gente!
Bateu, tomou, ficou legal
Com leite Moça nesse Carnaval.
   (É bater e tomar!)
Com leite Moça o samba fica mais
   gostoso
É só misturar
O leite Moça com a fruta do seu gosto
Que maravilha é só bater e tomar
Bata com uva, com maçã ou com banana

Que eu quero tomar
Pega a laranja, o morango, o abacaxi
   ou maracujá
É batida de coco. É frapê de kiwi
Com leite Moça vai ficar daqui.
   (É bater e tomar!)
Bateu, tomou, ficou legal
Com leite Moça nesse Carnaval
Bateu, tomou, ficou legal
Com leite Moça nesse Carnaval

McDonald's

🎙 Faixa 113

"Congestionamento"

Numa sexta-feira à tarde, Jorginho Minnassian, da Play it Again, ligou para Crispin Del Cistia perguntando se ele queria produzir um jingle para o McDonald's. Crispin topou, mas estranhou, uma vez que a agência que atendia a rede trabalhava sempre com outra produtora.

Minnassian informou que o cliente tinha trocado de agência e, assim, mudado também de fornecedores. Agora a conta era da DPZ, quem iria filmar era o Wellington Amaral, da 5.6, e a Play faria a trilha. Só havia um probleminha: o comercial deveria estar no ar no domingo – isto é, o jingle teria que ser escrito e gravado enquanto o comercial era filmado, montado e finalizado, tudo no sábado. Ou seja, o tema seria criado "às cegas".

Assim, produziram tudo a toque de caixa. Enquanto cenas eram filmadas na Rodovia do Imigrantes, o diretor telefonava passando os detalhes e Crispin inseria frases no arranjo. Isso se repetia a cada nova cena.

Ao final, foram para a moviola preocupados (naquela época ainda a usavam para editar filmes), mas tudo se encaixou perfeitamente. Foi um teste que dificilmente daria certo. Mas deu. A peça foi um sucesso e ainda ganhou vários prêmios.

Tem certos momentos que a gente
  queria estar tão longe em outro lugar
Dá água na boca só de pensar

Esse é o momento, que gostoso que é
Esse é o momento, que gostoso que é
McDonald's

"Gostoso como a vida deve ser"

Faixa 114

Após utilizar por mais de uma década no Brasil diversas versões do jingle que trazia como tema a frase "Esse é o momento, que gostoso que é", a partir dos anos 1990 as campanhas do McDonald's passaram a investir em diversas abordagens, buscando acompanhar as mudanças e melhor traduzir sua relação com seu público.

Uma das primeiras campanhas a apresentar um novo tema foi "Gostoso como a vida deve ser", em que os comerciais mostravam situações banais do dia a dia que, dependendo do ponto de vista, poderiam ser consideradas tão gostosas quanto tomar um lanche no McDonald's.

Para a trilha sonora, Renato Teixeira, Sérgio Mineiro e Dorian Taterka compuseram e Sérgio Campanelli produziu na MCR um jingle suave, alto-astral, tocado com violão com cordas de aço, baixo acústico e piano – e com o ritmo marcado por palmas, o que contribuiu, e muito, para que o clima das peças ficasse ainda mais agradável.

Gostoso como a vida deve ser
Eu gosto, eu gosto muito de viver
Eu sinto, eu canto, eu saio, eu digo:
  tudo a ver
Gostoso como a vida deve ser
Assim eu acho, assim eu gosto, assim
eu sei fazer
Eu gosto, eu gosto muito de viver
Gostoso como a vida, gostoso como
  a vida
Gostoso como a vida deve ser

"Sorrisos"

Faixa 115

Na década de 1990, o McDonald's iniciou uma série de campanhas que tinham temas inspirados em expressões humanas que simbolizavam afeto e simpatia. Na primeira delas o assunto era o sorriso, sugerido por Edgard Poças. Em vez de fazer um jingle, ele escolheu "Samba da bênção", de Baden Powell e Vinícius de Moraes, como trilha para o lindo texto que criou – e que, com muita poesia, foi ilustrado pelas imagens do comercial.

Poças conta que a música já estava gravada com a sua voz para o filme, quando trabalhava com o diretor Dorian Taterka na finalização da edição. No silêncio da madrugada, Taterka olhou para ele e disse: "Não adianta querer colocar a gravação na voz do Vinícius porque já está gravado". Edgard, que não havia dito nada, mas estava pensando exatamente nessa possibilidade respondeu: "Tenta, vai. Vai ficar lindo". E realmente ficou.

Locução: Para cada rosto triste, outros tantos estão sorridentes.
Isso não quer dizer que existam mais motivos para rir do que pra chorar.
Quer dizer apenas que sorrir é mais gostoso.
Sorriso tímido por exemplo, vai e volta.
Daí o tímido sorri por dentro.
Tem sorriso vaidoso. Sorriso agradecido.
Sorriso metálico não é um sorriso fácil.
Ele resiste, depois deslancha e fica lindo.
Sorriso sedutor é aquele meio de lado.
E tem o sorriso que escapa.
*
É melhor ser alegre que ser triste
Alegria é a melhor coisa que existe
É assim como a luz no coração
*
Locução: Agora preste atenção: isso ainda vai virar um sorriso.

Papel Primavera

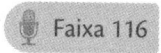

🎤 Faixa 116

Na década de 1970, algumas categorias de produtos anunciavam com muito mais constância do que hoje em dia. Uma delas era a de papel higiênico. Na época, uma das marcas mais populares era o papel Primavera. Esse reconhecimento se devia muito aos comerciais de TV em desenho animado, que tinham uma garotinha colhendo flores pelo campo ao som de um jingle que até hoje suscita dúvidas em relação a quem foi seu real autor.

Mais de vinte anos depois, Mário Lúcio de Freitas fez uma releitura do tema, criando um arranjo atualizado do jingle para a nova versão do comercial em animação. Nela, tentava readequar a proposta original à estética visual e sonora dos anos 1990. Mantendo praticamente a mesma atmosfera do tema original, o jingle, produzido por Freitas na Gota Mágica, era cantado no comercial pela mesma menina, só que agora com uma imagem mais moderninha.

Primavera
Primavera
Sou a menina Primavera
Meu papel é trazer a vocês

O papel, o papel Primavera
Primavera é supermacio
Primavera, papel Primavera
Primavera, papel Primavera

Parmalat – "Mamíferos"

🎤 Faixas 117, 118 e 119

Em 1996, a agência DM9DDB atendia a conta da Parmalat. Certo dia, o criativo Erh Ray recebeu a solicitação de uma campanha para o leite da marca. Pensando em que caminho criativo seguir para elaborar as peças, lembrou que tinha visto um livro do fotógrafo norte-americano Tom Arma no qual crianças eram clicadas vestindo fantasias de animais. Depois de entrar em contato com o profissional e negociar os direitos, Ray criou uma campanha com crianças vestidas exclusivamente de animais mamíferos.

A iniciativa, que ganhou desdobramentos para outros produtos da empresa, contava com diversas peças para a mídia impressa e a mídia exterior, além de comerciais para TV. Esses filmes precisavam de trilhas sonoras à altura da grande ideia que movia a campanha.

Foi então que a equipe da MCR entrou em ação. César Brunetti, Maurício Novaes, Sérgio Mineiro e Sérgio Campanelli criaram jingles que se transformaram em verdadeiros ícones para crianças e adultos que viveram aquela época, sendo lembrados até hoje.

O primeiro a entrar no ar nasceu a partir de um tema chamado "Anãofabeto", composto por Novaes para uma peça infantil, que tinha uma marcação rítmica bem pontuada – o que ele buscou reproduzir desenvolvendo a melodia com o *groove* e a harmonia inspirados na composição. Ao mesmo tempo, Brunetti desenvolveu as letras com sacadas fonéticas como "O ele*fante* é *fã* de Parmalat" ou "O bú*falo falou* que é bom", que a princípio podem até passar despercebidas, mas em uma audição mais atenta demonstram que esses jingles são excelentes exemplos do quanto a música para publicidade torna-se arte e se insere como elemento de cultura popular quando é bem-feita.

O elefante é fã de Parmalat
O porco cor-de-rosa e o macaco também são
O panda e a vaquinha só querem Parmalat
Assim como a foquinha, o ursinho e o leão

O gato mia, o cachorrinho late
O rinoceronte só quer leite Parmalat
Mantenha o seu filhote forte, vamos lá!
Trate seus bichinhos com amor e Parmalat

Na sequência foi veiculado o jingle que promovia a linha de iogurtes:

O búfalo falou que é bom
O gorila falou que faz bem
O tigre-de-bengala diz que não fica sem
O elefante, o porco-espinho e a zebra
   adoram também

O urso-branco, o urso-pardo
O leão-marinho e o esperto leopardo
Toda a floresta vira uma festa
Quando tem iogurte Parmalat
O búfalo falou que é bom

Cerca de dez anos depois, como mote para ilustrar que a linha de leites havia crescido, chamaram as mesmas crianças (agora adolescentes) que tinham participado dos comerciais originais e as colocaram em cena tentando vestir as fantasias daquela época ao som desta versão do jingle.

O elefante agora está grande
O porco cor-de-rosa e o macaco
   também estão
O panda e a vaquinha tomaram
   Parmalat
Assim como a foquinha, o ursinho e o leão
*
Locução: Os mamíferos cresceram. A família de leites premium Parmalat também. Tem leite que faz bem para os ossos, para o intestino, pra quem tem baixa tolerância a lactose, todos em novas embalagens recicláveis.
*
O gato mia, o cachorro late
O rinoceronte espichou com Parmalat
Mantenha seus filhotes fortes, vamos lá
Trate seus bichinhos com amor e
   Parmalat
*
Locução: Longa vida é Parmalat. Parmalat é vida longa.

Pernambucanas

Faixa 120

Fundada em 1908, a Pernambucanas certamente é uma das redes varejistas que mais possui lojas em todo o país. Sempre investindo em comunicação, a empresa marcou época com campanhas como "Quem bate? É o frio" e "Dezembro, vem o Natal", ambas da década de 1960 e que até hoje permanecem na memória de muitos brasileiros, tendo ganhado inúmeras releituras ao longo dos anos.

Além dessas campanhas sazonais de grande identificação com o público, a Pernambucanas sempre fez veiculações pontuais, tanto institucionais como para diversos tipos de produtos. No entanto, nos anos 1990, decidiu rejuvenescer a marca. Abandonou a nomenclatura "Lojas", que era grafada antes de "Pernambucanas", atualizou a logo e modernizou sua linha de comunicação com comerciais mais focados no humor, estrelados por Ricardo Corte Real.

A rede também passou a utilizar um novo jingle, criado por Zé Rodrix, que conseguiu, através de uma melodia alegre, numa levada pop muito animada, contar que a Pernambucanas estava havia muito tempo no mercado sempre oferecendo o melhor para o consumidor, que agora estava renascendo com seu novo visual e que fazer o melhor para seus clientes era sua razão de existir. Enfim, um jingle que era o retrato da nova fase e de tudo o que sempre foi a filosofia da empresa em relação a seus clientes. Rodrix criou um refrão tão forte e com um poder de síntese tão grande que a partir do lançamento do jingle passou a ser a identidade sonora do anunciante.

Faz muito tempo que estamos aqui
Sempre dando o melhor pro melhor de você
Juntos em cada momento feliz
Renascendo e crescendo com todo o prazer
Sempre juntos, tudo por você
Sua vida faz a nossa vida,

Pernambucanas
Nossa alegria é estar com você
Pra viver e crescer e saber que estaremos
Sempre juntos, tudo por você
Nossa casa é a sua casa porque
Sua vida faz a nossa vida,
Pernambucanas

Presunto Perdigão

Seja pela simpatia que eles provocam, seja pela estrutura que favorece o encadeamento de rimas, muito jingles recorrem ao estilo dos conjuntos vocais dos anos 1950, os famosos *doo-wops*, para embalar melodias dos mais diferentes tipos de anunciante.

No entanto se engana quem pensa que são simples e fáceis de criar; pelo contrário, é necessário um estudo atento do *briefing*, uma linha criativa bem-delimitada e uma seleção criteriosa de rimas para que, antes de serem facilmente assimiláveis, colaborem para o processo de comunicação do produto.

Foi exatamente esse o cuidado que Tavito teve ao compor o jingle para o presunto Perdigão, em que fugiu da obviedade de contar as características do alimento e adjetivá-lo para apresentar praticamente todos os tipos de pão que podem ser escolhidos para acompanhar o produto. Uma solução criativa à altura da genialidade do compositor e que conseguiu dar à peça uma distinção toda especial.

Pão de centeio, pão francês	*
Pão de leite ou integral	Pão de minuto, pão de queijo
Pão sovado, pão de forma	Pão caseiro de manhã
Pão de queijo e pão de sal	Pão de batata, pão na chapa
Tem baguete, tem pão preto	Ciabata e croissant
Italiano e alemão	Tem brioche, pão de milho
*	Tem pão sírio e bem finão
Você pode escolher o pão	Você pode escolher pão
Presunto só Perdigão	Presunto só Perdigão

The Place

Faixa 121

No início dos anos 1990 havia um restaurante que era um verdadeiro ponto de encontro de personalidades do mundo artístico, bem como de políticos, executivos e socialites em São Paulo. Esse lugar, que ficava na Rua Haddock Lobo, 1550, se chamava justamente The Place.

Os jingles

Para uma campanha de rádio, Neil Ferreira solicitou a Luiz Orquestra um jingle que tivesse uma atmosfera tão *cool* como a do restaurante. Orquestra percebeu que seria um caminho interessante chamar a atenção exatamente para o nome, que, sozinho, resumia tudo o que o restaurante era: o lugar. Criou então uma bossa nova em que perguntava qual era o lugar aonde atrizes famosas (sugerindo seus primeiros nomes) iam? Qual era o lugar onde planos eram feitos? Qual era o lugar onde personalidades iguais e diferentes se encontravam? Para revelar, ao final, que esse lugar só podia ser The Place.

Que lugar tão bom é esse
Em que a Bruna vem jantar?
Que lugar é esse em que Moiras e Cristianas
Sentam para conversar, trocar ideias e olhares
Entre os ímpares e os pares

Que circulam por esse lugar?
Que lugar é esse em que planos são traçados
Entre vinhos e grelhados?... Que lugar?
Que lugar tão bom é esse?
The Place. O lugar

ANOS 2000

Blockbuster

🎙️ Faixa 122

A maioria das pessoas espera ansiosamente pela chegada do fim de semana. É natural. Depois de cinco dias de trabalho intenso, com hora para tudo, nada melhor do que dois dias para relaxar e fazer o que quiser. Tem gente que gosta de jogar futebol, outros de ir ao shopping ou passear, mas muitas pessoas têm como programa predileto assistir a filmes ou séries ao lado de quem gosta.

Em uma época em que ainda se alugavam fitas VHS e DVDs, a rede de locadoras Blockbuster colocou no ar uma campanha que tinha como principal apelo um comercial veiculado exclusivamente às sextas e sábados, lembrando os clientes de que era dia de sofá – ou seja, dia de passar na Blockbuster, pegar um filminho, se sentar no sofá e assistir a ele.

Toda essa atmosfera foi transmitida pelo jingle produzido pela MCR e criado por Maurício Novaes, César Brunetti, Sérgio Campanelli e Sérgio Mineiro com um sabor retrô, intensificado pela interpretação de Reginaldo 16 Toneladas, da banda Funk Como Le Gusta, que lembrou muito os grupos vocais dos anos 1950 e 1960 – principalmente pela citação de "Papa-Oom-Mow-Mow" sugerida por Mineiro.

Hoje é dia de sofá, que programa legal
Mãozinha na pipoca, a gatinha e Papa--Oom-Mow-Mow (Papa-Oom-Mow--Mow)

É dia de sofá. (É dia de sofá)
Um vídeo, um DVD, um desenho
   pra animar
A noite vai chegar só pra lembrar que
   hoje é dia de sofá. (É dia de sofá)
E Papa-Oom-Mow-Mow (Papa-Oom-
-Mow-Mow)
Relaxa que a sessão vai começar
   que hoje é dia de sofá
*
Locução: Bom sofá!

Johnson's Baby Shampoo

Programas infantis foram diretamente responsáveis por entretenimento, gostos e comportamentos das últimas gerações de crianças que cresceram diante de um televisor. Algumas apenas dançaram com apresentadoras tão vazias quanto as letras das músicas que cantavam e outras, de mais sorte, tiveram a oportunidade de aprender a desenhar, amarrar os sapatos, cuidar da higiene pessoal, respeitar as pessoas e os animais e até a ler e escrever assistindo a programas como *Castelo Rá--Tim-Bum*, *X-Tudo* e *Cocoricó*. No caso específico dessas três atrações, há várias razões para o sucesso e para a qualidade do conteúdo apresentado, mas vamos nos ater especificamente a uma: a música.

Nos três programas a música foi criada por Hélio Ziskind, que pensa os temas infantis de maneira muito responsável e inteligente. Para ele, a música treina a criança para ter contato com a própria voz, sobretudo no mundo das canções. O domínio da própria voz, a capacidade de fazê-la ter altos e baixos, é a introjeção. A voz, apesar de ser concreta, não é acessível pelos olhos e a criança vai ter que desenvolver outro tipo de percepção para isso. Quando a questão musical se expande para os instrumentos, o universo dos sons e dos ruídos faz com que a criança aprenda a focar pedaços do mundo.

"Cabeça"   🎙 Faixa 123

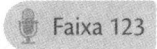

Por conta dessa maneira diferenciada e respeitosa de enxergar o público infantil, Ziskind criou temas como "Ratinho tomando banho", sucesso absoluto entre os telespectadores de *Castelo-Rá-Tim-Bum*, que ensinava às crianças a importância de lavar cada parte do corpo e que virou hino da hora do banho para muitas delas.

Tamanha identificação com o público infantil não passou despercebida pela agência de publicidade que atende a Johnson & Johnson. Ela procurou Hélio Ziskind solicitando uma música para os xampus infantis do cliente – mas não poderia ser "Ratinho tomando banho", porque acreditavam que ninguém iria prestar atenção no produto tamanha a popularidade do tema. Assim, Ziskind tinha um jingle para criar e, incrivelmente, não tinha restrições no *briefing*, o que propiciava a criação de uma brincadeira em estado puro, fato que ele acredita que tenha dado potência máxima à música. Assim nasceu "Cabeça", o primeiro da série.

Cabeça!
Tá na hora de lavar. (Tan dan dan dan, gostoso)
Vamos fazer carinho na cabeça. (Suave)
Vamos mexer o couro cabeludo. (Chega de lágrima!)
Esfrega, esfrega, esfrega, vai fazendo espuma
Esfrega, esfrega, esfrega, vai fazendo massagem. (Gostoso)
Chu! Chuá! Chuá! U! U!
Lavar a cabeleira com meu Johnson's Baby Shampoo

"Tira o nó"   🎙 Faixa 124

Os números musicais que fez para o programa *Cocoricó*, da TV Cultura, tinham a missão de criar um vínculo afetivo com certos assuntos que normalmente a criança encontraria na escola. Hélio Ziskind acredita que seu trabalho era trazer um pouco da escola para a região do espetáculo, criando ligações afetuosas com aquilo. Nos jingles da Johnson's ele também conseguiu abrir espaços como esses, o que comprova o poder da música em criar vínculos. "Tira o nó" é um excelente exemplo disso.

Oouuu, oouu
Olha só como se tira o nó
Olha só como se tira o nó
Primeiro faz o nó
Juba de leão, boné, cortina
Punk, coqueiro, roqueiro
Agora tira o nó
Chuááááá!
Fechar tchuí, tchuí

Secar tchó, tchó, tchó, tchó
Macio como a mão da mãe da gente
Passa o pente sem parar
*
Locução: Nova linha Johnson's Baby de hidratação intensa. Deixa o cabelo gostoso, fácil de pentear.
*
Nó, *no, no*

"Cachinhos"

Faixa 125

Quando criou o jingle do xampu para cabelos cacheados, Hélio Ziskind buscou mais uma vez um elemento afetivo para aproximar e marcar as crianças. Isso ficou evidenciado com o "tóim, tóim, tóim", um recurso onomatopeico que, a rigor, não cumpre um papel mercadológico na letra do jingle, mas, ao mesmo tempo, é sua própria essência, transmitindo claramente o movimento dos cabelos enroladinhos na cabeça de uma criança e que grudou de maneira muito forte na identidade do produto.

Ó o cachinho!
Tóim, tóim!
Eu nasci como cabelo enroladinho
Um monte de cachinho na cachola
Oi tóim
Oi tóim, tóim, tóim
A água do chuveiro
Cai na cabeleira
Cachoeira
Vem me molhar
Chuá, Chuá!

Gostoso pra chuchu
Chuá, Chuá!
Oh, yeah!
Banho de cabelo cacheado sempre tem
    um cafuné
Tóim, tóim, tóim, tóim, tóim, tóim
*
Locução: Nova linha Johnson's Baby para cabelos cacheados.

"Cheirinho gostoso"   🎙 Faixa 126

A cada novo jingle, Ziskind procura superar as dificuldades trazidas pelo *briefing* identificando quais são os elementos afetivos com que pode contar na busca de criar uma letra com a fluidez e a espontaneidade necessárias na comunicação com o público infantil.

No caso do xampu que promete deixar um perfume prolongado nos cabelos, a repetição de "cheirinho gostoso" e o "prolongaaaaaado" no final cumprem perfeitamente essa função, fixando os diferenciais do produto e transformando esse jingle, assim como todos os outros, em uma peça agradável e divertida de se ouvir.

Cheirinho gostoso
Cadê, cadê você?
Cheirinho gostoso
Tá aqui, tá aqui, te achei
Espuma, perfuma
Spray, gostei

Cheirinho gostoso
O dia inteiro
Agarradinho (ni) mim
Nova linha Jonhson's Baby com
cheirinho prolongaaaaaado

Kaiser – "Vem"   🎙 Faixa 127

A produtora Play it Again participou com a Giovanni, FCB, de uma concorrência para conquistar a conta da cerveja Kaiser. Como a Play já havia criado várias trilhas, Fernando Campos, redator da agência, pediu um jingle e indicou uma música norte-americana como referência. Tula Minnassian, diretor da produtora, sugeriu que o jingle tivesse noventa segundos, para caber nele tudo o que Fernando gostaria de transmitir.

Apesar dos protestos do departamento de mídia, como era especificamente para a apresentação da concorrência, o trabalho foi autorizado. Alexandre Leão fez a letra, o maestro Marcos "Xuxa" Levy criou a melodia e Reginaldo 16 Toneladas, vocalista do grupo Funk Como Le Gusta, cantou o jingle – que, além de ajudar a conquistar a conta do anunciante, teve ainda vários desdobramentos positivos.

O próprio cliente gostou tanto que pediu que um comercial fosse produzido a partir dele. O Funk Como Le Gusta resolveu gravá-lo em seu álbum *FCLG*. O jingle, que além de tocar no comercial também era veiculado no rádio, fez tanto sucesso que mesmo as emissoras que não faziam parte do plano de mídia pediam uma versão para tocá-lo gratuitamente na programação, gerando mídia espontânea para o anunciante.

Pode pedir
Pode pedir qualquer coisa
Então vê só
Deixa pra mim que eu te digo
Então vem sol, vem praia, vem comigo
Vem loirinha de biquíni com piercing
  no umbigo
Vem Carnaval, vem verão, vem fevereiro
Na folia, que povo mais festeiro
Vem samba-rock, vem chorinho,
  vem pandeiro
Vem eletro-tamborim, vem suingue
  brasileiro
Vem... Vem Kaiser, vem
Vem... Vem Kaiser, vem
Posso abusar

Vou pedir mais um pouquinho
Então vem cá
Deixa eu falar de pertinho
Vem morena, vem princesa, salve ela
Vem de letra, vem de prima que eu
  bato de trivela
Vem gelada, suada, vem na minha
Bem tirada, gostosa na boquinha
Vem... Vem Kaiser, vem
Vem dizer que a vida é feita pra beber
  devagarinho
Vem... Vem Kaiser, vem
Vem Kaiser, vem
Vem Kaiser, vem
Vem Kaiser, vem "ni mim"
Vem Kaiser, vem

McDonald's – "Abraços"   🎤 Faixa 128

Dando continuidade à série de comerciais do McDonald's com temas inspirados em expressões humanas de afeto, no início dos anos 2000,

Edgard Poças criou "Abraços", peça que mescla o jingle com o texto em forma de depoimentos que apresentam definições para os mais diferentes tipos de abraços.

Para chegar à versão final de sessenta segundos, Edgard escreveu mais de 15 minutos de letras que caracterizam os amplexos das mais distintas maneiras. Existiam ainda outras sugestões de temas para serem abordados nos próximos comerciais, como o grito, mas que acabaram não sendo executadas, dando lugar a outras campanhas.

(Me abraça)
Quanta coisa cabe num abraço
Parece um laço. Parece um laço
*
Um abraço é um bom começo de
   conversa
É circundar com os braços
O abraço gosta de aproximar. Quase
   encostar os corações
*

Quanta coisa cabe num abraço
Parece um laço. Parece um laço
*
Tem gente que foge, não se deixa abraçar
Quando muito dá um semiabraço
Fala que eu mandei um abração pra ele
Esse é o abraço de longe
*
Quanta coisa cabe num abraço

McDonald's – "That's amore"   🎙 Faixas 129, 130, 131, 132 e 133

Edgard Poças criou, ao longo de mais de uma década, dezenas de trilhas e jingles para o McDonald's. Um dos que mais fez sucesso foi "That's amore". Desenvolvido tendo como base o tema de mesmo nome composto por Jack Brooks e Harry Warren, em 1953 (e que se eternizou na voz de Dean Martin), a sugestão para a peça ficou cerca de nove anos com Dorian Taterka, diretor da agência que atendia o anunciante, mas sempre acabava dando lugar a outra campanha – até que em dezembro de 2005 finalmente foi produzida, e em grande estilo.

Os jingles

Com dez versões diferentes em português, mais algumas dezenas delas em inglês e em espanhol para serem veiculadas em diversos países, a cada comercial o jingle ganhava uma letra diferente para ilustrar a situação apresentada no filme, sempre tendo o verão como cenário.

Algumas versões:

1)
Quando o sol vem trazer mais sabor pra você
That's amore
Quando o vento soprar só pra te refrescar

That's amore
Em francês é *saveur*, na Itália se fala *sapore*
Seja lá onde for o verão é assim
That's amore

2)
Quando alguém vem e diz que você é feliz
That's amore
De repente esse mundo inteirinho está de bom humor

Coração, *corazón, oh my heart, oh mon coeur, o mio cuore*
Seja lá onde for o verão é assim
That's amore

3)
Quando existe um lugar que te faz suspirar
That's amore
E alguém revelar um sorriso no olhar
That's amore

Coração, *corazón, oh my heart, oh mon coeur, ó mio cuore*
Seja lá onde for o verão é assim
That's amore

4)
Quando o dia te acorda querendo brincar
That's amore
Quando o tempo se esquece até de passar

That's amore
Coração, *corazón, oh my heart, oh mon coeur, o mio cuore*
Seja lá onde for o verão é assim
That's amore

5)
Quando alguém vem e diz que você é feliz
That's amore
E o seu pensamento convida a voar
That's amore
Coração, tique, taque, tum, tique,
taque, tum
Vai marcando o compasso
É verão, tique, taque, tum, tique,
taque, tum
O calor é um abraço

Morumbi Shopping – "Te amo, São Paulo" 🎤 Faixa 134

Já era alta madrugada quando Tom Jobim e Sérgio Campanelli jantavam na churrascaria Esplanada Grill, na capital paulista, e a conversa versava justamente sobre São Paulo. A certa altura Tom contou que tinha algum grau de parentesco com Borba Gato e no mesmo instante Campanelli perguntou se o maestro queria conhecer a famosa estátua do bandeirante na Avenida Santo Amaro.

Chegando lá, enquanto Tom admirava o monumento, Sérgio pediu que ele fizesse uma música em homenagem à cidade de São Paulo. Jobim aceitou, compôs e gravou com sua banda um tema que é literalmente uma declaração de amor. Perfeito para qualquer marca ou empresa que quisesse prestar um tributo à cidade.

Campanelli conta que o tema foi primeiramente oferecido ao Banco Itaú, que, inacreditavelmente, o achou caro – como se para uma instituição do seu porte uma música do maior compositor brasileiro de todos os tempos atrelando a imagem do banco à maior cidade do país, onde inclusive tem a sua sede, pudesse representar uma despesa significativa em relação ao valor que traria para a marca.

Felizmente, logo em seguida, o Morumbi Shopping abraçou a ideia, utilizando a música em uma campanha lindíssima em homenagem ao aniversário da cidade.

Locução: Neste aniversário de São Paulo, o Morumbi Shopping dá um presente a todos os paulistanos. Uma música inédita de Tom Jobim.
*
São Paulo, te amo
Te amo, São Paulo
Na tarde tão fria
Busquei teu calor, teu amor em
   São Paulo
São Paulo, te amo

Pasión de mi vida
I love you, querida
Je t'aime, São Paulo
Io ti amo, São Paulo
I love you, te amo, São Paulo
Te amo, te adoro
São Paulo, São Paulo, São Paulo,
   São Paulo
Laiara, laiara... Sonhei com você em
   São Paulo
São Paulo, São Paulo, São Paulo...

MTV – Dez anos

Faixa 135

Talvez nunca volte a existir uma emissora de TV tão irreverente e debochada quanto a MTV Brasil. Quando ela comemorou seu aniversário de dez anos, veiculou um jingle interpretado pelo seu *cast*, bem à altura desse espírito gozador.

A missão de criá-lo ficou a cargo de César Brunetti, da produtora MCR, que, a partir da ideia de Sérgio Campanelli, desenvolveu um jingle repleto de trocadilhos, cacófatos e expressões de duplo sentido, as quais deram, com muito humor, ainda mais autenticidade para a comemoração.

Para arrematar, como a ideia era fazer uma peça sacana, ninguém melhor para a locução de assinatura do que Paulo César Pereio, um ícone das pornochanchadas.

Anos no ar
Anos a cantar
Anos a tocar os corações
Anos pra ficar em todos os anais
Anos musicais
Anos de emoções

Anos de glória
Anos de história
Anos de memória musical
Dez anos MTV
Não quer mais sair desse canal
Dez anos de glória

Dez anos de história
Dez anos de um tempo tão legal
Dez anos MTV
Não quero mais sair deste canal

*
Locução: Dez Anos MTV. Tempo tão feliz.

Nissan Sentra – "Será que é pra mim?" 🎙 Faixa 136

No segmento automotivo, os sedans em geral são caracterizados como veículos voltados para um público-alvo de uma faixa etária mais elevada. No entanto, muito consumidor mais jovem que simpatiza com esses modelos se sente constrangido e acaba não os adquirindo para não ficar com fama de tiozão.

Foi exatamente para fugir desse rótulo que a Nissan, ao lançar o Sentra, encomendou uma campanha que foi direto ao ponto, dizendo que o carro não tinha cara de tiozão. Só essa ousadia já valeria menção, mas a campanha foi muito mais longe. A agência TBWA criou uma banda *fake*, na qual todos os integrantes eram músicos de verdade próximos da casa dos cinquenta anos, batizou-a com o sugestivo nome de The Uncles e encomendou a Serginho Rezende, da produtora Comando S, um jingle para servir de tema do grupo. Aliás, jingle não é nem a nomenclatura correta – o que Serginho criou foi um verdadeiro *hit* com sabor pop-rock do final dos anos 1970, que antes do lançamento do carro foi tocado nas emissoras de rádio como música.

Para compor, Rezende recorreu a referências como Bee Gees, The Doors, Roupa Nova e até Roberto Carlos, que o inspiraram a trazer as mesmas formas melódicas e as mesmas concepções harmônicas da época. Ficou tão perfeito que as pessoas acreditavam que a banda existia e diziam que se lembravam da música, mas não sabiam exatamente de onde era. Sem imaginar que ela tinha acabado de ser composta.

Não existe idade pra cair na tentação
Tanto que num belo dia algo chamou minha atenção
Um carro prateado, descolado, todo bonitão
Mas será que é pra mim
Algo tão moderno assim?
Não tem cara de tiozão (de tiozão!)
Não tem cara de tiozão
Mas acelerou meu coração
É tão maravilhoso que despertou minha paixão
Despertou minha paixão
Acelerou meu coração
É tão maravilhoso que despertou minha paixão
É diferente de tudo o que eu já vi
Não é de tiozão, mas eu não tô nem aí
Meu desejo é muito forte, quero acelerar até o fim
Algo tão moderno assim, pode ser pra mim

Não tem cara de tiozão
Mas acelerou meu coração
É tão maravilhoso que despertou minha paixão
Despertou minha paixão
Acelerou meu coração
É tão maravilhoso que despertou minha paixão
O carro que eu vi é impossível descrever
Parecia uma miragem, só de lembrar quero guiar
Poder voltar a ter um carrão e viver
Aquela emoção de acelerar o coração
Não tem cara de tiozão
Mas acelerou meu coração
É tão maravilhoso que despertou minha paixão
Despertou minha paixão
Acelerou meu coração
É tão maravilhoso que despertou minha paixão

Sadia – Sessenta anos

Faixa 137

No início dos anos 2000, a Play it Again foi chamada pela DPZ para criar um tema musical para a Sadia. A música deveria ter variações, para poder estar em todos os filmes do anunciante. O maestro Nelson Ayres compôs então uma melodia linda, que acabou se transformando em algo que hoje é conhecido como *sound branding*.

Em 2004, a agência solicitou uma versão cantada do mesmo tema para a campanha de sessenta anos da Sadia. O problema é que a peça não havia sido concebida para ter letra, o que complicava tudo.

Nessa época, Nelson Ayres tinha sido pouco tempo antes jurado do Prêmio Eldorado de Música e havia gostado muito do trabalho de Alexandre Leão, um dos concorrentes. Ele o apresentou a Tula Minnassian, diretor da Play, e a partir de então Leão passou a criar jingles para a produtora. Seu talento era ideal para esse trabalho e Ayres o advertiu apenas para que não fizesse muita letra. Era necessário ser simples, sensível e, ao mesmo tempo, objetivo no que deveria ser cantado e, o principal, sem ser publicitário. Era melhor seguir o caminho da música, não o da propaganda, o que acabou resultando numa letra singela e emocionante.

Depois de aprovado, surgiu uma dúvida: quem iria cantar? Tula e Nelson já tinham pensado em trabalhar com voz masculina e feminina em duo. A agência e o cliente então enviaram uma vasta lista com vários nomes, mas a maioria era de intérpretes românticos. Pensando pelo lado musical, Ayres sugeriu Dominguinhos, e Minnassian, Marina Lima, uma mistura que poderia ficar muito interessante.

Na reunião seguinte apresentaram a sugestão. Como fugia completamente da lista enviada, causou alvoroço. Porém, Gilberto Xandó, então diretor de marketing da Sadia, resolveu apostar na opinião do produtor e do maestro e autorizou a gravação com os cantores escolhidos.

No dia marcado, Dominguinhos e Marina estavam no estúdio prontos para gravar. Antes, porém, a cantora chamou Tula e Nelson para contar que havia acabado de fazer uma cirurgia nas cordas vocais. A apreensão foi grande, pois eles tinham insistido muito em que a produção fosse com os dois artistas. Mas não houve problema. Marina foi extremamente competente e, com grande profissionalismo, gravou quantas vezes foi necessário até chegarem à versão que consideraram definitiva – e ainda ficou para acompanhar tudo até a mixagem final.

Dominguinhos, que havia sido contratado apenas para cantar, fez questão de também tocar acordeom nas várias peças que compunham a campanha, gravando uma exclusivamente com o instrumento.

Além de tudo isso, a gravação contou ainda com as cordas da Orquestra Sinfônica do Estado de São Paulo, resultando em uma obra espetacular.

Locução: Dominguinhos e Marina Lima interpretam uma história de amor.
*
É bom saber que alguém te ama de verdade
Bom saber que alguém te quer tão bem
A qualquer hora
De qualquer jeito
É bom saber que existe amor assim
*
É bom saber que alguém te ama de verdade
Bom saber que alguém te quer tão bem
Por toda a vida
Dentro do peito
É bom saber que existe amor aqui
*
Locução: Sadia, sessenta anos. Uma história de amor.

Vale

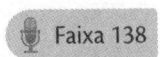

Nizan Guanaes procurou a produtora MCR com a ideia de produzir um jingle para a Vale, que deveria ser cantado por João Gilberto. O *briefing* apresentava o conceito "Já pensou se isso fosse assim? Como seria?". Sérgio Campanelli, César Brunetti e Lino Simão passaram a trabalhar em cima de um tema que se encaixasse no perfil musical de João.

Com letra de César, melodia de Lino e ideias de Sérgio, acabou nascendo um típico samba joão-gilbertiano, o qual, depois de aprovado, foi enviado para João decidir se topava gravá-lo. Após cinquenta dias de absoluto silêncio, o próprio cantor liga contando que tinha gostado da música.

Campanelli foi para o Rio de Janeiro dirigir a gravação e, ao terminar, já alta madrugada, João quis mostrar o resultado para Nizan, que, devido ao adiantado da hora, não conseguiu ser localizado. Então, João quis ligar para quem compôs a música. Sérgio telefonou e acordou a esposa de Lino dizendo que João Gilberto queria conversar com ele. Na hora ela pensou tratar-se de um trote ou brincadeira, mas diante da confirmação acordou Lino, que, ao atender, ouviu do próprio João os maiores elogios à música e ainda pediu que aprovasse a gravação, reproduzindo a peça ao telefone. Evidentemente Simão adorou – e nem sabia o que dizer diante da beleza da interpretação.

Ao desligar, ainda sob efeito da emoção, Lino e a esposa, que estavam brigados, fizeram as pazes e abriram um champanhe para comemorar. No dia seguinte, João ligou mais uma vez para Simão, que contou toda a história e perguntou se ele não poderia ligar uma vez por semana para manter o casamento saudável.

Quando o comercial estava pronto, João assistiu e percebeu que os *takes* dele tocando violão não condiziam com os acordes que a música tocava. Assim, pediu que o reeditassem com as tomadas corretas, caso contrário não aprovaria a veiculação do filme. Então, Lino foi chamado com urgência para acompanhar a reedição e indicar quais eram os acordes corretos para cada *take*.

Já pensou se eu nascesse no frio?
Já pensou se eu nascesse sem samba?
Já pensou se eu nascesse sem sol
Nascesse sem bola, sem Copacabana?
*
Já pensou se eu nascesse sem mar
Nascesse sem Rio ou sem a Bahia?
Já pensou se eu nascesse sem cor
Sem esse sorriso e essa alegria?
Já pensou se não fosse essa graça

Não fosse essa raça, o que seria?
Já pensou se não fosse essa garra
E essa coragem, essa energia?
*
Já pensou se não fosse essa fé
Não fosse o que é, o que seria?
Já pensou esse país inteiro
Que o melhor do Brasil
É o povo brasileiro

ANOS 2010

Ace – "Sutiã encardido"

Faixa 139

Depois de algum tempo sem inserções publicitárias, a Ace, linha de produtos de cuidados com roupas da Procter & Gamble, voltou à mídia em 2011 com uma campanha criada pela Leo Burnett Tailor Made para divulgar o lançamento do Ace Líquido, um produto especialmente desenvolvido para remover o encardido das roupas brancas. A campanha envolvia uma novela exibida na web, comerciais de TV, interações em programas de auditório, e tinha como tema a história da mãe de um rapaz que ao encontrar um sutiã encardido em sua casa ia furiosa atrás do filho em um bar. Chegando lá, o encontrava junto da namorada, que negava que a peça fosse dela, piorando as coisas para ele. Outras cinco mulheres, que presenciam a confusão, passam a se comportar de modo suspeito, sugerindo que qualquer uma delas poderia ser a dona da lingerie.

A partir daí, várias peças foram veiculadas nos meios já citados durante mais de três meses, interagindo com o público e o incentivando a descobrir a dona do sutiã. Mas seguramente a peça mais emblemática de todas foi o jingle produzido pela Lua Nova, criado por Flávia Coradini e por Wando, o icônico cantor e colecionador de peças íntimas, que também interpretou o tema e, infelizmente, faleceu poucos meses após sua participação na campanha. Na melodia, além de evidentemente falar de Ace, Flávia e Wando abusam inteligentemente das semelhanças fonéticas de parte da letra com o nome do produto, dosando sensualidade e bom humor na medida certa, em um jingle com a cara das canções que ele costumava interpretar.

Coradini relata que escreveu a letra e a enviou para o cantor. Pouco tempo depois ele apresentou a música pronta, com sugestões geniais para a letra como "Checa, checa, checa", um refrão que só ele conseguiria propor. Flávia conta ainda que nas gravações Wando era extremamente profissional, discutindo a entrada do coro, acertando detalhes com o maestro, mas na hora que começava a cantar sua expressão facial mudava, transformando-se no ídolo pop, colocando todo o seu talento na interpretação e acrescentando cacos como "Gostosa, se você quiser eu lavo sua roupa... Todinha!", que foi prontamente colocado na introdução do jingle."

A veiculação da peça era propositalmente feita no início e no final dos *breaks*, para que as pessoas a confundissem com música da programação.

O nosso caso não é mais segredo
Caiu na rede e foi pra TV
Esse mistério sutiã encardido
Todo mundo olha e finge que não vê
Ah, se você me desse esse carinho
Ah, se você me desse esse prazer
Só Ace deixa claro e bem branquinho
O encardido que aparecer
*
Checa, checa, checa, checa
O sutiã encardido que apareceu
Pega, pega, pega, pega

O sutiã encardido, acho que é seu
*
Ah, se você, Ah, se você gostosa
Ah, se você, Ah, se você quiser
Ace lava a roupa que te alisa toda
É esse branco que seu corpo quer
*
Checa, checa, checa, checa
O sutiã encardido que apareceu
Pega, pega, pega, pega
O sutiã encardido, acho que é seu

Banco Itaú – "Mostra tua força, Brasil" 🎙 Faixa 140

Quando ocorrem grandes eventos como a Copa do Mundo, é comum os anunciantes veicularem campanhas temáticas alusivas à ocasião –

principalmente se forem patrocinadores das transmissões pela TV, como foi o caso do Banco Itaú, em 2014.

Em meados de 2013, Arício Fortes e Paulo Coelho, que trabalhavam na criação da Africa, agência responsável pela conta publicitária da instituição financeira, chamaram Jair Oliveira, sócio da produtora de áudio S de Samba, para uma reunião. Contaram que precisavam de um jingle para a Copa de 2014, mas duas ou três produtoras já tinham criado peças e o cliente não gostara de nenhuma delas. A única coisa que havia sido aprovada era uma letra, sem melodia, e a solicitação era que Jair criasse uma música para ela.

Diante disso, Oliveira perguntou se também poderia criar um jingle inteiramente novo, uma vez que se sentia mais à vontade desenvolvendo um trabalho desde o começo. Com a anuência dos criativos, topou o desafio e começou a trabalhar em cima da letra pré-aprovada. Quando terminou, passou então a criar seu jingle. No *briefing* havia a solicitação de que o tema fosse emocionante e que apagasse aquela aversão à Copa do Mundo propagada a partir das manifestações de junho de 2013 – e que, principalmente, reacendesse o envolvimento emocional do brasileiro com o futebol.

Foi quando Jair se lembrou de que um dos momentos mais emocionantes da Copa das Confederações ocorrida naquele ano havia sido justamente a torcida cantando o hino nacional *a cappella* após o término da execução parcial estipulada pela Fifa. A partir desse *insight*, música e letra nasceram juntas, e em menos de 15 minutos o jingle estava pronto.

Quando apresentou as composições para o pessoal da S de Samba, adiantou que tinha gostado mais da opção totalmente criada por ele, o que foi confirmado por todos após ouvirem as duas peças.

Depois de mostrarem a versão solicitada para a dupla criativa da agência, Simoninha, também sócio da S de Samba, pediu licença para apresentar o jingle inteiramente criado por Jair e disse que todos na produtora o achavam mais legal. A aprovação foi imediata. Oliveira tinha conseguido chegar ao resultado que eles buscavam havia tanto tempo.

Originalmente o refrão era "Veste a camisa, Brasil", mas no dia em que o tema estava sendo gravado para que pudesse ser apresentado para a agência Jair deixou a produtora com a música ainda na cabeça e, ao parar em um semáforo, se perguntou se alguém já havia usado aquela frase. Rapidamente pesquisou na internet e descobriu que havia pouco tempo ela tinha sido tema de uma campanha de um outro banco.

Ligou imediatamente para Simoninha, que estava produzindo a gravação, contou a situação e pediu que ele parasse. Diante da dúvida sobre o que fazer e na iminência de o semáforo abrir, Jair teve a ideia de substituir a frase por "Mostra tua força, Brasil", que tornou não só o jingle, mas toda a campanha, um grande sucesso, sendo um dos *hashtags* mais utilizados durante a Copa.

A escolha de Fernanda Takai e Paulo Miklos para interpretá-lo foi uma sugestão de Simoninha – que se revelou extremamente feliz por unir a delicadeza da voz de Fernanda com a força da interpretação de Miklos, resultando em um contraste perfeito para o sentido buscado pela peça, que era justamente manter a emoção sem perder a energia.

Apesar de lembrado diretamente por ser o jingle do Banco Itaú para a Copa do Mundo de 2014, curiosamente em nenhum momento a letra cita o nome do anunciante, solicitação que o próprio *briefing* da campanha trazia.

Vamos soltar o grito do peito
Deixar o coração no jeito
Que aí vem mais uma emoção
*
Vamos torcer e jogar todos juntos
Mostrar novamente pro mundo
Como se faz um campeão

*
Pois só a gente tem as cinco estrelas
Na alma verde-amarela
E só a gente sabe emocionar
Cantando o hino a capela
   (... pátria amada, Brasil!)
*

Mostra tua força, Brasil
E amarra o amor na chuteira
Que a garra da torcida inteira
Vai junto com você, Brasil
*
Mostra tua força, Brasil
E faz da nação sua bandeira

Que a paixão da massa inteira
Vai junto com você, Brasil
*
Mostra tua força, Brasil
E amarra o amor na chuteira
Que a garra da torcida inteira
Vai junto com você, Brasil

Café Seleto

Faixas 141 e 142

Em 2013, o tradicional café Seleto voltou à mídia, e o novo proprietário da marca resolveu reutilizar o clássico jingle criado por Archimedes Messina na década de 1970. Para isso, promoveu uma concorrência que envolvia quatro ou cinco produtoras de áudio. Mesmo com o orçamento mais alto, a Play it Again foi a escolhida, possivelmente pelo histórico de seu trabalho e, principalmente, pelo respeito que Tula Minnassian, seu diretor, tem pela obra de Messina.

Para a nova versão, Tula quis trabalhar com Nelson Ayres, que é um maestro com grande experiência e à altura da responsabilidade que é regravar um jingle histórico como esse. A princípio, a agência e o cliente queriam descartar totalmente a letra original e produzir uma inteiramente nova, o que foi prontamente negado por Minnassian – que os alertou que fazendo isso estariam jogando fora toda a força que o jingle tem, corroborado pelo fato de ele ser espontaneamente lembrado pelas pessoas. Por conta disso, em uma das versões apenas o trecho inicial foi suprimido, e poucas palavras foram readequadas para atender aos tempos politicamente corretos em que vivemos.

Tinham também solicitado vários arranjos com leituras do jingle em rock, sertanejo, entre outros estilos, para atingir diferentes públicos do produto. Tula mais uma vez recomendou que não fizessem isso, sob pena de descaracterizarem a peça.

Ao final, foram produzidas duas versões, uma clássica e outra cantada por crianças – esta inspirada no álbum *Música de brinquedo*, da banda Pato Fu –, que utilizou instrumentos musicais de brinquedo para dar uma sonoridade original e um toque infantil à gravação mantendo a letra original.

Versão com as adequações na letra:

Na hora de tomar café
É o café Seleto
Que a gente prepara
Com todo o carinho
E a qualquer hora é bom lembrar
De saborear mais um cafezinho

Café Seleto tem sabor delicioso
Cafezinho gostoso
É o café Seleto
Café Seleto
Café Seleto
Café Seleto

Versão crianças (letra original):

Depois de um sono bom
A gente levanta
Toma aquele banho
Escova os dentinhos
*
Na hora de tomar café
É o café Seleto
Que a mamãe prepara

Com todo o carinho
*
Café Seleto tem
Sabor delicioso
Cafezinho gostoso
É o café Seleto
Café Seleto
Café Seleto

Carrefour

Faixa 143

Em 2012, a agência Leo Burnett Taylor Made estava participando de uma concorrência visando conquistar a conta publicitária do

Carrefour e, para compor a campanha, encomendou jingles a algumas produtoras de áudio, passando uma linha criativa diferente para cada uma delas.

A eNoise ficou com "Faz a conta. Faz Carrefour", e Lino Simão e Oswaldo Sperandio criaram um jingle que foi aprovado de primeira pela agência. O mesmo não aconteceu com as peças enviadas pelas outras produtoras envolvidas. Por causa disso, pediram que Simão e Sperandio criassem as outras duas opções também.

Ao final do processo, os três jingles apresentados para a rede de hipermercados foram produzidos pela eNoise. A primeira linha criativa foi aprovada e o jingle ajudou a agência a conquistar a conta do anunciante.

A identificação do público com a ideia central da campanha e, principalmente com o jingle, fez com que o Carrefour mantivesse a peça no ar durante alguns anos, solicitando apenas pequenas variações pontuais na letra em situações específicas como o aniversário da rede.

Faz a conta, você faz economia
Na semana, no domingo, faz muito bem
A família reunida faz e adora companhia
Todo mundo tá fazendo, vem fazer você também
Faz, faz... Faz Carrefour
Faz, faz... Faz Carrefour
Faz toda hora, já virou mania
Faz, faz... Faz Carrefour
Faz, faz... Faz Carrefour
Faz melhor e faz barato, faz com alegria

Faz a festa e o churrasco com os amigos
Tudo pra sua casa, faz sempre mais
Faz o melhor preço e faz do seu jeito
Faz o que você quiser, faz, faz, faz
Faz, faz... Faz Carrefour
Faz, faz... Faz Carrefour
Faz a conta, você faz economia
Faz, faz... Faz Carrefour
Faz, faz... Faz Carrefour
Faz melhor e faz barato
Faz, faz... Faz Carrefour

Oral-B Complete

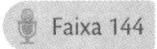

Existe coisa mais desagradável do que acabar de tomar um lanche com molho vinagrete ou fazer uma refeição com bastante cebola e dar de cara com alguém com quem está rolando um clima de romance?

Foi pensando nisso que a agência de propaganda Africa criou o tema para a campanha de Oral-B Complete, e enviou para Serginho Rezende, da produtora Comando S, um conceito já pré-desenvolvido para o jingle. Rezende entrou com a contribuição musical, ajeitando métrica, rima e a ideia de melodia sugerida por eles, que acabou virando axé music e foi um grande sucesso, tornando-se mais um jingle que ganhou as ruas e que as pessoas passaram a cantar espontaneamente, sobretudo no Carnaval.

Compare, comprove, Complete!
Compare, comprove, Complete!
Quer beijar a periguete
Mas passou na lanchonete
Xavecou a garçonete
E mandou um vinagrete
Mas não tem nenhum chiclete
Faz o quê?
Usa Oral-B Complete!
Usa Oral-B Complete!
Quer beijar a periguete
A Ivete, a Margarete
Mas passou na lanchonete
Acessou a internet
Xavecou a garçonete
E mandou um vinagrete
Um cebolete, um croquete
Mas não tem nenhum chiclete
Faz o quê?
Usa Oral-B Complete!

Usa Oral-B Complete!
Quer beijar a periguete
A Ivete, a Margarete, a Claudete
A Elizete, a Janete, a Gorete
Mas passou na lanchonete
Acessou a internet
E usou o toalete
Xavecou a garçonete
E mandou um vinagrete
Um cebolete, um croquete
Um omelete, um espaguete
Uma baguete, um picolete
Mas não tem nenhum chiclete
Faz o quê?
Abre o canivete? (Não!)
Pega uma raquete? (Não!)
Toca um trompete? (Não!)
Chora no carpete? (Não!)
Joga uns confetes? (Não!)
Faz o quê?

Compare, comprove, Complete! Usa Oral-B Complete!
Usa Oral-B Complete! Usa Oral-B Complete!

Parmalat 🎙 Faixa 145

Depois de alguns anos ausente, em 2015, a Parmalat voltou à mídia e precisava de uma campanha publicitária de destaque para marcar esse retorno. Mas como criar algo tão forte quanto os "Mamíferos" dos anos 1990?

Quando uma ideia é boa, merece ser readequada e apresentada para as novas gerações. Foi exatamente o que fez Erh Ray, que revisitou a campanha original, criada por ele em 1996, na DM9. Para isso, convidou Maurício Novaes e César Brunetti, que participaram da criação da versão original, para fazer uma nova leitura do clássico jingle.

Agora, além dos mamíferos já conhecidos a letra apresenta também espécies brasileiras, como a jaguatirica e o lobo-guará, que no comercial ganham a companhia do tatu, do tamanduá e do bicho-preguiça.

O leão é fã de Parmalat
E chama toda a turma da floresta
   pra brincar
O gato e o cachorro
A vaca e o gambá
O búfalo, o gorila e até o tamanduá
Jaguatirica mia

O guarazinho late
E o rinoceronte só quer leite Parmalat
Miando, uivando, latindo, tanto faz
Nessa floresta todo mundo é fã de
   Parmalat
Tomou?

Polenguinho 🎙 Faixa 146

Por causa de sua participação no histórico "Pipoca com Guaraná", Lino Simão foi convidado para criar um jingle para o Polenguinho. Como já estava atuando na eNoise, sua produtora, e não podia contar com seu mestre e "mentor", César Brunetti, considerou a encomenda um enorme desafio, mas resolveu aceitar.

Em parceria com Oswaldo Sperandio, criou 15 versões diferentes até chegar ao jingle definitivo – várias delas com melodias e letras totalmente distintas da opção final. Juntos criaram um excelente jingle contemporâneo, que traz os elementos que consagraram jingles clássicos, como o ritmo animado, a melodia pra cima e as rimas inteligentes e fáceis de serem fixadas.

O tema, cuja letra brinca com as diversas possibilidades de se consumir o produto, foi interpretado por Maria Rita, o que proporcionou um reencontro muito emocionante entre eles, ao relembrarem os tempos em que Lino tocava na banda de Elis Regina e durante os ensaios dos shows brincava no palco com Maria Rita e com o irmão dela, João Marcello.

Torrada, pão na chapa ou croissant
No biscoito ou sanduba, pera, uva
   ou maçã
Morango, no lanchinho ou na baguete
Bolacha, salgadinho, sozinho ou no
   omelete
Pão de queijo, bisnaguinha, goiabada
   cascão
O seu Polenguinho com o garfo
   ou com a mão

Vigor

Vigor Grego

🎤 Faixa 147

Quando saboreamos algo de que gostamos muito, é natural ficar com aquele gostinho de quero mais no final. Esse mote já foi explorado na comunicação de vários produtos, como o chocolate Bis, que tinha como *slogan* "Quem come um pede Bis", e os salgadinhos Elma Chips, que utilizavam a assinatura "É impossível comer um só".

Os jingles

Para definir a sensação dos consumidores ao terminar um potinho do seu iogurte grego, a Vigor, através da Fischer, sua agência de propaganda, resolveu revisitar o assunto com o tema "Quando acaba a gente quer de novo". O jingle da campanha ficou a cargo de Serginho Rezende, da Comando S, que conta que recebeu a letra praticamente pronta de André Figueiredo, criativo da agência, e procurou desenvolver uma melodia que cumprisse exatamente o *briefing* – o qual solicitava um "chicletinho", ou seja, uma música que grudasse no ouvido e não saísse da cabeça. E Serginho conseguiu, pois quando o jingle acaba a gente quer de novo.

Locução: Depois do sabor de Vigor Grego contagiar o Brasil surgiu a dúvida: o que acontece quando o potinho acaba?
*
Quando acaba a gente quer de novo
Todo mundo gosta
Qualquer hora em todo lugar

Vigor Grego a gente quer de novo
Ele bate, pede, contagia, nada tem
  o seu sabor
Quando acaba a gente quer de novo
Quando acaba a gente quer de novo
*
Locução: Vigor Grego. Bem-feito como deve ser.

Requeijão

🎙 Faixa 148

Muitas vezes a ideia central de um jingle nasce direta e literalmente das informações que um *briefing* apresenta. Esse foi o caso do requeijão Vigor. Thomas Roth, quando recebeu o pedido de criação para a peça, percebeu que solicitavam a repetição da frase "É cremoso, é gostoso, é saboroso", além da necessidade de citar "a gente não sabe como explicar".

Como sempre foi apaixonado por rimas, Thomas trabalhou bem a pontuação das frases por meio da sonoridade proporcionada justamente por elas ao final de cada estrofe do jingle. Esse recurso permitiu uma marcação rítmica que conduz a um envolvimento e um interesse crescentes do ouvinte, até que finalmente o nome do produto é apresentado.

Além disso, como já sabia de antemão que o comercial iria começar com um *take* do pote do produto visto de cima, Roth resolveu iniciar a música com "dentro desse pote tem" e utilizou o "hummmm" como artifício amplificador do que era mostrado nas imagens, valorizando ainda mais o *appetite appeal* do jingle.

Dentro desse pote tem	É cremoso
Uma surpresa que ninguém	É gostoso
Sabe explicar bem	É saboroso
O sabor que tem	Hummmm...
Hummmm... É cremoso	*
É gostoso	**Locução:** Requeijão Vigor, o mais
É saboroso	vendido do Brasil. Saboroso e cremoso
Requeijão Vigor	como deve ser.

Visa – "Bala de troco"

Faixas 149, 150, 151 e 152

Existe coisa mais desagradável do que receber bala de troco quando se faz compras? Foi pensando nisso que a agência Lew Lara/TBWA escolheu o fato como tema para a campanha que incentivava a utilização do cartão Visa nas mais diferentes circunstâncias.

Foram produzidos vários comerciais em que, após uma situação específica – como o caixa da loja não ter troco, estar sem dinheiro trocado para uma compra de baixo valor ou até mesmo encarar a fila do caixa eletrônico para sacar –, um trio de *mariachis* entrava em cena cantando um bolero que, na realidade, era o jingle da campanha.

O criador do engraçadíssimo tema foi Maurício Novaes, que, a partir de um esboço enviado pela agência, desenvolveu a melodia e adequou a letra, toda escrita em "portunhol", criando várias versões para casar com a performance do trio – o qual, por conta do sucesso das peças, ficou muito famoso e passou a ser contratado para fazer apresentações.

Versão 1
No tiene troco, que *cosa* triste
Tá sin trocado, que *cosa* triste
Bala de troco, que *cosa* triste

Versão 2
Bala de troco, que *cosa* triste
Chuva na fila, que *cosa* triste
Perdiendo tempo, que *cosa* triste

Versão 3
Bala de troco, que *cosa* triste
És mucho troco, que *cosa* triste
No tiene troco, que *cosa* triste

Versão 4
Ficar na fila, que *cosa* triste
Chuva na fila, que *cosa* triste
Perdiendo tempo, que *cosa* triste

Referências bibliográficas

Artigos

SERGL, Marcos Júlio. A peça publicitária no contexto da paisagem sonora brasileira: Dos primórdios ao "Pão Bragança". In: *Anais V Congresso Nacional de História de Mídia*. São Paulo, 2007.

PAIVA, José Eduardo Ribeiro de. Vacinando com agulha de vitrola: Os anos dourados da Gravadora RGE. In: GUERINI JR., Irineu e VICENTE, Eduardo (orgs.). *Na trilha do disco – Relatos sobre a indústria fonográfica no Brasil*. Rio de Janeiro: E-Papers, 2010.

Entrevistas ao autor

Adriana Santos Souza, Antônio Álvaro H. Assumpção, Antônio Edgard Gianullo, Archimedes Messina, Ardélio Carlos Del Cistia, Arthur Deliberador Minnassian, Carlos Leite Guerra, Edgard Barbosa Poças, Emilio Carrera, Hélio Ziskind, Jair Rodrigues Melo de Oliveira, João Derado Jr., João Mauro Abrantes, José Francisco Monteiro, José Luiz Nammur, Julia Maria Alves Viani Rodrigues Trindade, Lino Marques Simão Jr., Luiz Carlos Pereira de Sá, Luiz Otávio de Melo Carvalho, Luiz Roberto Oliveira, Luiz Roberto Rodrigues da Rocha, Marco Antônio F. Carillo, Maria Lúcia de Abrantes, Mário Lúcio de Freitas, Maurício Novaes, Murilo Alvarenga Jr., Nicola Lauletta, Olavo Sérgio Budney, Paulo Sérgio Rezende Pereira, Renato Teixeira, Salvador Zammataro, Sérgio Augusto Sarapo, Sérgio Campanelli, Teófilo Augusto de Barros Neto, Thomas Roth, Ulisberto Lelot, Wagner Maugeri

Internet

Almanaque da Comunicação: almanaquedacomunicacao.com.br

Brasil Cultura: brasilcultura.com.br
Clube do Jingle: clubedojingle.com
Dicionário Cravo Albin da Música Popular Brasileira: dicionariompb.com.br
Gravodisc: gravodisc.com.br
Janela Publicitária: janela.com.br
Mundo das Marcas: mundosdasmarcas.blogspot.com.br
Museu Clube da Esquina: museuclubedaesquina.org.br
Técnicas para estúdio e gravações comerciais: nics.unicamp.br/jonatas/aulas/arranjo/aula05/jingle.html
Unilever: unilever.com.br

Jornais

Contato – Edição de 19 a 26/11/2010.
Folha de S.Paulo – Edições de 10/2/1969, 26/1/1978, 16/11/2001, 18/12/2003 e 30/04/2006.
O Estado de S. Paulo – Edições de 3/5/1891, 5/5/1986, 24/5/2003 e 28/1/2015.
O Globo – Edição de 26/3/2013.

Livros

ABREU, Alzira Alves de, PAULA, Christiane Jalles de. (coords.). *Dicionário histórico-biográfico da propaganda no Brasil*. Rio de Janeiro: FGV: ABP, 2007.

AGUIAR, Ronaldo Conde. *Almanaque da Rádio Nacional*. Rio de Janeiro: Casa da Palavra, 2007.

ARAÚJO, Lauro Gomes de. *Sivan Castelo Neto – As muitas faces de um artista*. Rio de Janeiro, 1985.

CADENA, Nelson Varón. *Brasil – 100 anos de propaganda*. São Paulo: Referência, 2001.

CASÉ, Rafael Orazem. *Programa Casé – O rádio começou aqui*. Rio de Janeiro: Mauad, 2012.

CASTRO, Ruy. *Chega de saudade*. São Paulo: Companhia das Letras, 1990.

CORRÊA, Roberto. *Zamma – E de repente acordou publicitário! Caetano Zamma: um sonho na realidade*. São Paulo: Referência, 2010.

FANNUCCHI, Mario. *Nossa próxima atração – O interprograma do canal 3*. São Paulo: Edusp, 1996.

GOULART, Paulo Cezar Alves. *Música e propaganda*. Vargem Grande Paulista: A9, 2011.

MARIA, Julio. *Elis Regina – Nada será como antes*. São Paulo: Master Books, 2015.

MARIANO, César Camargo. *Solo – Memórias*. São Paulo: Leya, 2011.

MCCANN, Bryan. *Hello, hello Brazil: Popular music in the making of modern Brazil*. Durham: Duke University Press Books, 2004.

MELLO, Zuza Homem de. *A era dos festivais – Uma parábola*. São Paulo: 34, 2003

MESQUITA, João Lara. *Eldorado, a rádio cidadã*. São Paulo: Terceiro Nome, 2008.

ORTRIWANO, Gisela Swetlana. *A informação no rádio – Os grupos de poder e a determinação dos conteúdos*. São Paulo: Summus, 1985.

SERG, Marcos Júlio. "Apresentação". In: GOULART, Paulo Cezar Alves. *Música e propaganda*. Vargem Grande Paulista: A9, 2011.

SEVERIANO, Jairo & MELLO, Zuza Homem de. *A canção no tempo: 85 anos de músicas brasileiras*. São Paulo: 34, 1998. 2v.

OLIVEIRA SOBRINHO, José Bonifácio de. *O livro do Boni*. Rio de Janeiro: Casa da Palavra, 2011.

SIMÕES, Roberto. "Do pregão ao jingle". In: CASTELO BRANCO, Renato; MARTENSEN, Rodolfo L. e REIS, Fernando (orgs.). *His-*

tória da propaganda no Brasil. São Paulo: T. A. Queiroz, 1990.

TAVARES, Reynaldo C. *Histórias que o rádio não contou*. 2ª ed. São Paulo: Harbra, 1999.

VÁRIOS. *Campanhas inesquecíveis – Propaganda que fez história no Brasil*. São Paulo: Meio & Mensagem, 2007.

WILLIAMS, Roy H. *O mundo mágico da publicidade*. São Paulo: Futura, 2002.

Revistas

Revista Propaganda – Junho de 1956.

Revista Música – Março de 1978.

Índice

Os jinglistas

Álvaro Assumpção, 46
Archimedes Messina, 48
Arthur "Tula" Minnassian, 53
Caetano Zamma, 55
Carlos "Pança" Guerra, 58
César Brunetti, 62
Crispin Del Cistia, 64
Edgard Gianullo, 67
Edgard Poças, 74
Edison Borges de Abrantes, Passarinho, 79
Emílio Carrera, 82
Francis Monteiro, 86
Heitor Carillo, 89
Hélio Ziskind, 93
Jair Oliveira, 97
João Derado, 102
José Luiz "Zelão" Nammur, 104
Luiz Carlos Sá, 108
Luiz Orquestra, 111
Mário Lúcio de Freitas, 117
Maugeri Neto, 119
Maurício Novaes, 122
Murilo Alvarenga, 125
Nicola Lauletta, 127
Olavo Budney e Diógenes Budney, Os Zirmão, 130
Renato Teixeira, 134
Serginho Rezende, 138
Sérgio Augusto Sarapo, 140
Sérgio Campanelli, 143
Sérgio Mineiro, 147
Sivan Castelo Neto, 150
Tavito, 154
Theo de Barros, 158
Thomas Roth, 161
Walter Santos e Tereza Souza, 167
Zé Rodrix, 173

Os jingles

Ace – "Sutiã encardido", 349
Alka Seltzer, 181
Amortecedores Monroe, 286
Bala de leite Kid's, 214
Bamerindus
 "O tempo passa", 215
 Natal, 217
 Poupança Programada, 216
Banco Itaú – "Mostra tua força, Brasil", 350
Banco Nacional – Natal, 218
Banespa, 219
Baterias Durex, 190
Biscoitos São Luiz, 182
Blockbuster, 334
Bonna, 308
Brahma
 Brahma Chopp, 309
 "Hino da Copa", 310
Brinquedos Estrela –
 "Bolinha de sabão", 271
 "Estrelas da Estrela", 272
Bunny's, 221

Caderno 2 – O Estado de S. Paulo, 257
Café Seleto, 222 e 353
Caixa, 258
Caldo Maggi, 259
Campari, 260
Carrefour, 354
Casa das Cuecas, 312
CCAA, 225 e 261
Cera Dominó, 191
Cerveja Antarctica
  "Neste calor você merece uma cerveja", 313
  Copa de 1994, 314
  Feijoada, 315
Chevrolet, 225 e 262
  Opala Comodoro, 226
  Chevrolet Silverado, 316
Cobertores Parahyba, 183
Coca-Cola
  "Dá mais vida", 227
  "É isso aí", 264
  "Isto faz um bem", 184
  "O Natal vem vindo", 317
Cornetto, 228
Credicard, 318
Creme de leite Nestlé – "Picadinho", 266
Cremogema, 267
Crokinhos Kellogg's, 192
Danoninho – "O bifinho", 268
Dan'up, 269
D.D.Drin, 229
DiskTem, 230
Doriana, 270
Duchas Corona, 231
Ella, 233
Esplanada Grill, 320
Fanta Limão, 234
Fininvest, 321

Formicida Shell, 192
Forros Eucatex, 194
Frango Sadia, 234
Gazeta Esportiva, 195
Gelatina Royal – "Bocão", 274
Gelol, 275
Goodyear – "O importante é chegar bem", 276
Gordini, 196
Grapette, 185
Groselha Milani, 235
Guaraná Antarctica, 277
  "Pizza", "Pipoca" e "Sanduíche", 321
Guaraná Brahma, 236
Hellmann's – Maionese, 278
Itaú – "Cante com a gente", 279
Johnson & Johnson, 280
Johnson's Baby Shampoo, 335
  "Cabeça", 336
  "Cachinhos", 337
  "Cheirinho gostoso", 338
  "Tira o nó", 336
Jumbo Eletro Radiobraz, 237
Kaiser – "Vem", 338
Kaiser Bock, 323
Kolynos, 238
Lâmpadas GE, 197
Leite Glória, 186
Leite Moça – Carnaval, 324
Lollo – Lançamento, 281
Maionese Hellmann's, 198
Mappin, 282
Marisa, 284
Martini, 239
McDonald's, 284
  "Abraços", 339
  "Congestionamento", 325
  "Gostoso como a vida deve ser", 326

"Sorrisos", 327
"That's amore", 340
Metalic, 199
Morumbi Shopping – "Te amo, São Paulo", 342
MTV – Dez anos, 343
Nescau – "Tem gosto de festa", 200
Nissan Sentra – "Será que é pra mim?", 344
Nugget, 201
Oral-B Complete, 356
Palmolive, 188
Pão de Açúcar, 287
Pão Pullman, 202
Papel Primavera, 328
Parmalat, 357
   "Mamíferos", 328
Pepsi, 240
Pernambucanas, 330
   "Quem bate?", 203
   Natal, 202
Pirelli P4 e P44, 287
Polenguinho, 288 e 357
Presunto Perdigão, 331
Pudim Royal – "Colherinhas", 289
Pullman – Rocambole, 242
Rede Zacharias, 290
Rexona, 243
Riachuelo – "Baratotal", 291
Rimula, 293
Ruffles, 294
Sadia – Sessenta anos, 345
Sanador, 244
Soda Limonada Antarctica, 295
Sonrisal – "Receitas", 295
Sorveteira elétrica Arno, 297
Suflair, 298
Tabacow, 299
The Place, 332
Tylenol, 300
Unibanco – Poupança, 301
U.S. Top, 245
Vale, 347
Varig
   "Conheça o Brasil", 246
   Cruzeiro, 254
   Destinos internacionais, 302
   "Estrela brasileira", 204
   "Seu Cabral" – Portugal, 205
   Sessenta anos, 307
   "Urashima Taro" – Japão, 207
Vasp – "Viaje bem, viaje Vasp", 255
Vigor
   Requeijão, 359
   Vigor Grego, 358
Vinagre Castelo, 189
Visa – "Bala de troco", 360
Volkswagen
   "Besouro", 210
   Karmann-Ghia, 210
   Kombi, 211
   Teto solar, 212